Feng Shui

KAN YU

ARQUITETURA AMBIENTAL CHINESA

ARQUITETO CARLOS SOLANO

Feng Shui

Kan Yu

Arquitetura Ambiental Chinesa

EDITORA PENSAMENTO
São Paulo

Dados Internacionais de Catalogação na Publicação (CIP)
(Câmara Brasileira do Livro, SP, Brasil)

Solano, Carlos
   Feng Shui – Kan Yu, Arquitetura Ambiental Chinesa / Carlos Solano – São Paulo : Pensamento, 2000.

   Bibliografia.

   1. Arquitetura – Aspectos ambientais.
   2. Feng Shui I.Título.

00-0827   CDD-133.33

Índices para catálogo sistemático:

I.Feng Shui : Fundamentos : Artes divinatórias : Ciências ocultas   133.33

Copyright © 2000 Carlos Solano

Todos os direitos reservados. Nenhuma parte deste livro pode ser reproduzida ou usada de qualquer forma ou por qualquer meio, eletrônico ou mecânico, inclusive fotocópias, gravações ou sistema de armazenamento em banco de dados, sem permissão por escrito, exceto nos casos de trechos curtos citados em resenhas críticas ou artigos de revista.

Projeto gráfico e editoração (capa e miolo): !Genial Projetos de Arte

Revisão e colaboração: Glícia Braga

Ilustrações: Celso Borges (colaboração: Valéria Mourthè, Humberto Mezzadri)

Fotos: Carlos Solano (colaboração: Célio Firmo, Mauro Kobayashi, Newton Goto)

Desenhos em Sumiê: Marília Paletta

Imagem da capa: Talismã da Prosperidade* e intervenção gráfica sobre desenhos de Marília Paletta

*Esse talismã chinês é dedicado ao Imperador do Jade, uma das divindades taoístas mais elevadas. A prosperidade nesse sentido é entendida como a ligação direta com a divindade.

       O primeiro número à esquerda indica a edição, ou reedição, desta
     obra. A primeira dezena à direita indica o ano em que essa edição,
                     ou reedição, foi publicada.

Edição   Ano
●-4-5-6-7-8-9-10-11   ●-10-11-12-13-14-15

Direitos reservados
EDITORA PENSAMENTO-CULTRIX LTDA.
Rua Dr. Mário Vicente, 368 – 04270-000 – São Paulo, SP
Fone: 2066-9000 - Fax: 2066-9008
E-mail: pensamento@cultrix.com.br
http://www.pensamento-cultrix.com.br

Impressão e acabamento: *Orgrafic Gráfica e Editora*

DEDICATÓRIA

Ao Tao, por haver soprado os seus Ventos sobre as minhas Águas.

Cinqüenta por cento dos valores arrecadados com os direitos autorais de venda da primeira edição deste livro ficam cedidos pelo autor ao Instituto Arapoty, fundado pelo índio txucarramãe Kaká Werá, para auxílio e resgate da cultura das populações indígenas do Brasil.

Agradecimentos especiais

À Serra do Cipó, que através das montanhas, cachoeiras e, principalmente, do silêncio, sugeriu as primeiras palavras deste livro.

Ao deslumbrante Tibete, pela experiência e ensinamentos ali adquiridos.

À família: Herculano Carvalho, Gilda Carvalho (*in memoriam*), Eurídice Laender, Marcos Artur, Regina Carvalho (*in memoriam*), por todo o auxílio e oportunidades proporcionadas.

À Glícia Braga, pela valiosa e eficiente colaboração, pela leitura (e releitura) incansável de todos os textos, pelas pertinentes sugestões.

Aos amigos Celso Borges, Everardo Oliveira, Mauro Kobayashi e Sonia Café.

À arquiteta Ping Xu e a todos os muitos Mestres.

À Renata Ramos, Rodrigo Farias, Ruth Cintra e Vitória Barros, da TRIOM Centro de Estudos, São Paulo; à Maria do Carmo Vasconcellos e equipe, à Vânia Myrrha e a FAMIH – Faculdades Metodistas Integradas Isabela Hendrix – Curso de Arquitetura e Urbanismo, à D. Carmen Ferolla, ao Celso Mello, ao François Rodriguez, ao José Cabral, à Juliana Nepomuceno, à Marília Paletta, de Minas Gerais; ao Jorge Luiz Brandt, de Santa Catarina; ao Marcel Gusmão e Paulo De Mori, do Rio Grande do Sul; à Márcia Baja, Márcia Luiza Klingelfuz e Flávia Rocha, do Paraná; à Carolina Godoy e Fátima Godoy, de Pernambuco, pela honrosa colaboração e apoio.

À Eliana Nunes, à Jerusa Azevedo, à Patrícia Chavda, responsáveis pela criação gráfica e confecção deste livro.

A todos pelo imenso prazer em tê-los – ou tê-los tido – de alguma forma juntos neste Caminho.

ÍNDICE GERAL

	INTRODUÇÃO – O HOMEM ENTRE A SELVA E O PARAÍSO	15
I	EMPRÉSTIMO CULTURAL	21
1	**Significado para o estudo de uma técnica chinesa milenar, no Brasil, no século XXI**	23
1.1	Emergência da Ásia, emergência dos aspectos femininos da Psique	23
1.2	Ancestralidade comum	24
1.3	O mito da "cultura pura"	25
1.4	O retorno ao próprio lugar no mundo	26
2	**Intensidade e Poesia, o Pensamento Chinês**	27
2.1	Contextualizando o Feng Shui	27
2.2	O Taoísmo	28
2.3	O Confucionismo	32
2.4	A Doutrina do Meio Termo	34
2.5	O Animismo ou Xamanismo	34
2.6	O Budismo	36
3	**Conceitos e Escolas**	39
3.1	Origens: o tempo e as intempéries	39
3.2	A Fênix e o Dragão, o Vento e a Água	40
3.3	Análise da forma x lógica metafísica	43
3.4	Tópicos do estudo do Feng Shui	45
3.5	Revendo o conceito de Harmonia	46
II	O MÉTODO DA FORMA	49
1	**Introdução**	50
2	**Avaliação da paisagem rural**	52

2.1	Análise da conformação do lugar	54
2.2	Análise dos aspectos complementares da paisagem	73
2.3	Análise do caráter do lugar	80
3	**Avaliação da Paisagem Urbana**	102
3.1	Introdução	103
3.2	Feng Shui, a influência da interação humana nos territórios da paisagem e da história	104
3.3	O Templo e o Túmulo, uma localização especial	108
3.4	Yang Zhai, o estudo da Casa	114
3.5	A escolha de um bom lugar para residir em uma grande cidade	181
3.6	Luz e Cores são estados de espírito	189
3.7	O Jardim, símbolos e imagens do Paraíso	195
III	A ESCOLA AMERICANA E O MÉTODO DA BÚSSOLA	207
1	**Introdução**	208
2	**O Sistema dos Oito Diagramas, o Signo dos Quatro Momentos do Sol, Holograma Universal**	209
3	**A Escola Americana**	216
4	**A Escola Chinesa da Bússola, as Tecnologias do Sagrado**	239
4.1	O Ming Gua, a influência das Oito Direções	240
4.2	Ba Zi, os Quatro Pilares do Destino	243
4.3	Ba Zhai, o Sistema das Oito Residências	258
4.4	A Escola do Feng Shui para o Hemisfério Sul	265
IV	O TRABALHO	267
V	POSFÁCIO	279
	REFERÊNCIAS BIBLIOGRÁFICAS, ENDEREÇOS ÚTEIS	284

"Perguntais por que moro na verde montanha.
Intimamente sorrio, mas não posso responder.
As flores do pessegueiro são levadas pela água do rio...
Há outro céu e outra terra, para além do mundo dos homens."

Li Po, sec. VIII[1]

---

[1] LI e TU, 1996.

Bandeiras de Oração, Tibete - O vento leva as preces estampadas nas bandeiras, que representa o céu, a terra, a água, o fogo e as nuvens.

INTRODUÇÃO

"A CONSCIÊNCIA OCIDENTAL NÃO É A ÚNICA FORMA
EXISTENTE DE CONSCIÊNCIA; ELA É CONDICIONADA HISTÓRICA
E GEOGRAFICAMENTE, E SÓ REPRESENTA
UMA PARCELA DA HUMANIDADE."

CARL G. JUNG[2]

Friendship Hightway, Tibete – A montanha, sagrada, é um arquétipo do templo.
Provavelmente os mais antigos santuários foram as próprias montanhas.

[2] JUNG, 1984.

O HOMEM ENTRE A SELVA E O PARAÍSO

Ao longo do tempo, o homem tem procurado pelo meio ambiente ideal. A sua descrição tem variado de cultura para cultura, mas em essência parece conter duas imagens fundamentais: o jardim da inocência – a Selva – e o cosmo organizado – o Paraíso (TUAN, 1980).

O meio ambiente construído – a aldeia, a vila, a cidade –, à medida que se estruturava, tornava-se a imagem do Cosmo/Paraíso, "lugar de delícias", que viabilizava a existência humana, contrapondo-se à Selva bruta, hábitat do desconhecido, das feras e do caos.

Atualmente, devido à revolução urbana, inverteram-se esses conceitos: as grandes cidades modernas não mais oferecem proteção, tornaram-se "selvagens", representando a antítese da ordem, a ruptura e a corrupção dos ritmos naturais, originando muitas vezes um desejo de retorno à ordem ecológica do Paraíso, já não mais acessível. Perdemos o instinto que nos guiava para o lugar ideal onde viver, e a casa transformou-se em um cenário artificial que pouco reflete da nossa vida, das coisas que realmente têm um significado para nós – nossas histórias, nossas inclinações, nossos anseios.

Contudo, nesta época pós-moderna de justaposição de culturas, podemos encontrar alternativas para a nossa reflexão, estendendo o olhar para outras formas de ver o mundo, a paisagem, a casa e a vida. Os chineses, por exemplo, viveram por milênios em um mundo segregado, e evoluíram lentamente para uma cultura letrada e sofisticada, que investiga o funcionamento do Universo e o Conceito de Lugar Ideal – a posição que o Homem ocupa entre a Selva e o Paraíso.

A cultura chinesa antiga viveu em um mundo "vertical", altamente simbólico e pleno de significado, e desenvolveu, pela ênfase na observação da natureza, uma abordagem "científica", sintética e emocional denominada "ciência natural", muito distante do modo racional e lógico de pensar e ver a realidade tão característico do ocidental e do seu mundo "horizontal", estético e profano, onde a natureza perde as dimensões de altura e profundidade e se transforma em cenário para recreação e turismo (YUTANG, 1997).

A simplicidade aparente do pensamento chinês, *"que evita a linguagem pedantesca, é, paradoxalmente, o signo externo e o símbolo da profundidade do pensamento.(...) A simplicidade é o mais difícil de se conseguir no estudo e na literatura. Muito difícil é a clareza de pensamento e, contudo, só quando o pensamento se torna claro, faz-se possível a simplicidade, (...) que pressupõe elaboração e também madureza"* (YUTANG, 1997).

O nosso interesse pela cultura chinesa nunca passou por um desejo de imitar o Oriente. O que mais nos fascina no diálogo Ocidente/Oriente é a possibilidade de *aprender com o diferente.*

Os conhecimentos da cultura chinesa *"surgiram da vida mais plena, autêntica e verdadeira, da vida arcaica (...), que cresceu lógica e organicamente a partir dos instintos mais profundos. Tudo isso é para nós inacessível e inimitável"*, afirma o psicanalista Carl Jung (JUNG, 1984).

O que nos motiva neste estudo é a possibilidade da troca de experiências, o que enriquece a vida e possibilita a cada um encontrar, a partir de então, *um caminho próprio,* metáfora da incorporação e transformação da cultura do outro.

Toda a cultura chinesa apóia-se em conceitos e leis bastante estranhos a todos nós, ocidentais. Muitas vezes, é mais fácil rejeitá-los do que exercer o esforço de compreendê-los e experimentá-los.

A realidade para as culturas tradicionais em geral, por exemplo, não é linear mas multidimensional. Extraímos, com o nosso entendimento, apenas a parcela que conseguimos, de acordo com a nossa própria capacidade.

Com relação ao estudo dos lugares, as preocupações e conceitos chineses são diametralmente opostos aos nossos. O que importa não é exatamente o espaço material e seus objetos componentes mas, sim, o invisível, o vazio dos lugares e da arquitetura. Busca-se a compreensão da *estrutura subjetiva* das coisas – o sentimento, a personalidade ou caráter intrínseco ao lugar e sua atuação sobre os indivíduos – utilizando-se representações simbólicas que expressem uma forma reverente de ver o mundo.

As origens do Feng Shui perdem-se no tempo. Talvez possam remeter-nos à Índia, a um conhecimento que foi introduzido na China através do Tibete, há milhares de anos, talvez não.

De qualquer forma, *"nos primórdios da civilização chinesa já havia registros de uma prática denominada Xiangdi, que significava observação e apreciação da terra. (...) Auxiliava a escolher o ponto certo para santuários e a encontrar as terras férteis"* (GREEN, 1998).

A leitura das referências chinesas, que aqui se procederá, não pretende e não pode ser considerada exaustiva. Tenta apreender aspectos essenciais – mas que não se apresentam como os únicos possíveis – por intermédio, principalmente, dos dois Métodos do Feng Shui Clássico Chinês: o Método da Forma (considerado o mais antigo e fundamental, será apresentado mais detalhadamente) e o Método da Bússola (apresentado como introdução).

A fim de proporcionar uma compreensão mais abrangente do tema, apresentaremos também as duas Escolas Modernas de Feng Shui: a Escola do Feng Shui para o Hemisfério Sul (apenas comentada) e a chamada Escola do Chapéu Negro, que é a mais divulgada atualmente no Ocidente.

Não é nosso intuito investigar a área dos rituais, da limpeza psíquica de ambientes e da magia, muitas vezes associada ao Feng Shui. Essas práticas têm sua origem em antigo xamanismo, mas *"não fazem parte da proposta das grandes Escolas do Feng Shui Tradicional Chinês"* (grifo nosso), (WALTERS, 1995).

É pertinente salientar que esta pesquisa iniciou-se naturalmente, sob a forma de anotações, como material de apoio para um estudo pessoal, e desenvolveu-se a partir de uma necessidade de aprofundamento e do crescente interesse, de alunos e amigos, pelo tema.

Posteriormente, o estímulo foi a vontade de oferecer ao público algo mais abrangente a respeito do Feng Shui ou, melhor dizendo, a vontade de *"abrir caminho"* e despertar o interesse do público para o verdadeiro estudo da Arquitetura Ambiental Chinesa, que, acreditamos, poderá oferecer uma contribuição potencial ao desenvolvimento da ciência ambiental contemporânea.

A antiga literatura sobre o Feng Shui (denominada "Clássicos") está, no momento e pela primeira vez, sendo traduzida para a língua inglesa pelo Dr. Michael Paton, PhD. em Cultura Chinesa pela Universidade de Sydney, Austrália. Esse trabalho colocará brevemente à disposição do Ocidente uma incalculável riqueza de conhecimentos.

Queremos frisar, ainda, que estamos cientes da dificuldade em traduzir a intensidade e poesia desses conceitos milenares, ligados à vida social e religiosa dos primeiros chineses, e do risco de erro e banalização.

Para finalizar, é necessário dizer que não nos consideramos especialistas ou, muito menos, *experts*. O conhecimento especializado é, a nosso ver, totalmente incompatível com a proposta original do método. Em viagem à China para busca de conhecimento, pudemos constatar que a formação em Feng Shui demanda muitas décadas de estudo e prática, acesso direto aos "Clássicos" (o que implica o domínio da língua chinesa) e apoio de um verdadeiro Mestre. Consideramo-nos, pois, estudantes, e o livro fica apresentado como "um conjunto de anotações" – fragmentos de um conhecimento impossível, até o presente momento, de ser totalmente abarcado no Ocidente, devido à amplitude de seu conteúdo.

Não temos também a intenção de propor a substituição de nenhuma das abordagens arquiteturais, urbanísticas e paisagísticas existentes, mas sim, talvez, de complementá-las.

Gyantsé, Tibete. As construções nunca acarretam grandes movimentos de terra, e o terreno é respeitado em sua declividade.

"O excedente da minha visão contém em germe
a forma acabada do outro,
cujo desabrochar requer que eu lhe complete o horizonte,
sem lhe tirar a originalidade.
Devo identificar-me com o outro e ver o mundo através de
seu sistema de valores, tal como ele o vê.
Devo colocar-me em seu lugar, e depois, de volta ao meu
lugar, completar o seu horizonte com tudo o que se descobre
do lugar que ocupo, fora dele;
Devo emoldurá-lo, criar um ambiente que o acabe,
mediante o excedente da minha visão, do meu saber, do
meu desejo, do meu conhecimento".

Mikhail Bakhtin[4]

[4] BIENAL DE ARTE MODERNA DE SÃO PAULO, 24, 1998, São Paulo. *Texto de apresentação da sala especial.s. n. t.*

Templo Sungshan Tsu Huei - Taipei, Taiwan. A ordem não existiria, a terra não seria produtiva, e sociedade não funcionaria se o templo não representasse na terra um propósito do paraíso.

I

Empréstimo Cultural

"Devemos buscar alguma coisa no passado? Sim, alguma coisa que fortaleça a vida pode estar no passado."
São Jerônimo, sec. IV [1]

"Como somos todos iguais por trás da pele, o que comove o coração humano em um país, comove-o em outro qualquer."
Lin Yutang, sec. XX [2]

Os peixes figuram como imagem da força criativa ou criadora do Tao: representam Luz e Sombra, interação dos princípios positivo e negativo que governam o universo.

1 SIGNIFICADO PARA O ESTUDO DE UMA TÉCNICA CHINESA MILENAR, NO BRASIL, NO SÉCULO XXI

1.1 EMERGÊNCIA DA ÁSIA, EMERGÊNCIA DOS ASPECTOS FEMININOS DA PSIQUE

A justaposição de culturas, comum à experiência da pós-modernidade, promove a invasão do múltiplo. Tudo é sobreposição. A arquitetura contemporânea sobrepõe-se à tradicional e vice-versa, numa relação antropofágica de contradições, de uma infinitude de incoerências. *"O centro de gravidade do mundo parece deslocar-se, no século XXI, do Atlântico para a Ásia-Pacífico"* (ESCOBAR, 1997).

Já se faz sentir a influência cultural asiática no imaginário ocidental: no cinema, na moda, nas artes plásticas e na arquitetura. Querer ignorar tais influências é querer menosprezar a capacidade de intercâmbio e de saber dos indivíduos. Como a cultura de toda nação subdivide-se em uma cultura material e outra espiritual, encontramos também, atualmente, um crescente movimento de internacionalização da cultura espiritual asiática.

O Feng Shui – os povos orientais em geral[3] – aborda a paisagem natural e construída de uma forma essencialmente espiritual ou feminina: intuitiva, sensível e permeada de elementos metafísicos.

A abertura ocidental diante de tais influências parece corresponder a um desejo de resgate do feminino, já bastante emergente nos campos social e político, nos espaços empresariais, técnicos e científicos, nas relações íntimas e sociais.

Em um mundo no qual nos habituamos a violentar a natureza, a abordagem oriental restabelece o valor das experiências sensíveis e questiona, de modo claro, os estímulos, as avaliações e os artifícios da nossa vida "civilizada". Não propõe a rejeição do mundo da técnica, mas possui, sim, a intenção de manejá-lo.

---

[1] Fala de São Jerônimo, no filme homônimo do diretor Júlio Bressane, 1998.
São Jerônimo, um dos mais importantes intelectuais da cultura ocidental, foi escritor e tradutor da Bíblia, do hebraico para o latim.
[2] YUTANG, 1997.
[3] Podemos citar, como outro exemplo, a antiga ciência da construção indiana denominada *Vastu Shastra*, que relaciona o estudo da astrologia, ou da ordem cósmica, com a edificação.

1.2 ANCESTRALIDADE COMUM

Cada país e cada povo tem expressões típicas que refletem circunstâncias e características locais. Ignorar a dimensão cultural de uma abordagem provoca, evidentemente, uma série de distorções. Uma mesma disposição espacial pode ser recebida de modos inteiramente distintos (e mesmo opostos) por indivíduos de culturas diferentes.

A arquitetura, entretanto, além de conter o que é típico e local, contém também abstrações, conceitos e lógica que tendem a ser comuns a todas as pessoas do mundo. A predisposição biológica e fisiológica para refletir o mundo objetivo é igual para todos os homens, independentemente da raça ou origem social – embora cada cultura acrescente à sua reflexão algo de original, algo subjetivo. O conteúdo artístico é o que, na realidade, se relaciona com o típico, com a época e com o lugar.

Acredita-se, portanto, que certas informações básicas reunidas pelo método do Feng Shui fazem parte de um conhecimento ancestral, ou seja, de uma ancestralidade comum a diferentes povos nativos – apresentado sob diferentes ideologias. Os fundamentos do Feng Shui não seriam, então, uma exclusividade chinesa.

Diversas culturas perceberam que para assegurar a sua sobrevivência (para que seus plantios e rebanhos prosperassem), necessitavam da proximidade da água e da proteção contra a chuva e os ventos frios e fortes, bem como de uma compreensão acurada do funcionamento dos ciclos naturais. Cada povo fez a adaptação necessária do mesmo conhecimento, de acordo com a sua localização geográfica.

Examinemos três exemplos, a título de ilustração:

1. os índios norte-americanos de Pueblo Bonito (Colorado e Novo México) apresentam um assentamento que se relaciona diretamente com o conceito chinês de Lugar Ideal, a ser apresentado no estudo e avaliação da paisagem rural. *"Organizado em semicírculo voltado para o sol, o que é climaticamente extremamente eficiente, aproveita os raios solares contra o frio do inverno, oferece proteção contra os ventos do Norte. Todos têm direito ao sol, que é calor para o corpo e, ao mesmo tempo, para o espírito: é o seu Deus Supremo."*[4] Além disso, para os Pueblo, o lugar, a localização e a direção desempenham um papel importante: cada uma das seis direções tem sua própria cor e animal, um conjunto de correspondências que se assemelha com as idéias cosmográficas[5] dos chineses (TUAN, 1980);

2. os nossos próprios nativos indígenas possuem uma forma de abordar a paisagem

---

[4] Carsalade, F. in CONGRESSO HOLÍSTICO INTERNACIONAL, 1991.
[5] Cosmografia = astronomia descritiva.

semelhante, em certos aspectos, às informações da cultura chinesa. O povo Tupinambá, por exemplo, trabalha com determinadas leis naturais que são básicas no método do Feng Shui, a chamada lei da ressonância ("tudo ressoa em tudo", qualquer intervenção na paisagem afeta a vida do homem, como nos preceitos animistas chineses), a lei da troca (a realidade é dual e apresenta-se através de aspectos complementares e dialéticos: noite e dia, sombra e luz) e a lei da harmonia (uma qualidade ou intenção que, potencializando-se em forma, pode reconfigurar um ambiente – o que se relaciona com a proposta do trabalho com símbolos no Feng Shui), (JECUPÉ, 1998); **3.** na África Central, para a cultura Kongo,

a estrutura do universo baseia-se no ciclo das estações (MONTES, 1997), um símbolo recorrente da representação de mundo também nos estudos do Feng Shui.

Com relação à avaliação da paisagem, portanto, objetivando encontrar o lugar ideal, foram os chineses que elaboraram, além do Lopan ou Luo Pan (a bússola de Feng Shui), métodos intuitivos e analíticos refinados, sendo capazes de transmiti-los para as gerações futuras

1.3 O MITO DA "CULTURA PURA"

Para o historiador inglês Peter Burke, *"a idéia de uma cultura pura, não contaminada por influências externas, é um mito"*. Segundo ele, somos todos "emprestadores", mesmo quando fazemos parte de culturas "financiadoras", como a francesa, a italiana, a norte-americana ou a chinesa (BURKE, 1997).

No século XVI, a cultura italiana foi tanto imitada quanto rechaçada pela Europa. Já no século XVIII foi a vez dos modelos culturais franceses, e na Espanha medieval coexistiram e interagiram as culturas cristã, muçulmana e judaica.

Os japoneses, tão admirados, repreendidos e invejados pela facilidade com que fizeram empréstimos do Ocidente ao longo do último século, têm uma tradição muito mais antiga de empréstimos da China. O Budismo, o sistema de exames escolares, a cerimônia do chá, os ideogramas e a caligrafia são alguns exemplos.

Também a valiosa arquitetura colonial brasileira sofreu influências de artesãos chineses (no desenho das quedas d'água dos telhados) e da presença árabe em Portugal (que doou o sistema das "gelosias", ou grades de madeira cruzada, nas janelas).

Para Edward Said, *"a história de todas as culturas é a história dos empréstimos culturais"*, e para Fernand Braudel, *"para qualquer civilização, viver é ser capaz de dar, de receber, de emprestar"* (BURKE, 1997).

1.4 O RETORNO AO PRÓPRIO LUGAR NO MUNDO

A tradição – a ancestralidade – aponta um caminho, conforma um conhecimento, digamos, essencial. A modernidade apresenta infinitas possibilidades de ser, de recriar, de transformar, de interpretar o conhecimento primal.

O Feng Shui é produto de uma antiga sociedade agrícola, e alguns critérios utilizados pela técnica são adequados apenas àquela sociedade.

Eventualmente, o método do Feng Shui tem sido mal-interpretado ou malvisto pois, em vez de procurar entender os *princípios ordenadores* da prática, copia-se de maneira caricata os próprios fatos do passado. Além disso, quando esses fatos transformam-se em dogmas, tornam-se muito limitantes, pois ficando presos às regras perdemos o instinto do que é apropriado para cada lugar. A fixação de critérios, sejam estes quais forem, será sempre uma solução insuficiente. Devemos evitar as generalizações amplas e apressadas.

É fundamental saber o momento de retornar ao próprio lugar no mundo, saber diferenciar o que é regional do que é universal, saber adaptar novos conceitos ao imaginário da própria terra natal.

Nosso tempo tem o que dizer, nosso tempo lê a realidade a seu modo. É necessário evitar o simulacro, a cópia pura e simples, e fazer com o que o antigo possa servir de base para novas formas.

"NÃO CREIO, FALANDO COMO CHINÊS, QUE SE POSSA CHAMAR COMPLETA A NENHUMA CIVILIZAÇÃO, ATÉ QUE HAJA PROGREDIDO DA SOFISTICAÇÃO PARA A SIMPLICIDADE E EFETUADO UM CONSCIENTE REGRESSO À SINGELEZA DE PENSAR E DE VIVER, E NÃO CONSIDERO SÁBIO A NENHUM HOMEM, ATÉ QUE TENHA PROGREDIDO DA SABEDORIA DO CONHECIMENTO PARA A SABEDORIA DA LOUCURA."

LIN YUTANG[6]

[6] YUTANG, 1997.

2 INTENSIDADE E POESIA, O PENSAMENTO CHINÊS

2.1 CONTEXTUALIZANDO O FENG SHUI

Toda investigação do lugar arquitetônico só pode ser efetivamente operacional se validada e corrigida pela análise, ainda que sumária, do momento e da prática social. É necessário conhecer a cosmovisão de um povo, como base da compreensão de sua coerência para, depois, determinar as significações que assume, para os membros dessa cultura, o conceito de lugar.

O uso e o modo de disposição do espaço – possivelmente um dos primeiros traços determinantes de uma cultura – fundamentam-se em uma cosmo-visão específica.

Na China Antiga, por volta dos séculos IV e V a.C., coexistiam várias correntes de pensamento – multifacetado sistema religioso e filosófico. Em primeiro lugar o Animismo ou Xamanismo, que era praticado pela grande maioria da população; em segundo, o Confucionismo, praticado moderadamente por uma minoria e, em terceiro, para a elite intelectual e espiritual da época, o Taoísmo. O Budismo, mais recente (século I d.C.) e originário da Índia, assume características ímpares na China.

Todas essas filosofias retratam uma visão não intelectual da realidade, um tipo de conhecimento e uma atitude existencial difíceis de serem alcançados pelo público ocidental, prisioneiro do pensamento analítico e da separação entre Espírito e Natureza imposta pelo Cristianismo.

O Homem das Luzes não conhece e não aceita nada que não seja fruto da razão, considerando produto da superstição qualquer outro tipo de abordagem do conhecimento.

A aproximação da natureza, inerente ao processo de aquisição de conhecimento das culturas arcaicas, nada tem a ver com a apreciação romântica nem com a postura crítica do ocidental, que julga o mundo natural pela aparência, a partir de algum critério formal de beleza.

As culturas nativas mantinham uma relação forte e direta com a natureza e não se percebiam como antítese dos ritmos e forças da Terra. Percebiam-se, sim, como parte integrante de uma ordem natural. A arquitetura e o paisagismo eram impregnados pelo senso do sagrado (do latim *sacratu*: o que recebeu a consagração divina) e sintetizavam padrões de uma ordem celestial.

Os antigos não seriam pessoas com a inocência e ingenuidade que muitos lhes atribuem, mas certamente possuíam uma cultura rica e profunda, e capacidades intuitivas e instintivas muito aguçadas.

As diferentes filosofias chinesas apresentam uma cosmovisão na qual o sagrado invade a experiência do mundo – está na natureza e permeia a complexa gama das relações sociais –, mas retratam também uma visão da vida que demonstra o senso comum, o realismo e o sentido da poesia, e revela a beleza do antigo mundo pagão.

É importante, ainda que sumariamente, buscar o entendimento dessas correntes filosóficas, "andar pelo tempo" e desvelar alguns de seus mecanismos. Caso contrário, corremos o risco de, desprezando os fundamentos do método do Feng Shui, ignorarmos o sentido de sua aplicação.

O Taoísmo e o Confucionismo, apresentados a seguir, representam duas perspectivas opostas diante da vida: a primeira, naturalista, busca a Selva, busca escapar da sociedade humana, busca o retiro nas montanhas, a vida simples e despreocupada, e a segunda, humanista, busca o Paraíso, sendo representada pelo homem virtuoso que se volta à sociedade humana e tenta aprimorá-la.

2.2 O TAOÍSMO

A prática do Feng Shui é anterior a qualquer sistema religioso, mas desenvolveu-se entrelaçada com uma das principais correntes do pensamento chinês, o Taoísmo, uma escola filosófica baseada na observação da natureza e na busca da realização humana – a realização do "caminho perfeito", denominado Tao. Estudar o Feng Shui é também estudar o Tao.

"SUAVEMENTE, COM A BRISA
VÊM OS AROMAS DA CÁSSIA E DO PINHO.
A FRIA RADIÂNCIA DA LUA
BANHA A ENTRADA DO TEMPLO.
ENVOLTO EM TRANQÜILIDADE,
O EREMITA SE ASSENTA
E VOA PARA ALÉM DO MUNDO.
PARA ELE, TODOS OS SONS SÃO SILÊNCIO,
E NÃO HÁ MAIS ABSOLUTAMENTE NADA...
APENAS O FRESCOR QUE TUDO INVADE."
LI FENG LAO-JEN[7]

O Taoísmo não se constituía em uma filosofia de massa, era praticado pelos patriarcas e seus discípulos, a elite intelectual e espiritual da época.

Acima à esquerda – Yin e Yang são duas forças primordiais e que se complementam. Yang tende para o luminoso, o masculino e o penetrante. Yin tende para o escuro, o feminino e o absorvente.

[7] BLOFELD, 1986.

O Tao pode ser entendido como um estado de espírito, como uma forma subjetiva de revelar Deus, de revelar o Absoluto ou, na linguagem taoísta, simplesmente "ser". Pode também se expressar de uma forma objetiva, como um "vir a ser", como o caminho perfeito que citamos, num processo prático e dinâmico. Considerado o último extrato da Realidade, o Tao não é visto como uma "entidade" (como a Divindade das religiões ocidentais): ele é o fundamento da própria criação universal, o que explica muito da abordagem cuidadosa e reverente apresentada pelo Feng Shui com relação à paisagem e seus elementos.

O Taoísmo volta-se para uma compreensão mais filosófica e mística da vida. Uma observação cuidadosa da natureza, associada a uma proposta de desenvolvimento da intuição e da sensibilidade, proporcionou aos Mestres taoístas o acesso a um profundo conhecimento a respeito do universo em que vivemos e suas leis.

Os principais conceitos que fundamentam o Taoísmo são:

- **Tao** é o Ilimitado, o Imaculado, o "Oceano sereno de puro vazio", o Princípio Original de toda a criação. O vazio representa a plenitude de uma realidade que se encontra além de sua própria nomeação e descrição, além de seu significado e representação. Tao significa também Caminho, diferenciando-se em um Tao do Céu, um Tao da Terra e um Tao do Homem;
- **Yin-Yang**, nascidos do Tao, constituem-se em duas forças primordiais, de polaridades diferentes, que governam o universo – treva e luz, repouso e movimento;
- **mudança cíclica**, a interação entre Yin e Yang dá início aos ritmos cíclicos, presentes em todo o cosmo, ou seja, movimento de planetas, mudança de estações, alternância do dia e da noite;
- **Wu Hsing** (os Cinco Elementos, as Cinco Fases ou os Cinco Movimentos). Originando-se da interação entre Yin e Yang, surgem os cinco "vapores" luminosos, cinco qualidades ou atributos que, combinando-se, dão origem a todas as formas criadas. Os Cinco Elementos são representações arquetípicas do ciclo sazonal e dos fenômenos da natureza. São eles: Madeira, Fogo, Terra, Metal e Água. Toda a miríade de formas existentes pode ser avaliada de acordo com esses "códigos" ou matrizes simbólicas. Os Cinco Elementos ou Cinco Movimentos, dão origem a Oito Substâncias Básicas do universo: Céu, Terra, Fogo, Água, Montanha, Lago, Trovão e Vento;
- **os Três Tesouros** – Ching (essência), Chi (vitalidade) e Shen (espírito) – presentes em todo o universo, do macro ao microcosmo, podem ser também identificados no corpo do homem. Fortalecidos e modificados, auxiliam na obtenção de imensos benefícios físicos, que os iogues taoístas perseguiam ao longo da vida. O aumento do vigor e da longevidade e a purificação do espírito constituem o alvo do esforço taoísta;
- **Wu-wei** (o princípio da não-ação). "Não-ação" significa evitar ações que não sejam "espontâneas", significa atuar apenas na necessidade presente, sem angústia, temor ou preocupação, não significa passividade.

A contemplação da natureza (do fluxo das coisas, dos acontecimentos) fornece as indicações necessárias à prática da não-ação;
- **serenidade**, conseqüência imediata do Wu-wei. Os taoístas são moderados em tudo; não buscam reprimir as paixões mas, sim, observá-las pacificamente;
- **alquimia**, disciplina autônoma, processo físico-espiritual ióguico que utiliza técnicas especiais com o objetivo de prolongar a vida, atingir a beatitude e a espontaneidade espiritual;
- **imortalidade**, constitui a meta taoísta. Entendida como um renascimento espiritual, coloca o praticante em contato direto com o próprio Tao (BLOFELD, 1986).

Os princípios que fundamentam a conduta do sábio taoísta, relacionados a seguir, são os mesmos utilizados por um Mestre em Feng Shui (no passado, muitas vezes a mesma pessoa), no momento da avaliação de uma paisagem:
- **reflexão serena**: relaxamento e atenção;
- **passividade dinâmica**: Wu-wei ou não-ação;
- **capacidade de contornar os obstáculos** (a imagem da água é freqüentemente utilizada);
- **integração à natureza**: observar a paisagem, sentindo-se como parte integrante da mesma;
- **compreensão do fluxo natural das coisas**: para o taoísta, existe uma Inteligência diretora de todas as coisas, que as faz encontrar seu caminho naturalmente;
- **impessoalidade**: observação sem observador – os condicionamentos, padrões, lembranças, imagens e conhecimentos devem, na medida do possível, estar ausentes no momento da observação. A mensagem intrínseca das coisas, da natureza, só poderá ser captada quando o observador está ausente;
- **simplicidade**: valorizar o simples é viver o momento presente com toda atenção;
- **silêncio**;
- **bom humor sereno e inabalável**: o estilo evasivo, sutil e metafísico caracteriza a abordagem taoísta. O senso de humor marcha *"necessariamente de mãos dadas com o bom senso e o espírito razoável, além de ter a sutil faculdade de descobrir as inconsistências, as tolices e as falsas lógicas"* (YUTANG, 1997).

MESTRES TAOÍSTAS

A essência do Taoísmo está contida na obra de Lao Tsé, o *Tao Te Ching* (Tao = Divindade, Te = Caminho/revelação, Ching = Livro), um livro de aproximadamente 2.500 anos, que influenciou diretamente o pensamento e a cultura chineses, até a época da Revolução de Mao Tsé Tung, em meados do século XX. O *Tao Te Ching* é considerado uma das mais importantes obras da literatura universal.

O conhecimento do Taoísmo é sintetizado em 81 "epigramas": os 81 poemas do *Tao Te Ching*.

Lao Tsé (Lao = Jovem; Tsé = Venerável, Ancião, Sábio), que teria vivido no século IV ou V a.C., propõe uma forma de viver fundamentada na simplicidade: aceitar a vida como se apresenta, sem questionamentos, sem desejar que fosse diferente; estudar a ordem natural das coisas, trabalhar a favor dela e não contra, captar a essência do momento e a sua mensagem intrínseca.

Os princípios da "não resistência" ou "não interferência" e a busca da mensagem intrínseca da natureza (a "vocação" da paisagem) também fundamentam a proposta do Feng Shui. Traduzem a visão de mundo de uma sociedade altamente vinculada aos ritmos naturais.

Outro grande representante do Taoísmo é Chuang Tzu, que viveu no século III a.C. e legou à humanidade uma grande obra, considerada o mais antigo tratado ecológico conhecido.

A abordagem taoísta é considerada anticientífica pelo mundo ocidental, mas é exatamente isso o que nos interessa: ter um outro referencial, complementar a nossa formação. *"Na realidade, a elite espiritual dos povos orientais bem como os verdadeiros místicos do Ocidente são considerados os representantes mais avançados da cultura espiritual da humanidade."*[8]

TAOÍSMO PRÁTICO

Da filosofia taoísta desenvolvem-se as práticas que auxiliam a realização do Tao e dão suporte às crises do processo de autodesenvolvimento. Relacionamos a seguir, algumas dessas práticas:
- **An-Ma:** massagem contra tensões;
- **Shiatzu:** massagem com os dedos;
- **Acupuntura:** significa, literalmente, "picada feita por agulha"; prática médica chinesa com uso de agulhas;
- **Do-in:** auto-massagem com os dedos;
- **Kampoh:** fitoterapia chinesa;
- **Yaku-zen:** culinária medicinal;
- **Chi-cun:** meditação na natureza;
- **Yo-jô:** receituário comportamental para o bem viver;
- **Ai-ki-dô:** arte marcial, sem uso de violência, que ensina a neutralizar o golpe;
- **Tai chi chuan:** exercício de harmonização bioenergética;
- **Feng Shui:** avaliação da paisagem rural e urbana, estudo da influência dos ambientes sobre a saúde física e psíquica dos indivíduos.

É importante lembrar que a prática tradicional não é normalmente reproduzida fora do local e circunstâncias propícios. No processo de adaptar uma prática chinesa para o Ocidente, não podemos nos esquecer da ressonância com o contexto original que, no caso, é a própria Medicina.

As práticas citadas podem ser agrupadas nos Oito Ramos da Medicina Chinesa: Alimento e Ervas, Acupuntura, Massagem, Meditação, Exercício e

---

[8] Rohden in TSÉ, 1997.

Arte Marcial, Moxa, Astrologia e Cosmologia, Feng Shui.

Considera-se que tais ramos formam um conjunto e que nenhum deles pode, isoladamente, manter a saúde e a qualidade de vida. Seria utópico e ingênuo atribuir, por exemplo, somente ao Método do Feng Shui a capacidade de solucionar totalmente a problemática dos indivíduos. Esse tipo de conexão biológica entre a saúde física, o ambiente e o bem-estar emocional constitui uma característica da visão chinesa, fazendo parte de uma Medicina basicamente preventiva.

Desse ponto de vista, o Feng Shui é Arte de Cura que contém uma parcela do Conhecimento, constituindo-se também como um Caminho rumo à Imortalidade (CHERNG, 1998).

O Taoísmo apresenta uma filosofia de alcance profundo, realmente difícil de ser comunicada. Seus seguidores acreditavam mesmo ser inútil transmitir o seu conhecimento se o ouvinte não estivesse apto a recebê-lo.

"Mas quando chegar o momento preciso, mesmo aquele que parecer impossibilitado de qualquer instrução perceberá misteriosamente o Tao" (MERTON, 1977).

"UM AMIGO DE CONFÚCIO DISSE-LHE QUE PENSAVA SEMPRE TRÊS VEZES ANTES DE AGIR. O SÁBIO RESPONDEU-LHE ENGENHOSAMENTE: PENSAR DUAS VEZES JÁ É O BASTANTE."
LIN YUTANG[9]

2.3 O CONFUCIONISMO

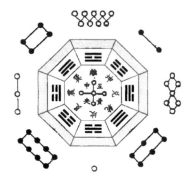

Paralelamente ao Taoísmo desenvolve-se o Confucionismo, outra corrente filosófica, porém de cunho mais prático, orientando o comportamento dos indivíduos na vida diária, enfocando o desenvolvimento da ética pessoal e profissional. O Confucionismo era praticado por aproximadamente 10% da população da China Antiga (RABELO, 1997).

"O Confucionismo era geralmente destacado quando se tratava da educação de crianças, que tinham de aprender as regras e convenções necessárias à vida em sociedade, ao passo que o Taoísmo costumava ser seguido por pessoas mais idosas, empenhadas em obter e desenvolver novamente a espontaneidade original destruída pelas convenções sociais" (CAPRA, 1995).

A orientação confucionista é diametralmente oposta à taoísta. Representa,

Acima, Baguá do Céu Anterior, e à esquerda, Baguá do Céu Posterior.

[9] YUTANG, 1997.

porém, um aspecto complementar e igualmente importante da sociedade chinesa – apesar da aparente rixa existente entre as duas filosofias, alimentada pelo imaginário popular.
"Fora com os sábios, longe de mim os eruditos", teria dito Lao Tsé.[10]

A filosofia clássica de Confúcio (ou Kong-fu-Tse) versava sobre as relações e obrigações sociais básicas, essenciais a uma vida humanista. Quando levada a efeito, desenvolvia as potencialidades humanas, transformando o homem comum em um homem de mente enobrecida, cujo caráter estaria apoiado em quatro virtudes básicas, fundamento do pensamento confucionista:

- **Jen**: empatia que permite ao indivíduo identificar-se com os problemas e alegrias alheios, como se fossem os seus próprios;
- **Yi**: senso de justiça, responsabilidade e dever para com os outros;
- **Li**: expressão ritualista do amor e obrigação que nos une aos outros;
- **Chih**: sabedoria que orienta a realização humana fazendo com que se conheçam os desejos interiores do coração, a vontade do Céu (MERTON, 1977). O próprio Confúcio dizia não haver atingido este ponto antes dos setenta anos. O homem que atinge *Chih* não se governa mais por regras exteriores, tendo aprendido uma obediência interior. Entretanto, para alcançar este fim, regras exteriores foram necessárias.

O Confucionismo influencia diretamente o Feng Shui por intermédio do Sistema dos Oito Diagramas, que fundamenta o *I Ching*, um dos livros clássicos utilizados por esta linha de pensamento. O próprio Confúcio é considerado um dos seus autores: *"Em idade avançada dedicou-lhe intenso estudo, sendo muito provável que o Comentário sobre a Decisão seja um trabalho seu"* (WILHELM, 1995).

---

[10] Tsé, L. in BLOFELD, 1986.

2.4 A DOUTRINA DO MEIO-TERMO

Tsessê, neto de Confúcio, elabora uma filosofia – síntese entre Taoísmo e Confucionismo – denominada Áureo Meio-Termo, interessante e muito útil para os nossos tempos atuais, quando nos deparamos muitas vezes com a impossibilidade de viver em retiro na Selva como os taoístas, ou com a dificuldade em fazer da nossa sociedade contemporânea um Paraíso.

A sua proposta é viver uma vida humana feliz, despreocupada, mas não de todo isenta de cuidados, uma curiosa combinação de espiritualidade (sem ascetismo) e materialismo (sem vulgaridade). Talvez *"viver a meio caminho entre o campo e a cidade, ser metade estudioso e metade negociante e possuir uma casa que seja metade luxuosa e metade singela. (...) A metade do caminho para o homem é o melhor estado. (...) O ideal é o homem que vive em meia fama e meia obscuridade; que é meio ativo e meio preguiçoso; nem tão pobre que não possa pagar o aluguel, nem tão rico que não tenha de trabalhar um pouco ou não possa alimentar o desejo de possuir alguma coisa mais para ajudar a seus amigos; que toca piano, mas apenas para que o escutem seus amigos mais íntimos, e sobretudo, por seu prazer; que é colecionador, mas apenas para adornar sua chaminé; que lê, mas não em demasia; que aprende muito, mas não se faz especialista; que escreve mas vê que suas cartas a* The Times *são recusadas algumas vezes e publicadas outras tantas: em suma, esse ideal da vida (...) é o que considero o mais sensato ideal de vida jamais descoberto pelos chineses (...) pois a vida é composta de amargor e doçura, e é mais sábio e mais hábil quem só lhes prova a metade"* (YUTANG, 1997).

2.5 O ANIMISMO OU XAMANISMO

O povo chinês era animista em sua grande maioria, assim como as sociedades tradicionais em geral. Considerava que tudo era animado, tal como o homem, tendo por conseguinte o mesmo comportamento e as mesmas explicações.

"O Animismo, que permeia o Panteísmo, envolve a teoria da existência de um princípio imaterial, inseparável da matéria, ao qual toda a vida e a ação estão atreladas. Na visão panteísta todo o mundo fenomênico contém qualidades divinas: a relação do homem com o mundo torna-se um sacramento, acredita-se que as

"O VENTO E O TROVÃO ERAM ESPÍRITOS, CADA UMA DAS GRANDES MONTANHAS E CADA RIO ESTAVA SOB A VIGILÂNCIA DE UM ESPÍRITO, BEM COMO CADA FLOR, PLANTA OU ÁRVORE."
IAN MACHARGH[11]

---

[11] MACHARGH, s.d.

Detalhe de altar, Templo Jokhang, Lhasa, Tibete. "Não existe substituto para o fogo. O fogo é quase tão fundamental quanto a água, é um pilar emocional do entorno humano."

ações humanas sobre a natureza podem afetar o seu próprio destino, pois são conseqüentes, imediatas e relevantes para a vida. Neste relacionamento, tudo é 'natureza' – e não existe romantismo ou sentimentalismo" (MACHARGH, s.d.).

Relacionar a ação humana sobre a natureza com conseqüências sobre o próprio destino é a base da proposta do Feng Shui, e uma herança animista.

É evidente que o homem pagão animista não era absolutamente irreligioso. Muito pelo contrário, sentia uma espécie de veneração e empatia pelo universo, aceitava a Vontade do Céu, porque a entendia como certa. Os pagãos chineses – e considera-se pagão aquele que não foi batizado – acreditavam num misterioso Criador das Coisas, *Chaowu* (YUTANG, 1997).

Acredita-se, entretanto, que o conhecimento animista era muito fragmentado em inúmeras práticas mágicas, que perdiam a compreensão da totalidade, a relação com os fundamentos originais.

A grande massa do povo chinês animista era também considerada muito passional, guerreira, expressando com facilidade as emoções primárias, mas, ainda assim, considera-se que a China do século IV ou V a.C. teria sido mais refinada e mais humana do que a sociedade contemporânea. As nossas metrópoles seriam provavelmente inconcebíveis para os antigos chineses, pela sua brutalidade e pelo tipo de relação que estabelecem com o meio ambiente.

O conhecimento secular animista foi sintetizado pelos Taoístas, na sua filosofia de alcance profundo, inacessível ao homem comum.

2.6 O BUDISMO

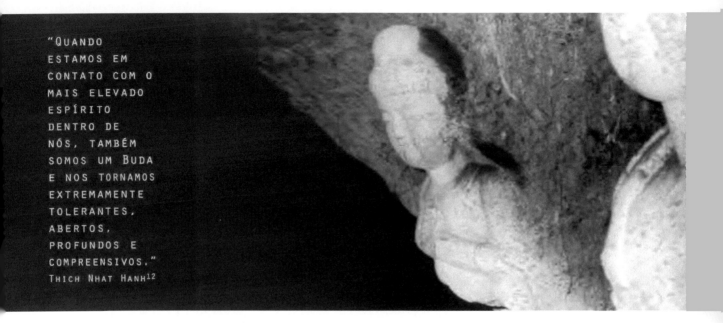

"QUANDO ESTAMOS EM CONTATO COM O MAIS ELEVADO ESPÍRITO DENTRO DE NÓS, TAMBÉM SOMOS UM BUDA E NOS TORNAMOS EXTREMAMENTE TOLERANTES, ABERTOS, PROFUNDOS E COMPREENSIVOS."
THICH NHAT HANH[12]

O Budismo nasceu na Índia e começou a infiltrar-se na China, através do Tibete, durante o século I d.C., embora seja provável que sua influência indireta possa ser localizada um pouco mais cedo (talvez por volta de 250 a.C.).

"De cada país por onde passa, adota alguns ensinamentos da cultura local.

Da Índia trouxe uma organização religiosa composta por meditações, yoga, cantos, o conceito de compaixão e a tradição do Mestre que transmite o conhecimento sagrado ao seu discípulo.

No Tibete, o uso de talismãs e cantos da tradição Bon foram incorporados.

Na China, o Budismo assimilou práticas nativas tais como I Ching, Taoísmo, Confucionismo e Neoconfucionismo, um pouco das religiões, costumes e remédios populares, incluindo o Feng Shui. Assim, a aproximação prática e intuitiva ao meio ambiente, proposta pelo Feng Shui, recebe todo um aparato de soluções místicas" (ROSSBACH, 1998).

A princípio uma religião de estrangeiros, o Budismo começou a ser

[12] HANH, 1997.

assimilado pelas classes superiores no final do século III d.C. O ponto máximo de seu desenvolvimento deu-se no século VIII d.C.

O Budismo lembra o Taoísmo sob o aspecto de ser inteiramente livre de dogmas. No entanto, ambos os credos demandam fé – não em princípios particulares, pois então o dogma estaria presente, mas na existência de uma elevada condição de ser, passível de ser obtida.

Sofrendo influências do Taoísmo, o Budismo Dhiana, no século IV, torna-se o Budismo Ch'an ou Zan ou Zen. Os Mestres Ch'an (Zen) são, em grande parte, herdeiros tanto do antigo Taoísmo como do Budismo indiano, e ensinam métodos bem próximos do cultivo do Caminho taoísta, prosseguindo de certa forma o trabalho indicado por Lao e Chuang.

Os "cinco maravilhosos preceitos" do Budismo Zen *"podem contribuir enormemente para a felicidade"*, afirma o monge budista Thich Nhat Hanh, que reformulou esses preceitos, adaptando-os à nossa época, facilitando a sua prática (HANH, 1997). São eles:
• **o primeiro** – reverência pela vida – relaciona-se a uma determinação de não matar e não tolerar nenhum ato de morte no meu pensamento e no meu modo de vida. *"Comprometo-me a cultivar a compaixão"*, sugere-se, e compaixão não é entendida apenas como uma simpatia por alguém que sofre. Ser compassivo é fazer algo para ajudar e para aliviar o sofrimento de qualquer criatura viva;
• **o segundo** – a generosidade – refere-se a aprender a partilhar um pouco do tempo, energia e bens materiais com aqueles que estão necessitados. Isso inclui também a determinação de não roubar e não possuir nada que deva pertencer aos outros;
• **o terceiro** preceito desaprova o envolvimento em relações sexuais sem afeto e sem compromisso, pelos sofrimentos causados pela conduta sexual irresponsável;
• **o quarto** envolve um compromisso de falar sinceramente e escutar profundamente. Devemos dizer especialmente palavras que inspirem confiança, evitando qualquer tipo de crítica nociva. *"Não medirei esforços para sanar e resolver todos os conflitos, por menores que sejam. Abster-me-ei de pronunciar palavras que possam causar divisão e discórdia"*;
• **o quinto** – ingerir somente substâncias saudáveis – significa um comprometimento de cultivar uma boa saúde física e mental. Isso inclui não fazer uso de qualquer produto tóxico, não assistir a certos filmes ou programas de televisão, não ler determinados livros e revistas, nem participar de conversas maledicentes.

O Budismo dá grande importância à motivação correta. Qualquer objetivo pessoal é considerado impermanente. Somente com o que é chamado de motivação pura é que geramos realmente benefícios para nós e para os outros. E "motivação pura" é exatamente, com a nossa ação, visar ao bem-estar dos seres sencientes.

Acima, à esquerda: Budas em pedra, cavernas de Guilin, China. "A gruta jamais perderá a sua qualidade de imagem fundamental. É canto do mundo."
Acima: Buda dos Viajantes, Lhasa, Tibete. A imagem é estampada sobre uma pedra que reproduz o perfil de um rosto humano, o que define "um lugar onde o sopro do Tao mantém-se puro e inalterado".

"Os ventos não nasceram. Já sopravam
respiros em repouso, no recôncavo
do espírito pairante. Desde sempre. (...)

As águas já nasceram navegadas
pela cara de Deus, barco primeiro."

Thiago de Mello [13]

[13] MELLO, 1984.

3 CONCEITOS E ESCOLAS

3.1 ORIGENS: O TEMPO E AS INTEMPÉRIES

Os primeiros homens e mulheres chineses, imersos no mundo dos fenômenos e ciclos da Mãe-paisagem e possuindo um sentido instintivo aguçado, muito provavelmente tiveram acesso a informações sobre o meio ambiente que ainda hoje são desconhecidas para nós.

A biosfera, semelhante a um superorganismo, envolvia-os completamente, possibilitando a aquisição de um conhecimento empírico notável: homem e natureza eram entendidos como indivisíveis e sobrevivência e saúde relacionavam-se com os processos naturais. Esses homens e mulheres legaram-nos um testamento da importância e do poder do sol, da lua e das estrelas, do ciclo das estações, do tempo da semeadura e da colheita, da chuva e dos rios, das florestas, das plantas e das ervas, das criaturas – nossos parceiros essenciais na sobrevivência (MACHARGH, s.d).

"Distinguir as quatro estações", "imitar o sol e a lua" e "descobrir a disposição das estrelas" são algumas das indicações existentes nos tratados médicos chineses, que apesar da linguagem aparentemente poética retratam fatos – muitos dos quais para nós ainda inacessíveis.

Pertencendo a esse grande sistema e percebendo-se dependente dele, o homem adquiria, entretanto, a responsabilidade de administrá-lo – o que surgiu naturalmente de sua capacidade de observação e percepção conscientes. *"Este seria o papel do homem de acordo com as sociedades tradicionais: o de ser o guardião da biosfera e o de ser a sua consciência. (...) Nesse contexto, cada homem era estimulado a ser criativo – destrutivo jamais"* (MACHARGH, s.d.).

O homem da antigüidade chinesa prosperaria apenas se compreendesse e aceitasse *as condições da sua terra e do seu clima*, ou da "Terra e do Céu", o fundamento de sua atividade criativa. Deveria aceitar o fato de que o mundo era um lugar ordenado, onde as criaturas respondiam a leis intrínsecas e auto-reguladoras denominadas o *"caminho das coisas ou o jeito de ser das coisas"* (MACHARGH, s.d.). Conhecer e respeitar os ritmos planetários, solares e estelares ao desempenhar a atividade seria uma das formas de cooperar com as forças criadoras do cosmo. Para esses homens e mulheres, a linguagem dos "padrões do lugar"– seus *objetos* (árvores, montanhas e rios) e sua *atmosfera* (o clima, o ar, a temperatura, a luz, a influência das constelações) – estabeleceria um diálogo constante com o corpo e a mente.

Em situações especiais ou anormais, esses padrões da paisagem poderiam produzir *stress* ou distúrbios físicos e psíquicos, o que resultaria em tensão e deficiência funcional dos órgãos, alteração celular, condicionamento da estrutura comportamental e, finalmente, na definição e instalação da doença.

Conseqüentemente, a enfermidade adquiria uma relação estreita com o ambiente em que se vivia. Determinados lugares poderiam nutrir potencialmente a saúde, outros poderiam destruí-la. Muitas dessas percepções e informações evoluíram, e foram aos poucos sendo codificadas em um método que posteriormente assumiu o nome de Feng Shui.

A influência das condições climáticas (vento, calor, frio, umidade e aridez) e das quatro estações sobre a saúde é um dos elementos considerados na prática médica chinesa e, juntamente com a influência do céu, planetas e constelações, representa um possível fator de origem do estudo dos lugares.

3.2   A FÊNIX E O DRAGÃO, O VENTO E A ÁGUA

A origem histórica do Feng Shui (pronuncia-se normalmente "fang chuei" ou "fong suei", ou até mesmo "feng chuí", aportuguesando-se o termo – embora existam diferentes pronúncias, variando de acordo com a região da China) remonta a tempos primordiais, talvez às chamadas culturas do Dragão (animal mítico associado à água) e do Pássaro Vermelho ou Fênix (associado ao vento), (CHERNG, 1998).

As várias tribos que se espalhavam pela China de 6.000 anos atrás, sentindo-se incapazes de encontrar em si mesmas o poder de que necessitavam para lidar com a ameaça constante do mundo natural, escolhiam como protetor ou guardião um animal que representasse essa força ou poder, venerando-o como seu ancestral primitivo.

Na China Central, às margens do Rio Amarelo, situava-se a tribo que venerou a serpente.[14] A cada grupo inimigo conquistado, ela adicionava à insígnia da serpente uma parte representativa de um outro animal simbólico, uma parte do seu poder. Assim, com a passagem do tempo, a serpente adquiriu o rosto de camelo, os chifres de veado, os olhos de lebre, o ventre de molusco, as escamas de carpas, as orelhas de touro, as garras de falcão e as patas de tigre. Transformou-se no que foi posteriormente denominado Dragão.

"Dragão" é um termo ocidental emprestado (com conotações nem sempre positivas) para definir esse animal mítico, na realidade mais semelhante a uma serpente. Para os chineses seu nome é *Loom* ou *Lung*.

A serpente *"enquanto símbolo, é encontrada praticamente em todas as grandes religiões, tanto ocidentais quanto orientais, e aparece na iconografia de grande parte dos templos e igrejas, às vezes enrolada nas árvores da vida e da ciência, às vezes munida de asas.*

Num plano macrocósmico, representa a energia, a força primordial, o infinito do tempo, o eterno retorno, os ciclos universais, o princípio dialético da síntese das forças contrárias. Num plano microcósmico, a semelhança da serpente com o órgão sexual masculino tornou-a não apenas um símbolo fálico, mas também um símbolo da energia sexual, símbolo do fogo" (WEIL, 1976).

De acordo com a lenda chinesa descrita no livro *About the dragon*, Fuxi e Nüwa, as duas figuras míticas ancestrais da humanidade, possuíam ambas o rosto humano e o corpo de serpente ou Dragão.

O próprio Imperador Amarelo (que teria vivido no século XXVI a.C.), o grande Patriarca da cultura chinesa, é descrito no *Records of Historian* de Sima Qian[15] como tendo o corpo de um dragão amarelo e como tendo subido ao Céu cavalgando um dragão celestial.

As imagens do Dragão, da serpente e do peixe possuem íntima relação, mas caracterizam elementos diferenciados. O peixe vive num mundo semelhante ao do embrião, o útero, e relaciona-se ao simbolismo do nascimento. A serpente, tal como o espermatozóide e o falo, relaciona-se especialmente à fecundação e à pulsão sexual, e o Dragão, apesar de possuir formato semelhante, representa essa mesma pulsão sexual na escala macrocósmica, representa a força criativa primordial, o princípio masculino universal e constitui-se na forma transcendental do peixe e da cobra.

Nos estudos da paisagem o Dragão é a imagem do princípio criador (ou criativo) existente no mundo obscuro da água, onde "habita". A vida originou-se na água, e somente depois espalhou-se para a terra – os vales e montanhas. O Dragão desempenha o papel da "causa primária da vida". Uma terra sem água é uma terra sem vida. Quando na paisagem encontramos montanha e água, encontramos o "Dragão vivo".

O Pássaro Vermelho, *Feng Huang*, incorretamente traduzido como Fênix (não se trata aqui do pássaro da mitologia egípcia, que renasce das cinzas), é uma criatura divina e benevolente como o Dragão. Associa-se ao princípio feminino universal, à graça e ao amor. Seu corpo é adornado com as cinco cores, que representam cinco qualidades: virtude, benevolência, justiça, lealdade e sabedoria. O Pássaro Vermelho vive entre a Terra e o

---

[14] ABOUT the dragon, 1998.
[15] ABOUT the dragon, 1998

Céu, relaciona-se com os espaços aéreos, com o sopro, com o espírito, com o vento. Através do seu vôo materializa a força do vento.

"As relações do vento e do sopro mereceriam um longo estudo. O vento, para o mundo, e o sopro, para o homem, manifestam 'a expansão das coisas infinitas'. Levam para longe o ser íntimo e o fazem participar de todas as coisas do Universo" (BACHELARD, 1990).

O princípio criativo natural é encontrado nas profundezas da água, tanto quanto nas alturas do céu, na morada dos deuses. O vento transporta esse germe ou "sopro" de vida. A água é o seu receptáculo, o *'container'*, a fronteira que intercepta o seu fluxo e faz com que se acumule. Entretanto, o vento forte manifesta uma força de dispersão, uma força cortante, uma força impulsiva, afronta o lugar. A brisa suave, entretanto, o favorece e beneficia, porque à medida em que vagueia confere-lhe vivacidade. A brisa suave fortifica o lugar. Por isso, nos tempos antigos, escolhia-se para viver um local protegido dos ventos fortes, com brisa suave em constante movimento e sempre próximo da água. Proteção dos ventos fortes e proximidade da água seriam as condições básicas a serem observadas na procura do Lugar Ideal.

Os ideogramas que representam Feng Shui podem ser literalmente traduzidos como Vento-Água, os elementos mais importantes a serem considerados na escolha de um bom lugar onde viver na área rural. Esse é "o ponto onde o Dragão se detém", é onde as plantas e os animais prosperam, bem como a vida e a saúde do homem.

O método do Feng Shui procura pela "paragem do Dragão", investiga na paisagem "os caminhos do Vento e da Água" ou em outros termos, "do Céu e da Terra". Entretanto, a tradução Vento-Água para os caracteres chineses que representam Feng Shui é apenas o primeiro nível de leitura do símbolo. Na realidade, os caracteres possuem diversos níveis de interpretação.

"Alguns símbolos em chinês podem contar histórias inteiras. Estudos posteriores descobriram que Feng Shui é uma expressão da unicidade e interconexão de todas as coisas" (AGNIDEVA, 1996), ou seja, do Céu, da Terra e do Homem.

Kan Yu, que significa literalmente "Céu e Terra", é o nome erudito da prática do Feng Shui e acrescenta novos significados à sua tradução. Vários Mestres chineses apresentam-se como Mestres de Kan Yu: trabalham com os caminhos do Céu e da Terra. Kan Yu divide-se em Yin Zhai (Zhai = residência), que trabalha a residência dos mortos, túmulos e enterros, e Yang Zhai, que trabalha a residência dos vivos.

Kan, o Céu, associa-se a Feng, o Vento e representa todo o pensamento cosmológico e astrológico, o mundo não visível, o estudo do magnetismo, das influências do vento e da passagem do tempo. Yu, a Terra, associa-se a Shui, a Água, e representa o estudo empírico da geografia, do mundo visível, focalizando especialmente os rios e as montanhas.

Kan significa a caligrafia, a escrita, o manuscrito do Céu.

Yu, as regras de conduta da Terra, seus princípios e fundamentos.

3.3 ANÁLISE DA FORMA X LÓGICA METAFÍSICA

Segundo afirma Derek Walters, *"não existe paralelo na experiência ocidental para o conhecimento do Feng Shui"* (WALTERS, 1995), o que é também descrito como uma forma de geomancia (do latim *geomantia*, *geo* = terra; *mantia* = leitura).

Como já dissemos, outros povos, além dos chineses, aprofundaram-se no estudo dos lugares, e as grandes obras de arquitetura devem muito da sua importância à implantação no terreno e à tensão criada entre a arquitetura, o homem e a paisagem.

Paisagem, edifícios e homem: o Feng Shui Clássico propõe-se a estudar a interface destas relações a partir, basicamente, de duas abordagens: a Análise da Forma e a Lógica Metafísica, ou de dois Métodos: a Escola da Forma e a Escola da Bússola (XU, 1991).

Retornando ao significado do termo Kan Yu, Kan associa-se ao Céu, aos estudos metafísicos, à bússola, e Yu à Terra, ao estudo das formas.

Considera-se que, historicamente, o Método da Forma foi aquele que surgiu primeiro, pois lida com questões humanas fundamentais, como abrigo e alimento. Relaciona-se principalmente ao processo de avaliação da paisagem natural para futura implantação de edifícios. É muito influenciado pela visão taoísta e trabalha com "análise da forma". Investiga a paisagem natural e a construída, suas características e sua relação com os conceitos chineses do Chi, do Yin e Yang e dos Cinco Elementos. *"No século IX, seu conhecimento oral foi compilado e organizado"* (WALTERS, 1995).

O Método da Bússola aplica-se mais às questões da arquitetura de interiores, valendo-se da chamada lógica metafísica. Investiga as causas primeiras do ser e do lugar. Utiliza para diagnose o I Ching, o Lo Shu, o Sistema das Nove Estrelas, o Sistema das Oito Casas, a bússola Lo Pan, bem como o estudo dos Quatro Pilares do Destino e da Astrologia Tzu Wei.

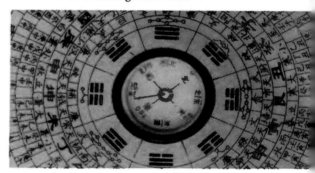

Detalhe da Bússola Lo Pan

A influência das direções cardeais – do campo magnético da Terra e do Céu – sobre a vida do homem, apresentada pela abordagem da Bússola, faz parte das convicções do povo chinês desde antes da invenção da escrita. Esse Método investiga também as influências do tempo, avaliando as épocas favoráveis e desfavoráveis para os empreendimentos. *"No século X, os conhecimentos tradicionais da Teoria da Bússola foram compilados, no norte da China"* (WALTERS, 1995).

As duas abordagens não se encontram realmente separadas, ambas representam a integração da visão cosmológica chinesa no plano prático. Na realidade, existem diferentes e inúmeras escolas chinesas de Feng Shui, mas todas utilizam os métodos da "forma" e "bússola" na avaliação dos lugares.

Recentemente o método tradicional chinês foi reavaliado no Ocidente e adaptado para as condições de vida atuais, para o mundo contemporâneo ocidental e para o Hemisfério Sul.

Surgiram, assim, duas novas escolas: a Escola do Budismo Tântrico, do "Chapéu Negro" ou Escola do Feng Shui Intuitivo, também popularmente denominada "Escola Californiana ou Americana", por ter sido criada pelo monge budista chinês Thomas Lin Yun, residente nos Estados Unidos. Atualmente é a Escola mais difundida no Ocidente, sendo muito divulgada pela mídia, devido ao uso de uma linguagem mais fácil e simples. Trabalha tanto no campo dos símbolos quanto na área do Xamanismo. Considera que, quando um símbolo é assimilado pelo uso constante do lugar, torna-se parte do nosso psiquismo. Busca, portanto, adaptar a casa de modo a alcançar um bom funcionamento em áreas básicas da vida, tais como carreira, conhecimento, família, prosperidade, realização, relacionamentos, criatividade, filhos, benfeitores e saúde.

A Escola do Feng Shui para o Hemisfério Sul foi criada pela australiana Lindy Baxter e divulgada pelo professor Roger Green. Eles propõem uma abordagem única, a alteração na composição de todos os diagramas e dos cálculos numerológicos utilizados pelo método, para o Hemisfério Sul. Baseiam-se na situação de "espelhamento" do fluxo de correntes marítimas e vento, bem como do ciclo sazonal do Hemisfério Norte para o Sul.

Afinal, independentemente da polêmica provocada pela diferença de abordagens, o objetivo original das várias escolas é sempre o mesmo: criar uma sociedade ecologicamente estável e auxiliar o desenvolvimento do potencial físico-psíquico humano, alertando especialmente sobre a influência do meio ambiente.

É importante também esclarecer que a prática do Feng Shui não utiliza a Radiestesia (que literalmente significa "sensibilidade às radiações") que, como a Geobiologia (estudo da influência do meio ambiente sobre os seres vivos), constitui uma ciência à parte.

Com uma origem "oficial" que nos remete ao ano de 1.100 a.C., dinastia Zhou (XU, 1991), o Feng Shui é uma das mais antigas formas conhecidas de avaliação de paisagem, tendo determinado a localização de inúmeras cidades, casas, palácios, templos e túmulos na China, até o século XIX, principalmente.

Com o estabelecimento do regime comunista e também devido à crescente influência da ciência ocidental, a técnica foi aos poucos abandonada e até mesmo proibida durante longo tempo. Ainda assim, no meio rural e nas comunidades chinesas fora do país, a prática sobreviveu.

3.4 TÓPICOS DO ESTUDO DO FENG SHUI

O universo do Feng Shui Clássico é amplo e minucioso. Para o seu estudo consideram-se como o roteiro ideal os seguintes temas:
- **Escola das Formas**, em geral;
- **Ming Gua** (item pertencente à Escola da Bússola) ou da orientação favorável;
- **Sistema das Oito Casas**, Ba Zhai ou Ba Chi (Escola da Bússola);
- **Quatro Pilares do Destino**: investigação simbólica da "constituição dos indivíduos", normalmente utilizada em combinação com o Feng Shui;
- **Estrelas Voadoras** (Escola da Bússola), que é equiparado a uma investigação astrológica da casa;
- **Astrologia Tzu Wei**.

No presente estudo vamos abordar os quatro primeiros itens.

O professor Wang Yu, da Universidade de Wuhan, China, apresenta-nos um outro itinerário, mais detalhado. Relaciona os principais tópicos a serem abordados em Oito Ramos, que se subdividem em 36 categorias (YU, 1999).

Ramo 1: Introdução
1. Conceito de Feng Shui.
2. História do Homem associada ao Feng Shui.
3. Princípios éticos e morais no Feng Shui.
4. A diferença entre a abordagem da Escola da Forma e da Bússola.
5. Recomendação de literatura básica em Feng Shui.
6. A aplicação do Feng Shui nos dias de hoje.

Ramo 2: Teoria básica
1. O estudo do I Ching (de todos os 36 itens, este é considerado o mais complexo).
2. A Teoria dos Cinco Elementos.
3. Lo Shu, o quadrado mágico e a numerologia Ho Tu.
4. Diferentes qualidades do Chi.

Ramo 3: Geografia
1. Dragon Range: o estudo das cadeias de montanhas.
2. Formas da Terra.
3. O conceito de Ming Tang ou Palácio Brilhante.
4. O fluxo da água.
5. Pontos de energia.

Ramo 4: Astrologia no Feng Shui
1. Sete Estrelas – Big Dipper
2. As 28 Mansões Lunares.
3. As 24 Estrelas Celestiais.
4. Os 12 Palácios, os 12 Subdivisões do Mundo ou os 12 Animais Celestiais.

Ramo 5: Calendário do Feng Shui
1. Os 60 Binômios do Céu e da Terra.
2. O Calendário Solar e as 72 combinações dos Dragões.
3. Os Cinco Círculos e os Seis Calendários Maiores (incluindo a predição do tempo).

Ramo 6: Aplicação do Feng Shui

1. Uso da bússola Lo Pan.
2. O Sistema das Nove Estrelas e as Estrelas Voadoras.
3. San Yuen ou o Método das Oito Casas (Ba Zhai).
4. "Direciologia" ou o estudo do Ming Gua, da direção favorável.
5. Ciclos auspiciosos e inauspiciosos.

Ramo 7: Planejamento e Feng Shui
1. Planejamento de cidades.
2. Planejamento de vilas e comunidades.
3. Paisagismo.
4. Arquitetura de interiores para o setor social da casa.
5. Arquitetura de interiores para o setor íntimo da casa.
6. Arquitetura comercial.

Ramo 8: Folclore e Feng Shui
1. Sorte pessoal em diferentes lugares.
2. Sorte ou destino pessoal: os Quatro Pilares e as Oito Estrelas da Sorte.
3. Predições para o futuro.

É evidente a extensão e profundidade do tema, por demais generalizado, muitas vezes. São alguns milhares de anos de cultura – de acordo com o professor Raymond Lo, aproximadamente 6.000 anos – sintetizados num conhecimento que necessita, principalmente, de tempo para a sua assimilação.

Acreditamos, entretanto, valer o esforço de aproximação a esse estranho universo, em prol do alargamento do nosso olhar sobre a vida e sobre o mundo.

3.5 REVENDO O CONCEITO DE HARMONIA

O Feng Shui tem sido definido, por muitos, como "harmonização de ambientes" ou a busca da Harmonia. Para nós, ocidentais, esse é um conceito muito vago, um pouco desgastado e desatualizado, e às vezes confundido com o princípio da simpatia ou empatia estética, que acaba por estereotipar esse juízo do harmônico, estabelecendo fórmulas para sua verificação.

O que é mesmo Harmonia?

Na China, a Harmonia é entendida como o equilíbrio dos aspectos opostos e complementares da realidade no ritmo de vida, na expressão da personalidade, no funcionamento do corpo, nos gestos da paisagem, na composição dos ambientes (GREEN, 1998). A deficiência em um aspecto implica excesso em outro. No corpo e na vida, o excesso, quando extremo, exige uma transformação drástica e essa transformação, quando impossível, pode resultar na impossibilidade da existência. No Ocidente a Harmonia é geralmente definida como equilíbrio na composição, ordem, ritmo, continuidade, simetria (disposição de elementos idênticos em ambos os lados de um eixo imaginário), integração, suavidade.

Esses conceitos, na realidade, são os mais elementares que se tem de Harmonia. Esse raciocínio é mera construção humana – datada e localizada. O mundo ocidental, desde 1500, está sob o jugo de uma lei estética que condicionou o gosto pela geometria, ordem e simetria.

Não se pode ignorar os matizes que o mundo ocidental apresenta, e resumir conceitos orientais a noções desatualizadas, que correm o risco de serem banalizadas. O que é por demais esquematizado pode afastar-se de tal forma da vida que acaba por tornar-se inexpressivo.

Entretanto a nossa sabedoria nativa, de acordo com o índio txucarramãe Kaká Werá, pode resgatar um significado interessante para o termo Harmonia.

Harmonia, no vocabulário indígena, é *"a expressão da essência das coisas"*, é a capacidade de *"enunciar uma mensagem"* (JECUPÉ, 1998).

Curiosamente, o conceito indígena coincide com os modernos conceitos de arte. *"A arte nos diz da secreta intimidade das coisas, daquilo que está oculto nelas; a arte é uma expressão do ser, a arte é revelação, a arte é 'o acontecimento da verdade' – desvela o que está oculto a respeito do ser, cabendo ao artista revelar a sua existência"* (CARSALADE, 1991).

A arte torna acessíveis as coisas fundamentais que movem o espírito humano e torna a existência significativa. Isso é Harmonia.

A prática do Feng Shui não procura imitar princípios ou modismos, impor ideologias ou mesmo um conceito estereotipado de beleza, mas sim, ser capaz de dar forma à vocação de um lugar e ao universo imaginário de uma pessoa. E para isso não existem regras, apenas indicações:

A prática do Feng Shui exige a capacidade de encontrar propostas que se adaptem às exigências humanas, de gerar imagens que estabeleçam uma conexão profunda com anseios e necessidades da paisagem e do homem. *"O que se chama beleza, baseia-se na vida"* (YUTANG, 1997).

O método do Feng Shui, buscando a compreensão da natureza subjetiva das coisas, deve possibilitar o acontecimento da verdade.

Capitólio – MG
O lugar ideal: harmonia na paisagem. Vale circundado por montanhas com vegetação exuberante e água.

Vista aérea do Tibete. Toda montanha é denominada Dragão pois assemelha-se a uma grande serpente cujo corpo estende-se por quilômetro.

II

O Método da Forma

1 INTRODUÇÃO

> "Um dos fatores fundamentais a respeito do espaço é o caráter individual dos lugares; individual usa-se aqui para significar lugares não apenas diferenciados, mas lugares que manifestam caracteres específicos.
>
> Em um lugar o homem sente-se protegido pelo ambiente circundante, em outro sente-se ameaçado. Alguns lugares oferecem uma perfeita adaptação para o assentamento humano; outros se mostram como centros de um cosmo bem definido.
>
> Em certos lugares existem elementos naturais de forma e função bem determinados, tais como pedras pontiagudas, grutas e nascentes.
>
> Todas essas propriedades põem em manifesto uma ordem natural e estimulam determinado tipo de relação entre o homem e seu ambiente."
>
> Norberg-Schulz[1]

[1] NORBERG-SCHULZ, 1983.

"*Tudo o que a vida gera e consome tem uma forma: visual, auditiva, tátil, olfativa*" (SALÓ e BARBUY, s.d.).

Não é indiferente para o chinês taoísta a presença das formas que rodeiam a paisagem e a vida, sendo que elas não são vistas como decorativas, e muito menos supérfluas. As formas da natureza, especialmente, guardam sua própria bagagem de sabedoria ancestral.

A linguagem criada pelos gestos e cores das formas naturais, "*antes do idioma, antes do significado das palavras e antes das leis gramaticais, permite a comunicação total, direta, profunda e exata.(...) Permanecer indiferente e não sentir as formas operando no próprio ser é como devorar alimentos sem distinguir sua qualidade e seu sabor.(...)*

A incomunicação humana não é outra coisa senão a versão menor de uma carência mais ampla e profunda, que é a falta de comunicação com o meio, a inibição da percepção sensível e da resposta comprometida ante o que ocorre em torno" (SALÓ e BARBUY, s.d.).

Lago Yamdrok Toso, Tibete: 5200 m de altitude acima do nível do mar, circundado por montanhas escarpadas. Nessas condições, a água não é capaz de reter informação vital. A vegetação e a vida animal são escassas.

2 AVALIAÇÃO DA PAISAGEM RURAL

> "EXISTE UMA 'ALMA DO LUGAR' QUE FAZ COM QUE CADA SÍTIO SEJA ÚNICO. A HISTÓRIA, A GEOGRAFIA, A GEOLOGIA E O IMAGINÁRIO POPULAR A CONFORMAM. CRIAM CONJUNTAMENTE O QUE CHAMO DE 'IDÉIA-FORÇA', A QUAL DEVE ACOMPANHAR O ARQUITETO E ENVOLVÊ-LO COMPLETAMENTE."
> ANTOINE PREDOCK[2]

Existem várias maneiras de perceber o meio ambiente e avaliar a sua geografia física. *"Duas pessoas não vêem a mesma realidade; dois grupos sociais não fazem exatamente a mesma avaliação do meio. A própria visão científica está ligada à cultura – uma possível perspectiva entre muitas"* (TUAN, 1980).

Ciência e Arte – Ocidente e Oriente – adotam formas distintas de aproximação ao conhecimento do real. A Ciência, representante da cultura ocidental, investiga as leis genéricas da natureza e da história. A Arte, fundamento das abordagens orientais, caracteriza-se pela busca da revelação da essência do ser humano, da natureza e da sociedade nas quais se desenvolve.

A proposta de avaliação de paisagem, que aqui se procederá, segue os princípios do "realismo artístico". O artístico também torna possível a ordenação em tipos, a fim de permitir uma caracterização em base científica, a "ciência natural".

A Arte é uma *"atividade que supõe a criação de sensações ou estados de espírito, em geral de caráter estético, mas carregados de vivência íntima e profunda"* (FERREIRA, s.d.), e sugere ao homem que para entender o meio ambiente é necessário, primeiramente, tornar-se receptivo às impressões das coisas e dos fenômenos, valendo-se das próprias faculdades sensoriais.

A abordagem artística orienta-se pelo que podemos denominar "intuição", que pode ser diferenciada em "sensorial" e "pura" (SVENSSON, 1992).

Provavelmente, o antigo taoísta distinguia a sensorialidade (as sensações

---

[2] Predock, A. in DAGNINO, 1989.

pessoais) da observação empírica pura (o conhecimento direto dos fenômenos, a informação que os sentidos nos dão *a priori*). Acreditamos ter sido necessário respeitar somente a intuição pura, pois assim fazendo, o mundo poderia ser apreendido através de idéias absolutas, preexistentes ao homem e à natureza – e que constituiriam "a base inicial do mundo". Estas idéias fundamentam toda a compreensão da natureza, segundo o método a ser aqui apresentado.

A fim de expor ao homem moderno ocidental este processo de avaliação de paisagem, estabelecemos três estratégias:
• a análise da conformação do lugar;
• a análise da presença dos aspectos complementares da paisagem;
• a análise do caráter do lugar.

Apesar de aqui utilizarmos o termo "análise", este sistema de pensamento não é realmente analítico nos moldes ocidentais – apesar de científico. Talvez um termo mais adequado seja "leitura" ou mesmo "avaliação". Entretanto, "análise" faz o elo com o pensamento ocidental, por isso optamos por utilizá-lo.

As estratégias acima citadas relacionam-se, respectivamente, com três teorias básicas da cultura chinesa, as quais serão abordadas detalhadamente nos próximos capítulos:
• o conceito de Chi ou Informação Vital;
• a Teoria das Polaridades ou a Teoria do Yin-Yang;
• a Teoria dos Cinco Elementos ou Cinco Movimentos.

Ilustrações: Humberto Mezzadri – Exercício de avaliação de paisagem. Curso de extensão de Feng Shui e Avaliação de Paisagem, ministrado pelo autor na Universidade Federal do Paraná.

2.1 ANÁLISE DA CONFORMAÇÃO DO LUGAR

O Conceito de Lugar Ideal

Conformar significa "configurar, formar, dispor". Esta primeira estratégia de análise dos lugares procura, na paisagem, por um conjunto especial de montanhas, que deve conformar um vale adequado à ocupação humana – não apenas pelas suas condições geográficas e climáticas, mas principalmente devido à presença do "ar da vida" ou Chi, conceito chinês que será apresentado adiante.

Essas montanhas recebem o nome de animais simbólicos, correspondentes a constelações existentes nos céus da China: o Dragão e o Tigre (dois montes que se associam, conformando um vale); a Tartaruga Negra (um elemento natural afastado que resguarda o lugar aos fundos), o Pássaro Vermelho ou Fênix (colinas baixas situadas à frente do vale, na linha do horizonte).

"(...) APESAR DO HOMEM VIVER NA FORÇA, ELE NÃO VÊ A FORÇA, DA MESMA FORMA QUE OS PEIXES NÃO VÊEM A ÁGUA. O HOMEM MORRE QUANDO LHE FALTA O AR DA VIDA, DO MESMO MODO QUE OS PEIXES SEM ÁGUA PERECEM."

I CHING, O LIVRO DAS MUTAÇÕES[3]

[3]WILHELM, 1995.

Projeto de avaliação de paisagem, datado do ano 1000 d.C., representa os quatro animais celestes: ao alto, a Tartaruga, embaixo, a Fênix, nas laterais, o Dragão e o Tigre.

SOBRE AS MONTANHAS

ÁGUA

METAL

TERRA

FOGO

MADEIRA

Montanhas – Tipologias básicas, de acordo com antigo manual de Avaliação da Paisagem.

O homem pré-moderno respondia emocionalmente aos elementos naturais que o circundavam, principalmente àqueles considerados permanentes no mundo – como as montanhas, os oceanos ou os desertos. *"Nas primeiras etapas da história humana, a montanha foi vista com assombro. Ela elevava-se acima das planícies habitadas; era remota, difícil de se aproximar, perigosa e inassimilável às necessidades do trabalho diário do homem. Povos em diferentes lugares consideravam a montanha como o lugar onde o Céu e a Terra se encontravam. Era o ponto central, o eixo do mundo, o lugar impregnado de poder sagrado, onde o espírito humano podia passar de um nível cósmico para outro"* (TUAN, 1980).

Na China, tanto para os taoístas quanto para os budistas, as montanhas eram consideradas divindades, a exemplo de T'ai Shan, o principal dos Cinco Picos Sagrados onde o imperador Wu (140 – 87 a.C.) realizava sacrifícios para o Céu e a Terra (TUAN, 1980). É nesse contexto que se desenvolvem as bases deste processo de avaliação de paisagem.

Com o correr dos tempos, verificou-se uma mudança da atitude religiosa para com as montanhas – tanto na China quanto no Ocidente. O sentimento do sublime e o temor transformam-se em apreciação estética e as montanhas, atualmente, são apenas mais um recurso recreativo.

ROTEIRO DE AVALIAÇÃO

O roteiro que se segue indica como os chineses antigos estruturavam o seu mundo ideal. A percepção do meio ambiente prepara-nos para o conhecimento do próprio homem, centro psicológico de todos os valores, atitudes e problemas ambientais.

1. Primeiramente, na busca do Lugar Ideal, procuramos por um relevo montanhoso. Esta é a condição básica, pois esta tipologia topográfica conforma vales protegidos e de temperatura agradável, adequados ao uso humano.

2. A seguir identificamos a montanha que, por sua escala de tamanho, destaca-se na paisagem. Este é o Dragão – representado por um pico, uma vertente íngreme e outra suave e ondulada, que deve remeter-nos ao dorso curvilíneo do animal.

3. Verificamos se o Dragão abraça o Tigre: se articula-se com uma colina vizinha, mais baixa (o Tigre), em semicírculo, conformando uma ferradura. Dragão e Tigre são mutuamente coexistentes: se existe um Dragão deve existir um Tigre, mesmo que não seja completamente visível, e vice-versa. A conformação ideal é aquela em que uma montanha "abraça" a outra por detrás. O semicírculo de montanhas deve estar voltado para o sol. O Dragão e o Tigre devem possuir um contorno sinuoso e vertentes suaves. Idealmente, o também denominado Dragão Verde situa-se a leste e o Tigre Branco a oeste – o que na realidade representa apenas uma referência simbólica, que será detalhada adiante. São os protetores do lugar e contornam, com o seu abraço, o Vale, funcionando como uma barreira de proteção contra os ventos fortes, garantindo a circulação constante de uma brisa suave e a temperatura aquecida e agradável.

4. Encontramos o Vale, nicho ecológico bastante diversificado, que promete ao homem uma subsistência fácil, apresentando uma grande variedade de alimentos nos rios, nas planícies e encostas.

O Vale acumula água em poços e fontes, e principalmente nos rios. O curso d'água ideal é aquele limpo, lento e sinuoso – esta última condição permite que o material orgânico seja depositado na terra e fecunde o lugar. A vegetação, exuberante, sinaliza condições favoráveis de fertilidade.

O Vale é identificado simbolicamente com o útero e o refúgio. A sua concavidade protege e nutre a vida, representa o *"natural recipiente, a entranha e a mãe de todas as coisas"* (TUAN, 1980). Caracteriza-se como um lugar protegido, circundado, cercado, rodeado – mas jamais confinado.

5. Detalhando ainda mais a nossa pesquisa devemos investigar os elementos do relevo presentes na linha do horizonte – tanto à frente quanto ao fundo do lugar, do Vale e suas montanhas.

Por detrás do Dragão e do Tigre, uma serra ou uma montanha de altura superior – outra barreira natural contra o vento forte – representa a Tartaruga Negra ou Guerreiro Negro. *"Tartaruga parece ser o termo mais autêntico, já que para o Taoísmo representa o universo"* (WALTERS, 1995).

O MÉTODO DA FORMA

Podem também ser classificados como Tartaruga Negra uma grande extensão de água ao sul (um lago ou oceano), bem como um bosque. A seguir avaliamos a frente do Vale, que deve estar aberta para o sol, para o rio, para a circulação livre da brisa, para a vista do Pássaro Vermelho ou Fênix – montes distantes na linha do horizonte – que também delimitam o lugar.

O Vale não deveria abrir-se para um vazio, mas sim encontrar esse elemento de amparo e fechamento. Quanto maior a camada de colinas que se sobrepõem no horizonte, maior o resguardo para a paisagem.

Uma grande pedra, ou mesmo uma ilha, pode também representar o Pássaro, desde que distante do lugar, preservando a amplitude da área frontal.

Eis o lugar ideal: um vale fértil com vegetação, circundado por montanhas, atravessado por um rio, aberto para o sol. Este é o lugar onde a natureza viva respira.

Somente a presença dos quatro animais indica a configuração perfeita, mas a evidência de três deles, ou apenas do Dragão ou do Tigre, já seriam suficientes na determinação de um bom lugar para viver. O Dragão é o elemento mais importante e quanto mais se assemelhar à imagem do animal, melhor: dorso curvilíneo, cabeça definida, canais/veias, vegetação/pêlos, representam condições geográficas e ambientais favoráveis, que serão detalhadas adiante.

É evidente que estes conceitos devem ser entendidos de acordo com as características da região. O principal objetivo do método é sempre o conforto ambiental, sendo portanto necessária a sua adaptação aos diferentes climas.

Os caiçaras, nativos da região praieira de São Paulo, não buscam proteger-se do vento, muito pelo contrário, abrem suas casas para o ar fresco que vem do mar e que tem como função refrescá-las. Neste caso o oceano representa a Tartaruga Negra e o vento é bem-vindo, pois não se faz acompanhar de condições desfavoráveis.

Nas sociedades não tecnológicas o meio geográfico está intimamente relacionado com a visão de mundo, que é construída a partir do ambiente social e físico. Assim sendo, os quatro animais, além de representarem elementos da paisagem, funcionam coletivamente como um poderoso sistema simbólico vivo, traduzem atitudes e valores ambientais.

À esquerda: "Dragão olhando a cauda": representação de uma cadeia de montanhas, com indicação do "ponto", o local da edificação. Antigo manual de Avaliação da Paisagem, encontrado pelo autor em feira livre, Hong-Kong, China.
À direita: Gyantsé, Tibete. A beleza e a qualidade da vida da cidade tibetana devem muito a sua implantação criteriosa na encosta da montanha que, preservada, transforma-se em guardião de um microclima perfeito.

Simbologia no relevo

"O Dragão Verde representa a comunicação sutil com o céu e com a Divindade e deveria estar localizado à nossa esquerda; o Tigre Branco deveria estar à nossa direita e representa a ação, o sustento, o ataque e a defesa; a Tartaruga Negra, às nossas costas, representa a proteção e segurança, um referencial da autoridade e do poder; o Pássaro Vermelho (Fênix ou Pardal Vermelho), à nossa frente, representa nossos horizontes, nossas metas e objetivos."
Maria Elena Passanesi[4]

"*Um símbolo é uma parte, que tem o poder de sugerir um todo*" (TUAN, 1980).

Um elemento natural é interpretado como símbolo quando projeta significados e relaciona, analógica e metaforicamente, toda uma sucessão de fenômenos: a montanha sugere um animal, uma fase do ciclo natural (da lua ou do sol) e da vida, uma cor, uma direção e até traços da personalidade humana.

Vamos, a seguir, percorrer os ciclos naturais e sua significação para nos aprofundarmos na compreensão dos quatro signos animais.

As quatro fases do dia:
A Aurora é a fase receptiva, quando a terra fria torna-se quente, pois a energia criativa do sol desce sobre a terra.
O Meio-dia corresponde ao máximo do calor, à terra quente.
O Crepúsculo é a fase em que a terra torna-se fria, desgasta-se e perde energia.
A Meia-noite corresponde ao máximo da sombra e do frio.

As quatro fases do mês:
A Lua Crescente associa-se a um movimento de expansão da luz.
A Lua Cheia à irradiação.
A Lua Minguante à contração.
A Lua Nova ao recolhimento da luz.

As quatro fases do ano:
A Primavera associa-se ao renascimento da natureza, ao momento de plantio.
O Verão à plenitude, à atividade.
O Outono à colheita, à finalização do ciclo natural.
O Inverno, ao descanso.

[4]PASSANESI, 1998.

As quatro fases da vida:

A vida humana também tem seus ritmos, seus ciclos de ascensão e declínio. O movimento deste ciclo é igual para todos, mas a maneira de vivê-lo é criada pelo próprio indivíduo. Vendo-se por este ângulo, é importante estar de acordo com cada fase da vida.

O psiquismo humano:

A concepção e divisão do conjunto corpo/psiquismo observa a seguinte orientação: divisão antero-posterior e divisão direita-esquerda.

A face anterior do corpo corresponde ao espaço do domínio visual, representa a percepção consciente, as nossas metas visíveis, a claridade, a luz.

A face posterior associa-se aos conteúdos inconscientes, à escuridão.

O lado esquerdo do corpo corresponde ao hemisfério cerebral direito, considerado mais intuitivo, associado ao lado feminino da psique, às qualidades de receptividade e passividade, afetividade e sensibilidade.

O lado direito relaciona-se com o hemisfério cerebral esquerdo, com o racional, o psiquismo masculino, a ação, a realização e a produtividade.

Os quatro animais celestes:

Cada um deles está vinculado a todas as significações do referencial precedente, formando um amplo sistema de correspondência:

	Fase do dia	Fase do mês	Fase do ano	Fase da vida	Divisão do corpo	Psiquismo
Dragão Verde	Aurora	Lua crescente	Primavera	Nascimento	Esquerdo	Receptivo
Pássaro Vermelho	Meio dia	Lua cheia	Verão	Maturidade	Frente	Consciente, metas
Tigre Branco	Crepúsculo	Lua minguante	Outono	Velhice	Direito	Criativo
Tartaruga Negra	Meia noite	Lua nova	Inverno	Morte	Atrás	Inconsciente, proteção

A cor relacionada ao Dragão é o verde azulado das matas. Ao Pássaro, é o vermelho, a cor do fogo e do sol. Ao Tigre, é o branco, que indica a friagem do Outono. À Tartaruga, é o preto, a escuridão das águas profundas, os conteúdos inconscientes.

Encontrar os quatro padrões geográficos é também encontrar um mundo ricamente simbólico: valores ambientais, atitudes e estados de ânimo associados. Dentro deste esquema de correspondências não existe separação entre o referencial geográfico, a Selva, e o psíquico, o Paraíso ordenado pela mente humana, que formam, assim, um todo indissolúvel.

Posicionamento da edificação
Mudança da atitude ambiental

A direção geográfica (Norte, Sul, Leste, Oeste) não é tão importante na identificação dos emblemas do Lugar Ideal. Considerando-se que o observador está no centro da casa (o Vale), de frente para a entrada, a montanha posicionada por detrás transforma-se em Tartaruga; na lateral esquerda, em Dragão; na lateral direita, em Tigre; e pela frente, em Fênix ou Pássaro. Por esse critério, mais avançado, o papel representado pelas montanhas fica relativizado, variando de acordo com a implantação da edificação e afetando a "atitude ambiental".[5]

Uma Tartaruga mais baixa do que a casa não oferece proteção e cria insegurança; a Fênix mais elevada do que o Vale bloqueia o movimento de expansão visual e limita horizontes; um Tigre mais alto do que o Dragão também não é considerado bom Feng Shui, pois a ação ou atividade (Tigre) é decorrência da inspiração ou da receptividade (Dragão), não devendo ultrapassá-la em dimensão.

Lugar do poder x Poder do lugar

Se o "lugar do poder" é destruído, o "poder do lugar" também o é.

Por isso os geomantes jamais perfuram a montanha-Dragão, pois acreditam que, assim, ela "perde forças", o que se reflete na qualidade de vida de toda uma região. *"O que acontecer à Terra, acontecerá aos filhos da Terra"*, confirma o chefe indígena Seattle (HIROSHI, 1999).

A vegetação localizada sobre a cumeada da serra (o dorso do Dragão) também não deve ser cortada, pela mesma razão.

"As palavras 'saúde', 'totalidade' e 'integridade' estão etimologicamente ligadas" (TUAN, 1980), e sugerem um significado comum, talvez a interdependência entre a saúde do homem e o meio ambiente, aceita e compreendida nos tempos antigos.

Qualquer tipo de interferência drástica em um lugar, como construção de canais, túneis, estradas de ferro e grandes

---

[5] Atitude ambiental = reação ou maneira de ser em relação ao meio ambiente.

complexos arquitetônicos, pode provocar *"futuras calamidades"* (WALTERS, 1995). Na China antiga, as estradas e as edificações seguiam a topografia natural da paisagem, evitando-se especialmente os túneis, movimentos de aterro e desaterro significativos, e as grandes barragens.

A pior de todas as intervenções, entretanto, é aquela em que as "veias" do Dragão são cortadas. As veias são os canais naturais de escoamento da chuva pelas encostas e os sulcos através dos quais o excesso de água escorre dos vales nas épocas de grandes enchentes. Formadas ao longo dos séculos, as veias expressam movimento e contenção dos processos vitais da terra e cortá-las pode significar a morte do Dragão.

O "poder do lugar" é assim descrito pelo escritor chinês Lin Yutang (YUTANG, 1997):

"Não creio na 'Christian Science', mas sim nas propriedades espirituais, curativas, das velhas árvores e dos recessos da montanha, não para salvar uma clavícula fraturada ou uma pele infeccionada, mas para curar as ambições da carne e as enfermidades da alma: megalomania, egocentrismo, maldade, ódio, exibicionismo social, dureza de coração e todas as formas de enfermidades morais. (...)
O silêncio das montanhas é terapêutico. Toda boa montanha é um sanatório."

O estudo da conformação da paisagem, ou, em outros termos, do "poder do lugar" está intimamente relacionado com um conceito básico da cultura chinesa, que é o conceito do Chi, o Sopro do Dragão, o Sopro da Natureza, o Princípio Criativo Natural, a Informação Vital, a Causa Primária da Vida.

Na realidade, todo o objetivo do método consiste na "captura", retenção ou ativação desta energia natural dentro de um determinado lugar, objetivando benefícios para a saúde humana. O Feng Shui indica o ponto onde se reúne o sopro auspicioso, conduzido pela brisa, por rios e montanhas, e onde a proteção contra as intempéries fica assegurada.

O sábio taoísta Lao Tsé assim descreve o poder do Vale Ideal (TSÉ, 1997):
"O Espírito do Vale nunca morre.
Chama-se Fêmea Misteriosa.
O umbral da Fêmea Misteriosa
é a base de onde surgiram o Céu e a Terra.
Assim está dentro de nós, sempre.
Bebei, à vontade, do Espírito do Vale:
Nunca se esgotará."

O GRANDE DRAGÃO

A avaliação de uma paisagem pode também incluir, quando mais detalhada, o estudo da cadeia de montanhas da qual o Dragão e o Tigre fazem parte, denominada de Grande Dragão.

O Grande Dragão deve apresentar muitos braços e "veias", uma sucessão de montanhas em forma de ferradura até chegar àquela mais diminuta e protegida (o Dragão e o Tigre). Quanto maior o número de "veias", braços e colinas – o que só pode ser avaliado de uma perspectiva mais abrangente –, melhor a qualidade do "ar da vida" ou Sopro do Dragão no lugar.

De acordo com Eva Wong, o Grande Dragão pode ser classificado como (WONG, 1996):
- **forte:** cadeias montanhosas com braços robustos conectados a um tronco largo, com um desenho organizado e muitos picos, sulcos e vales;
- **simples:** seqüência de colinas baixas, suaves, com aparência frágil;
- **irregular:** montes descontínuos, desconectados, terminações em penhascos, ausência de ferradura (ou a mesma encontra-se invertida);
- **regular:** padrão montanhoso organizado com uma "coluna dorsal" retilínea e definida;
- **morto:** quando não apresenta braço algum.

As conformações adequadas ao uso humano são as do tipo forte e regular.

A declividade das encostas do Grande Dragão também fornece indicações importantes. Podem ser:
- **graduais:** vertentes suaves;
- **abruptas:** picos isolados e vertentes íngremes.

A terminação gradual é vista como favorável, pois o lugar absorve o Sopro do Dragão; e a abrupta, desfavorável, pois o Sopro do Dragão se espalha. Um grande número de braços cujas formas expressam movimento indica lugares que acumulam, distribuem e regeneram constantemente as suas qualidades. Formas estáticas (ou passivas) reúnem uma boa vitalidade, mas não a regeneram, sendo que ocupado sucessivamente pelo homem, o lugar perde as boas qualidades magnéticas originais.

Ao lado, uma representação básica do que seria um Grande Dragão, cujas montanhas recebem nomes especiais de acordo com a sua função: o Ancestral Distante (1), talvez uma montanha mais elevada, representa a Tartaruga. Os Progenitores (4), o Dragão e o Tigre. O Canal de Ligação (5) conduz o poder transportado pela cumeada para a pequena ferradura, ou para a toca ou cabeça do Dragão ou *Dragon's den* (6). Esse é o ponto secreto onde se concentra toda a sua força, e o lugar ideal para o assentamento da edificação – a meia encosta entre a base e o cume. O Canal de Ligação, também denominado "pescoço do Dragão", é considerado um outro ponto de acúmulo da força natural, podendo ser também utilizado para construção.

A Montanha-mesa (8) funciona como mais um elemento de apoio e proteção, sem obstruir a vista do horizonte. As Colinas visíveis à frente (9) representam a Fênix.

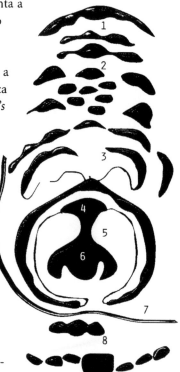

REPRESENTAÇÃO DO GRANDE DRAGÃO

ANCESTRAL DISTANTE	1
ANCESTRAL PRÓXIMO	2
ANCESTRAL IMEDIATO	3
PROGENITORES	4
CANAL DE LIGAÇÃO	5
CABEÇA DO DRAGÃO	6
RIO	7
MONTANHA-MESA	8
COLINAS À FRENTE	9

O CONCEITO DE CHI

> "ALGO QUE É MISTERIOSO E INFORME,
> EXISTE ANTES DE HAVER CÉU E TERRA.
> SILENCIOSO, QUIETO E VAZIO,
> PLENO EM SI MESMO, IMUTÁVEL.
> CIRCULANDO ETERNAMENTE
> ATRAVÉS DOS ESPAÇOS E TEMPOS,
> INCANSÁVEL.
> É A MÃE DA MIRÍADE DE COISAS
> DO UNIVERSO."
> LAO TSÉ[6]

O Vale Ideal, circundado por montanhas, guarda muito mais do que um microclima perfeito ou uma sensação de proteção e segurança. Preserva o que os primeiros chineses consideravam a chave de uma compreensão mais abrangente da paisagem: conserva correntes favoráveis de vida ou ar da vida denominado Chi – o qual se relaciona diretamente à saúde do lugar e das pessoas que ali vivem.

O conceito de Chi é aparentemente distante da nossa cultura, mas dela pode-se aproximar se entendido por meio da Física e da noção de Campo da Matéria ou "do campo que a matéria produz".

"*O campo é um* continuum *que está presente em todos os pontos do espaço*", afirma o físico Fritjof Capra. "*Não é apenas a essência subjacente a todos os objetos materiais, mas, igualmente, transporta suas interações mútuas sob a forma de ondas*" (CAPRA, 1995). Na Teoria Quântica dos Campos considera-se que toda interação acontece sob a forma de troca de partículas.

Ainda segundo Capra, de acordo com a teoria de Einstein, "*matéria e espaço são encarados como partes inseparáveis e interdependentes de um único todo*".

É também curioso notar como os campos da Física moderna desempenham muitos dos papéis que o princípio criador ou vital desempenhava nas filosofias animistas e pré-mecanicistas da natureza. "*Neste contexto, é significativo que a concepção contemporânea de um campo unificado primordial, de um campo cósmico, apresente uma forte semelhança com a concepção (...) de alma do mundo*" (SHELDRAKE, 1991).

Outras culturas e diferentes linhas de pensamento, antigas e modernas, também citam ou trabalham com este mesmo conceito do Chi, ou no mínimo um similar.

---

[6]TSÉ, 1997.

"Antiga tradição espiritual indiana, de mais de 5.000 anos, menciona uma energia universal denominada Prana, vista como constituinte básico e origem de toda a vida. Os iogues praticam-lhe a manipulação por meio de técnicas de respiração, de meditação e de exercícios físicos destinados a manter estados alterados de consciência e a juventude muito além do tempo normal de vida.(...)

A Cabala, teosofia mística judaica que teve início por volta de 538 a.C., refere-se às mesmas energias como Luz Astral. As pinturas religiosas cristãs retratam Jesus e outras figuras cercadas de campos de luz (...).

Dr. Wilhelm Reich, psiquiatra e colega de Freud, passou a interessar-se por uma energia universal a que deu o nome de Orgone. Ele estudou a relação entre os distúrbios do fluxo de Orgone no corpo humano e as doenças psicológicas (...) e desenvolveu uma modalidade psicoterapêutica, na qual as técnicas analíticas freudianas (...) são integradas a técnicas físicas (...) – a Bioenergética.[7]

De acordo com a Dra. Valerie Hunt da UCLA-USA, o corpo pode ser entendido a partir de um conceito de 'quantum' de energia, decorrente da sua natureza celular atômica, que atravessa todos os tecidos e sistemas. Este é o conceito de holograma, que surge na física, e que parece proporcionar uma visão cósmica realmente unificadora da realidade, exigindo a reinterpretação de todos os descobrimentos biológicos em outro plano (AMAZONAS, 1998).

Assim, os conceitos de Campo e de Chi aproximam-se e confundem-se. O Chi é entendido pelos chineses como subjacente a todas as coisas, encontrado em todos os lugares e tempos (sob variados aspectos), é o princípio unificado que permeia todo o Cosmo, a força de vida que fundamenta a existência.

A cultura chinesa não se preocupa em definir ou conceituar o Chi – que era simplesmente percebido. Para eles, não se trata de uma metáfora, mas sim de um fenômeno real, que torna possível a descrição do funcionamento da natureza e do corpo humano.

De acordo com o professor Roger Green o Chi não é meramente força vital, ou material primordial: o universo era entendido como uma *"infindável interação de forças, que se tornavam ora matéria, ora energia, num constante processo de criação e destruição, sendo que os conceitos de matéria e energia estão absolutamente relacionados, um não podendo existir sem o outro"* (GREEN, 1998). O Chi poderia ser então definido como "matéria-energia".

---

[7] Capra, 1995 in AMAZONAS, 1998.

A ORIGEM DO CHI

São três as categorias da Informação Vital ou Chi:

1. cósmico, proveniente de astros e estrelas, dos climas, estações e intempéries;

2. terrestre, o próprio campo magnético da Terra; proveniente de elementos do relevo e de formas e cores do espaço construído pelo homem;

3. humano, que circula pela estrutura do corpo através de canais bem definidos, conhecidos como "meridianos". Para a Medicina Chinesa, o Chi humano tem como sua fonte principal a transmissão genética (Yuang-Chi), a constituição herdada. Fontes secundárias são o alimento (Gu-Chi) e o ar natural (Kong-Chi). Outros fatores que o afetam são o meio social, cultural e profissional, bem como as lembranças e desejos pessoais.

O Chi cósmico e o Chi terrestre atuam sobre o Chi humano e o modificam, uma vez que corpo e mente estão em constante interação com o entorno, com o Céu e com a Terra.

Lembramos aqui novamente o paralelo existente entre o conceito de Chi e o de campo da matéria, da Física contemporânea: segundo esta, todas as interações acontecem através de troca de partículas.

É oportuno ressaltar que o efeito do campo eletromagnético da Terra sobre a saúde do homem é de longa data conhecido no Ocidente. Paracelso (sec. XVI) comprovou que o magnetismo de um ímã pode atuar sobre a saúde física e emocional dos indivíduos. O campo magnético terrestre varia enormemente de acordo com os lugares, e fenômenos naturais ou artificiais podem provocar-lhe alterações. O asfalto e o cimento, por exemplo, diminuem a condutividade do solo, o que acarreta uma perturbação nos campos atmosféricos.

O Chi é a fonte do movimento, e quando em equilíbrio protege o corpo contra agentes patológicos externos. Existem diferentes tipos de Chi no corpo: nos órgãos, nos meridianos, no sangue (o nutritivo), no peito e cavidade abdominal (o protetor), entre outros.

Esta Substância Vital está presente em animais e plantas, sua força molda o relevo e a profundidade dos rios, sendo primariamente transportada pelo vento e acumulada pela água. É necessário captar o vento para captar o Chi.

Na paisagem esta força é criada pelo fluxo suave de um rio sinuoso, pela forma de uma montanha ou pela "simetria" ou equilíbrio das forças naturais de um lugar, tais como umidade e aridez, sol e sombra, montanha e água.

As três faces do Chi

O fluxo deste ar da vida pela terra assemelha-se àquele que percorre o corpo humano: acontece através de canais. Em determinados lugares flui abundantemente, em outros é escasso, em alguns está estagnado. De acordo com sua influência sobre a saúde do homem, dos animais e plantas, é considerado benéfico ou nocivo, sendo que o último é subdividido em Sha Chi e Si Chi (SIMONS, 1996).

O **Sha** – pronuncia-se "sá", e significa sopro destrutivo – é considerado perigoso. Corresponde a um estado de excesso de Chi representado, no corpo, por hiperatividade, hipertensão, convulsão, calor, dor, espasmo e inflamação. É encontrado nos lugares que transmitem a sensação de agressão, desconforto, tensão ou perigo.

O **Si** corresponde a um estado de deficiência de energia, representado, no corpo, por frio, flacidez, paralisia, inchação, torpor e hipotensão. É a mensagem dos lugares erodidos ou poluídos, escuros e úmidos, que transmitem sensação depressiva de abandono.

As influências geomagnéticas positivas são denominadas **Sheng Chi**, e apresentam-se nos ambientes que transmitem bem-estar, onde plantas, animais e pessoas apresentam boas condições de saúde.

O próximo passo na avaliação dos lugares é procurar dentro do Vale Ideal as áreas de melhor condição vital ou condições favoráveis (indicadas para implantação de residências), evitando-se as desfavoráveis ou adversas, procurando potencializar as primeiras e proteger-se das últimas.

As indicações referentes às condições favoráveis e desfavoráveis da paisagem serão apresentadas a seguir.

Indicações de condições favoráveis da paisagem

Os sinais do Sheng Chi:
- lugar protegido, circundado por montanhas;
- presença de vegetação abundante, com coloração viva e brilhante;
- presença de flores naturais;
- solo espesso e fofo (terra fértil);
- brisa suave em constante movimento;
- sinais de presença abundante de vida animal silvestre (pegadas, tocas, ninhos);
- presença de curso d'água sinuoso, de preferência com afluentes; a presença da água também é associada à facilidade de transporte, comércio e, conseqüentemente, à riqueza;
- presença de águas calmas;
- presença de cascalho regular;
- insolação Norte para o hemisfério sul (o lugar recebe sol durante todo o dia);
- terreno cercado pela curva do rio (aqui a terra fértil se acumula);
- saúde e prosperidade dos vizinhos;
- desembocadura de rio dividida em diferentes braços e vertentes (o rio "abraça" o lugar, antes de desembocar, conformando ilhas de terra fértil);

- terra localizada rio acima, junto à nascente (aqui teoricamente a qualidade da água é melhor, menos poluída);
- relevo de topografia ondulada, montanhas com vertentes suaves que parecem movimentar-se como a água. Quanto mais onduladas e semelhantes à imagem de um Dragão, melhor é a qualidade do lugar. O "Dragão com a cabeça erguida" é considerado responsável por condições extremamente benéficas, mas a situação considerada a melhor de todas é a de um riacho ou um pequeno lago, próximo ou sob a "boca do Dragão" ("Dragão salivando pérolas");
- cadeia de montanhas formada por muitos braços, veias, recantos e vales;
- montanhas baixas, picos achatados ou arredondados;
- montanhas verdes, cobertas por vegetação (rasteira ou exuberante);
- montanhas com áreas de luz e de sombra, criadas pelo movimento constante das nuvens (união do Céu e da Terra);
- presença conjunta de montanha e de água;
- fontes, nascentes;
- presença de rochas proeminentes e que lembram figuras de pessoas, animais ou plantas, com aparência positiva ou benevolente;
- paisagem coberta temporariamente por neblina representa o encontro da Terra e do Céu;
- praias protegidas por ilhas ou enseadas, ondas suaves;
- equilíbrio entre luz e sombra, entre umidade e vento;
- altitude em torno dos 1000 metros – acima do nível do mar promete boa qualidade do ar.

INDICAÇÕES DE CONDIÇÕES DESFAVORÁVEIS DA PAISAGEM

O Sha Chi associa-se principalmente às **linhas retas, ventos fortes, águas rápidas, áreas expostas e vulneráveis, falhas e fissuras naturais.**

Os sinais do Sha Chi:
- planaltos e planícies, áreas de ventos contínuos;
- vales estreitos e *canyons*, túneis de vento;
- terreno pedregoso, sem vegetação, denominado "menino virgem";
- presença de cascalho irregular, indicativo provável de ventos fortes ou águas rápidas;
- choque de águas;
- rio cujo percurso é marcado por "quebras", ângulos agudos;
- grandes cachoeiras, rios impetuosos com margens íngremes;
- veio d'água ou falha geológica, subterrâneos;
- terreno com localização externa à curva do rio (a terra fértil está do outro lado);
- montanhas elevadas, pontiagudas e escarpadas (vento forte, excessivo);
- cadeia de montanhas cujas veias ou braços espalham-se desordenadamente;
- cadeia de montanhas cujo início e/ou término são abruptos, marcados por picos isolados e penhascos;
- montanha com aparência rude, áspera, afloramento de pedras;

- montanhas erodidas ou cortadas (mesmo a distância);
- vertentes com pedras soltas;
- penhascos à beira mar, "choque da água com a terra";
- ruptura brusca na paisagem, falhas geológicas, variação de um curso d'água ou do relevo ("fratura exposta da paisagem");
- ausência de montanha e de água;
- ferrovia, estrada, curso d'água, canal, muro, túnel, mina, corte no terreno, linha de transmissão atravessando o local, em linha reta;
- áreas escolhidas para ninhos de abelhas, marimbondos, formigas, cupins ou gatos, os quais elegem preferencialmente zonas magnéticas alteradas no terreno. Os mesmos animais e insetos apreciam também a eletricidade estática produzida pelos aparelhos eletrodomésticos (BUENO, 1995);
- presença de estruturas (naturais ou não) que apontam para o lugar em forma de quina viva ou rocha proeminente de caráter agressivo. Considera-se que, mesmo com a configuração ideal (os quatro animais celestes), o local deve ser evitado no caso de não existir condição de bloqueio da visão desses elementos;
- praias desprotegidas, abertas, mar agitado;
- pontos de acidentes freqüentes, que podem indicar distúrbio geomagnético.

O Si Chi associa-se ao caráter de "estagnação" dos lugares:
- terra baixa, úmida e escura, sombra permanente;
- ausência de vento;
- presença de brejo ou pântano;
- rio que se divide, perde vitalidade;
- desembocadura em forma de taça (o rio não deposita, na foz, a matéria fértil);
- proximidade excessiva de uma grande massa de água, como um lago ou oceano;
- lago ou rio congelado;
- localização rio abaixo (a terra fica mais sujeita a enchentes, e a água pode estar poluída, caso o rio tenha atravessado vilas e povoados);
- corte ou ruptura na linha do horizonte, elemento que resguarda o lugar;
- locais preferidos por parasitas, fungos, musgos, bactérias e vírus, serpentes e corujas, bem como lugares evitados por pássaros, pelo gado e por animais silvestres em geral (CRAIGHTMORE, 1997);
- presença de pragas ou doenças na vegetação, bem como de falhas ou tumores. Árvores com formas alteradas, problemas de crescimento, folhas queimadas e sem viço podem indicar campo geomagnético nocivo proveniente do subsolo;
- paisagem constantemente coberta por neblina;
- lugares marcados por acontecimentos trágicos;
- altitude mais de 3.000 metros acima do nível do mar apresenta redução do nível de oxigênio da atmosfera;
- com relação às residências: trincas em paredes, lajes e pisos, vidros quebrados, abandono, sujeira, mau funcionamento da rede elétrica e hidráulica, alimentos deteriorados, vizinhança agressiva ou doente.

É IMPORTANTE LEMBRAR QUE A INFLUÊNCIA DAS CONDIÇÕES FAVORÁVEIS OU DESFAVORÁVEIS DA PAISAGEM VARIA DE ACORDO COM A IMPLANTAÇÃO DA CASA, QUE PODE ESTAR EM POSIÇÃO DE VULNERABILIDADE OU DE PROTEÇÃO DIANTE DESTES MESMOS ELEMENTOS.

A REAÇÃO HUMANA AO MEIO AMBIENTE

De acordo com o geógrafo inglês Richard Craightmore, o *stress* provocado pelo meio ambiente pode assumir formas variadas, tais como fobias, ansiedade, nervosismo, depressão, insônia, pesadelos, infertilidade, desordens endócrinas, enfraquecimento do sistema imunológico, disfunção digestiva, asma, eczema, doenças reumáticas, obsessões, desordens psicossexuais, entre outras. Nos casos mais graves, pode associar-se ao desenvolvimento de certos tipos de câncer, doença de Parkinson, esquizofrenia e psicose (CRAIGHTMORE, 1997).

A atitude humana com relação às condições do meio pode ser defensiva (contra condições desfavoráveis), ou ativa (implementando-se as condições favoráveis). As soluções defensivas devem ser as primeiras utilizadas, viabilizando posteriormente as soluções ativas.

OS CAMINHOS DO VENTO E DA ÁGUA

A Medicina Chinesa entende que o percurso do Chi pelas estruturas do corpo humano acontece ininterruptamente em cinco diferentes níveis: nos ossos, nos músculos, nos vasos sangüíneos e linfáticos, na região subcutânea e na superfície da pele. A acupuntura e outras técnicas chinesas utilizam, para diagnóstico e tratamento, o quarto nível, a região subcutânea. Através do tato, verificando no corpo do paciente a existência de sensações de quente ou frio, de dolorimento, de "topografia" com ou sem elevação, o terapeuta pode avaliar as condições desse fluxo, bem como do estado geral da saúde.

Esse diagnóstico pode ser transposto para o estudo do terreno natural, pois as condições da superfície da terra refletem o fluxo e a qualidade das correntes de vida.

Interligando visualmente os elementos indicadores de "condições favoráveis" – como os pontos de vegetação exuberante, por exemplo – podemos nos aproximar do entendimento dos caminhos escolhidos pelo Sopro do Dragão. Os caminhos da água da chuva pelo terreno, do vento e dos insetos representam também essas linhas de circulação.

Vegetação descolorida e sem viço, plantas deformadas e com tumores, formigueiros e cupinzeiros, quando ligados visualmente, podem indicar uma linha de perturbações geomagnéticas do lugar.

Depressões ou elevações súbitas no terreno podem ser os denominados "pontos de pulsação" ou de "respiração da terra".

Esses pontos, bem como as linhas de circulação, são evitados na implantação de residências, mas procurados no caso dos templos.

O escritor esloveno Marko Pogacnick, em seu livro sobre Acupuntura da Terra, também considera a existência de sistemas de caminhos que se estendem linearmente pela paisagem, denominando-os de *leylines*, que em inglês arcaico significa exatamente caminho (POGACNICK, 1997).

As *leylines* têm sua origem em centros naturais nobres, e estendem-se por quilômetros até encontrar outra localidade afim que seria por elas reavivada. Esses caminhos podem ficar obstruídos em conseqüência do caráter violento das intervenções do homem (tais como rodovias e estradas de ferro, túneis, minas, pedreiras, tubulações, depósito/empilhamento, fundações de edifícios, postes, centrais elétricas, áreas industriais pesadas, barragens, cortes ou aterros), ou ainda por elementos da própria topografia natural (como áreas muito íngremes), e traumas da paisagem (batalhas, acontecimentos violentos).

Quando o "lugar de poder" é destruído, o "poder do lugar" também o é.

MING TANG, O PALÁCIO BRILHANTE

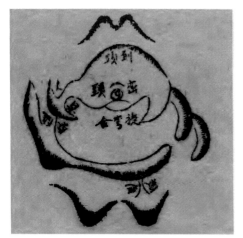

A montanha contorna o espaço aberto agregando forças, conformando o Ming Tang ou Palácio Brilhante de luz e energia. Antigo manual de Avaliação da Paisagem encontrado pelo autor em feira livre, Hong-Kong, China.

Entre o silêncio (montanha) e o movimento (o rio que circula pelo vale), situa-se uma área de transição fundamental denominada Ming Tang ou Palácio Brilhante, por ser o espaço da claridade e da energia, "reservatório das forças naturais", que normalmente assume a forma de um lago, uma fonte, um jardim, um parque ou um bosque.

Para que um lugar seja considerado favorável à ocupação humana, deve conter essas influências positivas.

Inserindo a edificação na paisagem

No abraço do Dragão com o Tigre (como se, comparativamente, fosse a articulação do cotovelo no encontro do braço com o antebraço) situa-se a casa. Este lugar, denominado "ponto", não deve configurar-se como uma linha de escoamento de água de chuva.

A casa deve implantar-se a meia altura entre a base e o cume da montanha. A força do Dragão é considerada poderosa junto aos seus "genitais", aproximadamente ao centro do seu corpo, e mais fraca junto a suas extremidades. As residências não devem ser localizadas na parte baixa dos vales, porque ficam sujeitas a maior umidade, sombra e inundações ("o Chi nocivo acumula-se nos pontos mais baixos").

A casa deve ficar resguardada (especialmente por detrás), nunca exposta a ventos fortes pela localização em picos ou cumeadas, nem situada contra penhascos e vertentes áridas e sem vegetação.

A proximidade excessiva dos cursos d'água deve ser evitada, sendo desejável uma extensão de terra entre a casa e a água. Quanto mais próximos da residência estiverem um lago ou represa, menores devem ser, em escala – caso contrário, trazem umidade e friagem para o lugar.

Na planície a casa deve ser implantada dentro da curva do rio, pois toda a matéria fértil – e o sopro do Dragão das Águas – deposita-se nesse local.

É importante lembrar que, caso a paisagem natural não seja adequada, é possível construir as condições ideais através de vegetação, acúmulo de água, ou estruturas que representem os quatro animais celestes.

Classificação dos lugares

Apresentamos a seguir uma classificação das áreas rurais, de acordo com a arquiteta chinesa Ping Xu (XU, 1991):
- **ruins**: onde constatamos apenas os sinais de condições desfavoráveis da paisagem;
- **medianas ou neutras**: que não apresentam indícios de condições favoráveis ou desfavoráveis;
- **boas**: circundadas por montanhas, sem apresentar traços de condições desfavoráveis;
- **excelentes**: circundadas por montanhas, situadas dentro da curva do rio, com vista para as colinas distantes, contendo uma gama variada de indicadores de condições favoráveis.

"OLHE BEM AS MONTANHAS...", UM ESTUDO DE CASO

Belo Horizonte, cidade planejada, teve seu local de construção escolhido entre vários outros por reunir condições geográficas ímpares: a Serra do Curral (o Dragão) conforma um vale protegido e ensolarado, que era atravessado por inúmeros rios de "águas cristalinas e saborosas", de acordo com documento da época.

O clima da região, extremamente agradável, era considerado terapêutico, sendo que a cidade recém-inaugurada passa a receber visitantes de outras partes do país em busca de tratamento e recuperação dos problemas das vias respiratórias, incluindo a tuberculose.

As grandes avenidas totalmente arborizadas e um grande parque localizado na área central proporcionaram-lhe o título de Cidade Jardim e Cidade das Rosas.

Atualmente, com a Serra do Curral dilapidada por uma mineradora, o Parque Municipal reduzido a um quinto da área original, a vegetação praticamente exterminada e as águas poluídas, o Dragão de Belo Horizonte luta para sobreviver.

Fica aqui o alerta: dilapidamos os nossos tesouros naturais, ou melhor, deixamos que sejam dilapidados por interesses que não são os da qualidade de vida. Além disso, o nosso modelo de urbanização, com ênfase na verticalização, já é considerado ultrapassado em diversos países da Europa, cujas cidades são basicamente horizontais, devido ao impacto ambiental.

Estamos numa situação limite em relação ao meio ambiente, mas ainda é possível remediá-la.

"Na China continental, após a Revolução Comunista, a população num trabalho lento, mas contínuo, <u>plantou milhões de árvores</u> nas grandes cidades, obtendo como resultado prático a diminuição de 2º C na temperatura média do Verão e a sua estabilização durante o Inverno – resultado notável, ao alcance de qualquer municipalidade realmente interessada no bem-estar de seus cidadãos" (grifo nosso), (COELHO NETTO, 1993).

A Cidade Jardim, metáfora do Paraíso – onde os valores da cidade e da natureza voltam a se reunir pela mão do homem –, não é uma utopia, nem um ideal ingênuo. É uma imperiosa necessidade.

> "NÓS, DAS NAÇÕES INDÍGENAS, SOMOS OS GUARDIÃES DA TERRA. (...) A GRANDE MÃE SENTE A CIVILIZAÇÃO PISANDO SOBRE ELA. UM ÍNDIO NÃO PISA NA TERRA. UM ÍNDIO TOCA A TERRA. (...) A SOCIEDADE CHAMADA CIVILIZADA SE ACHA TÃO INTELIGENTE E REPETE MILENARMENTE SEUS PIORES PASSOS, SUAS PIORES DANÇAS. CHEGA DE IGNORÂNCIA!"
> KAKÁ WERÁ[8]

Belo Horizonte – A Serra do Curral, um Grande Dragão ferido.

[8] JECUPÉ, 1995

2.2 ANÁLISE DOS ASPECTOS COMPLEMENTARES DA PAISAGEM

"O TAO PRODUZ TANTO A RENOVAÇÃO QUANTO O DESGASTE, MAS NÃO É NEM A RENOVAÇÃO, NEM O DESGASTE. PRODUZ O SER E O NÃO-SER, MAS NÃO É NEM UM, NEM OUTRO."
CHUANG TZU[9]

A Teoria das Polaridades

A mente humana parece estar adaptada para organizar os fenômenos não só em segmentos, mas também em pares opostos, afirma o geógrafo chinês Yi-fu Tuan (TUAN, 1980). Isto não é privilégio da cultura chinesa, mas sim de todos os grupos humanos: espaço sagrado e profano, centro e periferia, propriedade individual e coletiva, morte e vida, medo e coragem são alguns dos exemplos de oposições comuns a todas as culturas.

Os antigos Patriarcas chineses, numa tentativa de ordenar e compreender os processos e fenômenos da natureza, também definiram a existência de dois princípios, ou melhor, dois emblemas (riquíssimos em força sugestiva), que se fariam presentes em todos os aspectos do universo e situações da vida: um "negativo" (não no sentido moral) denominado Yin, e outro "positivo" denominado Yang.

Estes emblemas representavam a forma rítmica de expressão da vida, o seu processo contínuo de mudança (o ciclo do sol, da lua e das estações, o ciclo de vida dos animais), a dualidade do mundo (terra/céu, feminino/masculino, escuridão/claridade, sono/vigília, água/fogo, repouso/atividade, nós/eles) e a atividade dos homens. Esta estrutura dualista permeia a organização social, a cosmologia[10], a arte e a religião. É composta de "oposições binárias", categorias simples de conceitos que integram a experiência biológica e social.

De acordo com o historiador Marcel Granet, o mais antigo registro conhecido dos termos Yin e Yang – provavelmente o original e mais correto – associa Yin à idéia de tempo frio, chuvoso ou nublado, e Yang à idéia de calor e sol (GRANET, s.d.).

---

[9]MERTON, 1977.

[10]Cosmologia = ciência afim da astronomia, e que trata da estrutura do universo.

Acima: Yin e Yang são duas forças primordiais e que se complementam.

O conceito Yin aplica-se ao que é interior, aos lugares frios e escuros (aqueles que se mantêm gelados mesmo durante o Verão) e às vertentes sombreadas das montanhas. O conceito Yang *"representa movimento e está associado aos dias de Primavera, quando o calor começa a impor-se novamente"* (GRANET, s.d.). Refere-se às vertentes ensolaradas das montanhas.

Sombra e Luz, este seria o registro mais antigo dos termos Yin e Yang: aspectos antitéticos do tempo e do espaço, investigados com o objetivo primeiro de utilização dos lugares e das ocasiões para práticas religiosas.

Granet complementa essa definição: *"Yin/Yang são mais que 'princípios', 'forças' ou 'substâncias', como tendem a qualificá-los os pensadores contemporâneos chineses, às vezes relacionando-os à Física Moderna. São muito mais que fórmulas feitas. Constituem-se também em atributos repartidos entre ambas as metades do corpo social"* (GRANET, s.d.). Estes conceitos foram também utilizados para representar a organização social chinesa, ligada indissoluvelmente à dicotomia da natureza.

A oposição entre os sexos, por exemplo, fundamento da ordem social da China antiga, traduzia miticamente a oposição entre Yin e Yang. Os homens trabalhavam ativamente ao sol pelos campos abertos (Yang); as mulheres teciam passivamente em lugares fechados, cobertos e mais escuros (Yin).

Na Primavera abriam-se as portas das aldeias e os lavradores iniciavam seu trabalho a céu aberto, prosseguindo por todo o Verão (Yang). Durante o Inverno, as portas das cidades mantinham-se fechadas e homens e mulheres reuniam-se no seu centro em uma "casa comunal" (Yin).

O Conceito de Lugar Ideal

O meio ambiente presta-se também a uma visão dualista e pode reforçar uma tendência, servindo como índice de polaridade Yin ou Yang. As oposições binárias da experiência biológica e social são então transpostas para a paisagem, sendo que as mais significativas são as seguintes (TUAN, 1980):

Polaridades biológicas e sociais	Polaridades geográficas	Polaridades cosmológicas
VIDA-MORTE	TERRA-ÁGUA	CÉU-TERRA
MACHO-FÊMEA	MONTANHA-VALE	ALTO-BAIXO
NÓS-ELES	NORTE-SUL	CLARIDADE-ESCURIDÃO
	CENTRO-PERIFERIA	

Guilin, China. Montanhas (Yin) e campos de arroz (Yang) são características geográficas antitéticas e complementares.

As antigas práticas da geomancia chinesa tinham como objetivo avaliar os lugares, inspecionando o equilíbrio da luz e da sombra na paisagem, de acordo com os princípios Yin e Yang.

As paisagens de topografia ondulada representam uma boa interação Yin/Yang, pois conformam partes altas (os montes, Yin) e baixas (os vales, Yang).

Montanha e Vale (ou Água) fazem parte de uma tipologia topográfica que possui características antitéticas e complementares. Representam os opostos da existência. Implicam justaposição e alternância (tanto em nível de disposição espacial quanto temporal) traduzindo mudança cíclica e interpenetração mútua, aplicadas à passagem do tempo e à geografia.

Como Yin é o que "contém e nutre" (a sombra), e Yang é a "expansão e a dispersão" (a luz), podemos compreender toda a paisagem do ponto de vista dos conceitos da Montanha e da Água.

A Montanha, estática, representa Yin; a Água, em movimento, Yang. Considerar, pois, os aspectos complementares de uma paisagem é procurar pela presença conjunta de Montanha e Água, Montanha e Vale.

No lugar em equilíbrio, a Água deve estar acompanhada das Montanhas e vice-versa. Se acumulada artificialmente (através de uma grande represa), reforça-se apenas uma das polaridades da paisagem, que se torna, então, desequilibrada (POGACNICK, 1997).

Ainda segundo Granet, *"a única forma de não interpretar a Teoria das Polaridades de um ponto de vista parcial consiste em entendê-la do ponto de vista dos 'aspectos': padrões de movimento e de quietude na paisagem, um aspecto de sombra conjugado a um aspecto de luz, sempre percebidos como alternantes, como no caso de uma paisagem em que se pode passar de uma encosta ensolarada a uma encosta ensombreada, da terra baixa à terra alta, do riacho fluente às rochas firmes, da gruta escura e fria ao platô claro e quente"* (GRANET, s.d.).

É evidente que a oposição entre Yin e Yang não é concebida como uma oposição absoluta, como no caso do Bem e do Mal. É uma oposição relativa, de natureza rítmica, onde diferentes aspectos complementam-se e mostram-se solidários. Não se trata de uma oposição de princípios; Yin e Yang representam, na concepção original, a união harmônica que se imaginava existir por detrás de toda antítese, formando um conjunto indissolúvel de aspectos contrastantes do Espaço e do Tempo, que não são concebidos separadamente.

CONDIÇÕES FAVORÁVEIS X CONDIÇÕES DESFAVORÁVEIS

As condições naturais consideradas menos favoráveis aos assentamentos humanos são aquelas que reúnem as montanhas íngremes, com terminações pontiagudas, as rochas expostas, as águas rápidas e violentas e os ventos fortes. Outras situações consideradas desfavoráveis são aquelas representadas pelos lugares frios, úmidos e escuros, situados abaixo do nível da rua.

Já as montanhas mais baixas e de contorno suave, os platôs, os solos macios (arenosos ou cobertos de vegetação), as cordilheiras de curto comprimento, bem como as águas e as brisas calmas conservam boas condições para o assentamento e desenvolvimento da vida do homem. Lugares abertos, com visibilidade, secos e expostos ao sol também representam as condições favoráveis.

O Lugar Ideal, de acordo com essa segunda estratégia de avaliação, é aquele onde o Yin e o Yang se encontram. Onde as águas correntes tornam-se calmas e as montanhas parecem movimentar-se suavemente.

Luz e sombra na paisagem são então avaliados, de preferência ao nascer do dia, quando ficam mais visíveis as diferenças.

INSERINDO A EDIFICAÇÃO NA PAISAGEM

O conceito de Lugar Ideal é, na realidade, uma utopia, mas apresenta referências das quais podemos nos aproximar. Do ponto de vista da Teoria das Polaridades, na busca do equilíbrio aplica-se o oposto. Clima muito quente pede o equilíbrio mediante a captação do frio e vice-versa. O objetivo do método é sempre a adaptação do homem ao meio ambiente.

A resolução das condições adversas de um lugar pode acontecer com a implantação da casa, sempre procurando contrabalançar a característica predominante na paisagem, seja Yin ou Yang. Ao construir em uma paisagem Yin (a montanha escarpada), devemos ali procurar a presença do elemento Yang (o platô seguro) para realizar o assentamento. Na paisagem Yang (a planície, o platô, o rio), procuramos por uma elevação (Yin), o que protegerá a edificação de possível enchente ou umidade.

Os lugares Yang, os vales e platôs, são considerados mais propícios à instalação das atividades relacionadas à vida prática (ao comércio, à convivência, ao encontro, e às residências), por se apresentarem mais acessíveis ao transporte e ao assentamento. O excesso da polaridade Yang é identificado em lugares agitados, tensos e movimentados, como os grandes centros urbanos.

Os lugares Yin, os montes, são considerados mais indicados à localização de templos e mosteiros, por acreditar-se que a altura, o silêncio e a proximidade do céu estimulam a vida contemplativa e meditativa. O excesso da polaridade Yin é encontrado nos lugares tristes e depressivos, onde falta o movimento e a vida.

A Teoria das Polaridades demonstra que o Feng Shui não é um método estático, mas um sistema que exige adaptação e mudança, já que o ambiente e a pessoa ficam sujeitos à interação constante de forças opostas.

Os conceitos de Vento e Água podem ser entendidos, agora, sob novo prisma: Feng, o Vento, representa o Intangível, o Yang, o movimento, a expansão, enquanto Shui, a Água, representa o Tangível, o Yin, o repouso, a contenção.

O estudo do Feng Shui, o estudo dos extremos, leva-nos a encontrar o caminho do meio-termo.

Rio Li, China. Montanha e água, os "opostos da existência".

EXEMPLOS DE POLARIDADE NA PAISAGEM

A seguir, apresentamos algumas situações e fenômenos do meio ambiente, vistos à luz da Teoria das Polaridades.

É importante ressaltar que este sistema não constitui apenas uma relação de correspondências: a Teoria do Yin-Yang representa uma forma de pensar e entender o mundo, onde as analogias são sempre relativas, mudando de polaridade de acordo com o contexto. Devemos também ressaltar que, para os taoístas, essas associações e analogias "estão na natureza das coisas" e não necessitam de justificação racional:

YIN	YANG
NEGATIVO/FEMININO	POSITIVO/MASCULINO
SOMBRA	LUZ
MORTE, DOENÇA, DECREPITUDE	VIDA, NUTRIÇÃO, NASCIMENTO
SÓLIDO, ESTÁVEL	FLUIDO, EM MOVIMENTO
CONTENÇÃO	EXPANSÃO
CENTRO	PERIFERIA
MONTANHA[11]	ÁGUA CORRENTE
MONTANHA	VALE
MONTANHA	MAR
FLORESTA	PASTAGEM
PESADO	LEVE
ÁGUA	TERRA
ÁGUA	FOGO
TERRA ALTA	TERRA BAIXA
PICOS	PLATÔS
VERTENTES ÍNGREMES	VERTENTES SUAVES
PEDRA	AREIA, VEGETAÇÃO
PARTE	TODO
OCO	SALIENTE
CHUVA	SOL
PÂNTANO, BREJO (UMIDADE)	TERRA SECA (ARIDEZ)
FRIO	CALOR E VENTO
NOTURNO	DIURNO
ESCURO	CLARO
TERRESTRE (CROSTA)	CELESTE (ASTROS)
LUA	SOL
VEGETAL	ANIMAL
SABOR PICANTE, AZEDO OU DOCE	SABOR SALGADO OU AMARGO
CAROÇO	CASCA
SUL E OESTE	NORTE E LESTE
OUTONO E INVERNO	PRIMAVERA E VERÃO
ATRÁS	À FRENTE
DENTRO	FORA

[11] Alguns autores divergem na classificação das terras altas e montanhas e, conseqüentemente, das terras baixas e platôs. Apresentamos a caracterização proposta pela arquiteta chinesa Ping Xu (XU, 1991) e pela escritora Eva Wong (WONG, 1996).

A abordagem taoísta da Teoria das Polaridades

"A ÚNICA
COISA CERTA
NA VIDA É A
INCERTEZA."
PRECEITO TAOÍSTA[12]

Os taoístas consideravam a impermanência da vida como resultante da interação dinâmica entre as polaridades Yin e Yang:

"*O que hoje é impossível, amanhã poderá ser, de repente, possível. O que hoje é bom e agradável poderá, amanhã, tornar-se mau e odioso. O que sob um certo ponto de vista parece certo, quando observado sob um aspecto diferente, poderá manifestar-se inteiramente errado... O que deve fazer, então, o sábio?*", pergunta Thomas Merton em a *Via de Chuang Tzu*. "*O sábio deveria apenas observar as polaridades alternarem o seu curso, entendendo que a clareza de julgamento advém da compreensão de que as polaridades somente existem em função uma da outra. O sim é sim, a luz do não, que permanece em oposição a ele*" (MERTON, 1977).

Além disso, há sempre um germe de luz na sombra e de sombra na luz. Cada polaridade contém em si o germe do seu oposto. "*Nos momentos de 'escuridão', nos apegamos à luz. Este é o segredo de ser...*" (MERTON, 1977).

A partir destes conceitos, foram deduzidos:

duas regras básicas para a conduta humana[13]:
- sempre que desejarmos uma coisa devemos começar com seu oposto;
- sempre que desejarmos reter alguma coisa, devemos nela admitir algo de seu oposto, ou seja, primeiro liberá-la.

sete princípios:
- todas as coisas são diferentes expressões da Unidade;
- nada é estático, tudo muda;
- não existem dois iguais;
- todos os antagonismos são complementares;
- tudo que tem uma face, tem um dorso;
- quanto maior a face, maior o dorso;
- tudo que tem um começo tem um fim.

doze teoremas:
- a natureza universal é constituída por Yin/Yang;
- Yin e Yang surgem continuamente de um movimento infinito de expansão natural;
- Yin é centrífugo, Yang é centrípeto;
- Yin atrai Yang, Yang atrai Yin;
- Yin repele Yin, Yang repele Yang;
- a força de atração e repulsão entre as coisas é diretamente proporcional à diferença de seus componentes Yin e Yang;
- todo fenômeno é produzido pela combinação Yin e Yang em diferentes proporções;
- todos os fenômenos são efêmeros devido às constantes alterações dos componentes Yin e Yang;
- nada é exclusivamente Yin ou Yang;
- nada é neutro, Yin ou Yang estão em

---

[12] XU, 1991.
[13] Osawa in VELLOSO, 1996.

excesso em qualquer ocorrência;
- grande Yin atrai pequeno Yin; grande Yang atrai pequeno Yang;
- no extremo, Yin produz Yang e Yang produz Yin.

Assim focalizando, Mal e Bem, ou Selva e Paraíso são conceitos abstratos e relativos. São dois lados de uma mesma realidade, partes extremas de um único todo. O Paraíso não seria encontrado num ponto distante das agruras da vida, mas sim na aceitação da estrutura social vigente, a Selva – o que em nível pessoal implica "resistir" no próprio lugar no mundo, impregnando-o com valores que sejam significativos para si mesmo e para o futuro dos sistemas de vida da Terra.

2.3 ANÁLISE DO CARÁTER DO LUGAR

A TEORIA DOS CINCO ELEMENTOS

A Teoria dos Cinco Elementos apresenta-nos Cinco Princípios (Wu Hsing) cuja origem é a interação da Sombra e da Luz, do Yin e do Yang, as duas fases do Chi.

São cinco qualidades ou atributos que ajudam a transformar o mundo e seus conteúdos, enormemente variados, em um sistema coerente. Compõem uma matriz simbólica que é utilizada para identificação, leitura e avaliação de tudo o que existe no universo: a saúde do corpo e o temperamento humano, as formas da paisagem, os ambientes da casa e as possibilidades de interação entre pessoa e lugar. Constituem-se num artifício empírico utilizado para expressar idéias e representar fenômenos. São códigos visuais, culturais e estilísticos.

Todas as artes taoístas, incluindo a medicina, a astrologia e a fisiognomonia[15],

conectam-se através desta Teoria.

A palavra "elemento" foi emprestada da cultura ocidental, provavelmente associada à matriz grega dos quatro elementos (terra, água, ar e fogo). A tradução mais correta seria a de cinco "movimentos" – pois a interação entre estes cinco princípios sugere mudança contínua, conceito básico na filosofia chinesa – ou ainda cinco "fases", pois são também representações arquetípicas dos ciclos e dos fenômenos da natureza.

> "OS CINCO ELEMENTOS UNEM TODAS AS FORMAS DA EXISTÊNCIA EM UMA REDE DE CORRESPONDÊNCIAS. (...) O INFINITO E O FINITO FICAM IMEDIATAMENTE RELACIONADOS. HOMEM E NATUREZA TORNAM-SE UM."
> HENRY. INN[14]

---

[14]INN, 1950.
[15]Fisiognomonia = arte de conhecer o caráter das pessoas pelos traços fisionômicos.

A Assinatura da Forma

Desde os primórdios da humanidade a medicina fitoterápica empenha-se em entender a "assinatura da planta". Estudando a sua forma, seu comportamento, as histórias existentes no imaginário popular (a ordem explícita da natureza), os pesquisadores conseguiam aproximar-se do entendimento do seu potencial terapêutico (a ordem implícita).

A Escola da Forma, aplicando a Teoria dos Cinco Elementos, busca o entendimento da "assinatura da forma". Procura interpretar as formas do relevo e da vegetação pretendendo acessar o "caráter", a "intenção" ou a "vocação" de um determinado lugar. *"Tenta encontrar por trás das imagens que se mostram, as imagens que se ocultam, (tenta) ir à própria raiz da força imaginante"* (BACHELARD, 1989). Entendemos por caráter ou vocação da paisagem, a especificidade ou especialidade, o conjunto de qualidades (boas ou más) inerentes ao lugar, o "gênio" *(genius loci)* ou "temperamento" das formas naturais.

Esta teoria baseia-se no fato de que cada fase do ciclo sazonal apresenta sua característica própria:
- a **Primavera** é representada pela germinação da semente, pelas plantas e flores e, portanto, pelo elemento Madeira;
- o **Verão** é a estação do calor, da exuberância da vegetação que cresce em todas as direções, da maturidade do ciclo sazonal. É associado ao elemento Fogo;
- a friagem do **Outono** propicia um momento mais introspectivo ou contrativo do ciclo natural, a produção dos frutos e a colheita, expressando sobriedade, melancolia e a frieza do elemento Metal;
- no **Inverno** as águas congelam-se, as árvores perdem as folhas, os animais hibernam, caracterizando um momento de conservação e de recolhimento profundo da energia natural que remete-nos ao elemento Água ou às "profundezas das águas";
- A **Terra**, o mundo, é o lugar do nascimento e da morte de todo o ciclo sazonal. A Terra centraliza o movimento cíclico e o sustenta.

Os Cinco Elementos são, portanto, Madeira, Fogo, Terra, Metal e Água – não no sentido físico, real e restrito destas palavras, porém representando códigos ou arquétipos de uma idéia.

Os Cinco Elementos da cosmologia chinesa podem também ser entendidos como cinco diferentes categorias de "campos ou padrões de informações", que abrangem uma infinitude de formas e espécimes minerais, vegetais, animais e humanos.

A Teoria dos Cinco Elementos é um sistema de correspondências entre macro e micropaisagem: montanhas, rios e vegetação estabelecem um diálogo com as folhas, sementes, flores e cascalho, os fragmentos do lugar. Considera, ainda, que existe uma espécie de ressonância subjetiva entre o caráter da paisagem e o da pessoa que nela habita.

A seguir apresentamos cada elemento e suas referências básicas, introduzindo também um novo conceito, o "fluxo de superfície da água" – que representa os padrões de desenho formados em rios e lagos, às vezes pelo vento, às vezes pelo movimento das águas, e que falam da qualidade do Sopro do Dragão da Água.

"*Todos os elementos (...) sugerem confidências secretas e mostram imagens resplandecentes. (...) Cada um deles é já profundamente, materialmente, um sistema de fidelidade poética. Ao cantá-los, acreditamos ser fiéis a uma imagem favorita, quando na verdade estamos sendo fiéis a um sentimento humano primitivo, a uma realidade orgânica primordial, a um temperamento onírico fundamental*" (BACHELARD, 1989).

Do elemento Madeira

A Madeira ocupa a posição de primeiro elemento, do qual se originam os outros. Representa o renascimento da força de vida da natureza na Primavera, o momento de germinação da semente (esforço, crescimento e expansão), fazendo-se acompanhar depois pela matéria, ou seja, pelos quatro elementos restantes. Procura descrever o "animado em si mesmo" (o arquétipo da planta contido na semente). Os outros elementos relacionam-se com a vida física, que podemos apreciar com nossos cinco sentidos, relacionam-se especialmente com o mundo inanimado. A Madeira foi adicionada aos quatro elementos posteriores, para tentar explicar o fenômeno da vida.

Para a Medicina Chinesa, a essência da vida tem morada no fígado, órgão que corresponde ao elemento Madeira. É também interessante notar certas correlações etimológicas das palavras fígado e vida no Ocidente: em alemão, *leber* = fígado / *leben* = vida; em inglês, *liver* = fígado / *life* = vida.

As formas
- forma natural característica: alongada e estreita;
- forma geométrica característica: o retângulo, a linha reta;
- caráter/atributos das formas: crescimento, expansão, persistência, objetividade.

Os lugares
- formas do relevo: montanha em forma de arbusto:

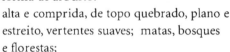

alta e comprida, de topo quebrado, plano e estreito, vertentes suaves; matas, bosques e florestas;
- fragmentos da paisagem (sementes, flores, cascalho): cilíndricos, compridos e finos;
- vegetação: arbustos e árvores cujas formas podem ser inscritas em retângulos, tanto verticais

"Diante das flores, um regato corre ao longo dos álamos. Os homens não podem compreender a alegria que transborda do meu coração e dizem que estou alegre sem motivo, como uma criança."
Li Po[16]

---

[16] LI e TU, 1996.

quanto horizontais; plantas com folhas estreitas e compridas;
- rios: em linha reta;

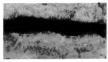
Rio

- fluxo de superfície da água: ondas longas, extensas, no sentido longitudinal, determinam um fluxo não auspicioso, que não retém a força natural;
- terrenos urbanos: estreitos e compridos;
- formas arquitetônicas: cilíndricas, tubulares e estreitas (altos edifícios, chaminés, pilares, minaretes, obeliscos, Pagodes[17], torres), edificações de madeira;
- paisagismo: variedade e exuberância; folhagens;
- caráter/atributos dos lugares: densidade (lugares cerrados, escuros, carregados, intensos, profundos) e abundância.

Fluxo da água

Correspondências e associações
- cor: verde (verde/azul claro ou turquesa);
- orientação cardeal: Leste;
- animal sagrado: Dragão Verde;
- estação: Primavera;
- planeta: Júpiter;
- período do dia: Aurora, manhã;
- clima: ventoso;
- fase da lua: crescente;
- atividade: criatividade;
- órgãos: fígado (Yin), vesícula biliar (Yang);
- secreção: lágrimas;
- glândulas endócrinas: gônadas;
- sentido: visão;
- sabor: azedo;
- faculdade: espiritualidade;
- virtude: humanidade, bondade;
- defeito: dúvida;
- temperamento: irascível;
- expressão: grito;
- processo vital: nascimento;
- vegetal: trigo;
- trigrama (I Ching): Chên (O Incitar) e Sun (A Suavidade);
- polaridade: Yang menor.

Na paisagem em que a característica é Madeira, "o Chi germina, brota e se expande".

Do elemento Fogo

"Tu és o sol, e nós, os outros poetas, somos apenas estrelas."
Tu Fu[18]

O elemento Fogo fica associado ao Verão, à estação do calor, à maturidade e plenitude do ciclo sazonal. Representa arrebatamento e irradiação.

As formas
- forma natural característica: pontiaguda;
- forma geométrica característica: o triângulo, a seta, a flecha;
- caráter/atributos das formas: tensão, nervosismo, atividade, ação, agressão, ruptura, transcendência.

---
[17]Pagode = construção em forma de torre, com funções sagradas, característica da arquitetura chinesa.
[18]LI e TU, 1996.

Os lugares

- formas do relevo: montanhas pontiagudas, escarpadas, picos, vertentes íngremes; elementos de ruptura da paisagem: fendas, erosão, afloramento de pedras, cachoeira, choque de águas, mudança abrupta e violenta da topografia;
- fragmentos da paisagem: pontiagudos, cortantes;
- vegetação: arbustos e árvores cujas copas podem ser inscritas em um triângulo, plantas com folhas triangulares ou pontiagudas, flores vermelhas;
- rios: angulosos;

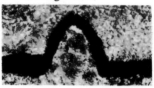
Rio

- fluxo de superfície da água: ondas triangulares, em forma de seta. Considerado não auspicioso, pois espalha a força natural presente na água;
- terrenos urbanos: triangulares;

Fluxo da água

- formas arquitetônicas: verticais e com terminação em ponta aguçada (como as torres das catedrais góticas), planos inclinados, ângulos agudos, telhados íngremes, materiais de construção processados pelo homem;
- paisagismo: uso de linhas diagonais, planos inclinados, triângulos e diferenças de níveis na composição do jardim;
- caráter/atributos dos lugares: tensão, nervosismo, calor, atividade, ação, agressão, ruptura, paixão, deslumbramento, transcendência, êxtase.

Correspondências e associações

- cor: vermelho;
- orientação cardeal: Norte (no Hemisfério Sul);
- animal sagrado: Pássaro Vermelho ou Fênix;
- estação: Verão;
- planeta: Marte;
- período do dia: Meio Dia;
- clima: quente;
- fase da lua: cheia;
- atividade: festividades religiosas ou sociais;
- órgãos: coração (Yin), intestino delgado (Yang);
- secreção: suor;
- glândulas endócrinas: pituitária (hipófise);
- sentido: fala;
- sabor: amargo;
- faculdade: inspiração;
- virtude: coragem;
- defeito: hesitação;
- temperamento: eufórico;
- expressão: riso;
- processo vital: crescimento;
- vegetal: milho;
- trigrama (I Ching): Li (O Aderir);
- polaridade: Yang maior.

Nos lugares em que a característica é Fogo, "o Chi inflama-se e se espalha".

Do elemento Terra

"VINDE! (...)
COMO JAMAIS
RECEBO
VISITAS, NÃO
MANDO VARRER
AS ALÉIAS DO
MEU JARDIM.
PISAREIS NUM
TAPETE DE
FOLHAS."
Tu Fu[19]

A Terra, o mundo, é o lugar do nascimento e da morte de todo o ciclo sazonal. Este elemento corresponde a um momento de pausa desse movimento cíclico: após o renascimento (Madeira) e a plenitude (Verão), a natureza detém-se no Alto Verão (estação chuvosa existente entre Verão e Outono) para, em seguida, iniciar o movimento de declínio do ciclo natural, representado pelo Outono e Inverno. Terra significa, portanto, inércia, descanso e estabilidade.

"No esquema cosmológico, a Terra medeia entre as forças do mundo superior e das profundezas. A idéia do centro reconcilia as tendências bipolares das direções cardeais. (...) Os elementos multivariados do cosmo são mediados pelo centro" (TUAN, 1980).

As formas
- forma natural característica: pesada e massuda;
- forma geométrica característica: o quadrado;
- caráter/atributos das formas: peso, inércia, estabilidade, simetria, equilíbrio, solidez, ordem.

Os lugares
- formas do relevo: platôs, montanhas de topo plano, massudas e pesadas, com vertentes abruptas e íngremes;
- fragmentos da paisagem: cascalho e sementes encorpados, de forma plana, ou achatada;

- vegetação: árvores e arbustos cuja copa pode ser inserida em um quadrado, flores de cor amarela e laranja, plantas cujas folhas assumem desenho equilibrado entre alongado e arredondado;
- rios: em forma de uma curva aberta;
- fluxo de superfície da água: movimento regular e rítmico. Indica condições favoráveis do lugar;
- terrenos urbanos: retangulares (não muito compridos) ou quadrados;

Rio

- formas arquitetônicas: volumosas, pesadas (como em vários exemplos de edifícios da Arquitetura Modernista), uso de telhado plano, bem como do concreto, tijolo aparente ou adobe;
- paisagismo: jardins geométricos, formais e simétricos (a exemplo dos jardins do Palácio de Versailles, França);
- caráter/atributos dos lugares: equilíbrio, solidez, ordem, permanência; confluência, encontro, segurança.

Fluxo da água

[19] LI e TU, 1996.

Correspondências e associações
- cor: amarelo (laranja, marrom, cerâmica);
- orientação cardeal: Centro, Meio da Terra;
- animal sagrado: não é citado;
- estação: alto Verão ou Canícula (estação chuvosa na China, de transição entre Verão e Outono);
- planeta: Saturno;
- período do dia: início da tarde (quando o corpo sente-se sonolento e pesado);
- clima: úmido;
- fase da lua: não é citada;
- atividade: prática, de rotina;
- órgãos: baço-pâncreas (Yin), estômago (Yang);
- secreção: saliva;
- glândulas endócrinas: timo;
- sentido: paladar;
- sabor: doce;
- faculdade: intelecto (reflexão, crítica, preocupação);
- virtude: sinceridade, fidelidade;
- defeito: racionalização excessiva;
- temperamento: pensativo;
- expressão: canto;
- processo vital: transformação;
- vegetal: aveia;
- trigrama (I Ching): K'un (O Receptivo) e Kên (A Quietude);
- polaridade: equilíbrio entre Yin e Yang.

Nos lugares de característica Terra, "o Chi se acumula".

DO ELEMENTO METAL

A superfície fria do Metal relaciona-se à friagem do Outono, um período mais introspectivo do ciclo sazonal, da produção dos frutos e da colheita. Indica centramento, inibição e contração da força criativa natural e, conseqüentemente, sobriedade, melancolia e finalização.

As formas
- forma natural característica: esférica, redonda;
- forma geométrica característica: o círculo;
- caráter/atributos das formas: centramento, controle.

Os lugares
- formas do relevo: montanhas arredondadas (em forma de sino), colinas de planta circular (como uma moeda), vertentes suaves, cavernas e grutas;
- fragmentos da paisagem: redondos, ocos;
- vegetação: arbustos e árvores cuja copa é esférica; plantas com folhas circulares, flores claras;
- rios: forma curva e fechada, sugerindo um círculo;
- fluxo de superfície da água: em movimentos circulares, representa um bom sinal de acúmulo do Sopro do Dragão;
- terrenos urbanos: circulares (praças);

"PELA JANELA BAIXA, A LUA QUE SE RETIRAVA LANÇOU UM OLHAR FURTIVO À MINHA VELA QUE SE EXTINGUE. FLORES SOLTAS ENTRAM PELA PORTA E RIEM-SE DA MINHA SOLIDÃO."
LI PO[20]

[20]LI e TU, 1996.

- formas arquitetônicas: cúpulas; revestimento metálico;

Rio

- paisagismo: canteiros circulares, pouca variedade de espécies, gramados e forrações[21], definição do centro do lugar;
- caráter/atributos dos lugares: vulnerabilidade, solidão, impessoalidade, vazio, compreensão visual do entorno.

Correspondências e associações
- cor: branco (cinza, prata e tons pastéis);
- orientação cardeal: Oeste;
- animal sagrado: Tigre Branco;
- estação: Outono;
- planeta: Vênus;
- período do dia: crepúsculo;
- clima: seco;
- fase da lua: minguante;

- atividade: financeira, política ou militar;
- órgãos: pulmões (Yin), intestino grosso (Yang);
- secreção: muco;
- glândulas endócrinas: tireóide;
- sentido: olfato;
- sabor: picante;
- faculdade: instinto;
- virtude: retidão, capacidade de planejamento;
- defeito: paralisia, injustiça;
- temperamento: melancólico;
- expressão: choro;
- processo vital: colheita;
- vegetal: arroz;
- trigrama (I Ching): Ch'ien (O Criativo) e Tui (A Alegria);
- polaridade: Yin menor.

Fluxo da água

Na paisagem em que a característica é Metal, "o Chi se recolhe, se contrai".

DO ELEMENTO ÁGUA

"OS TEMPOS E OS HOMENS PASSAM COMO A ÁGUA DO YANG-TSÉ-KIANG QUE CONTEMPLO..."
LI PO[22]

"A água é a imagem do inconsciente. (...) A imersão na água significa a extinção do fogo e da consciência. Significa morte. Talvez isto explique por que no sistema chinês o medo é a emoção associada com a água." [23]
Esse elemento expressa recolhimento, aceitação e introspecção.

As formas
- forma natural característica: a onda;
- forma geométrica característica: a linha sinuosa;
- caráter/atributos das formas: calma e flexibilidade.

Os lugares
- formas do relevo: onduladas;

---

[21]Forração = relvado com plantas não gramíneas.
[22]LI e TU, 1996.
[23]TUAN, 1980.

montanhas com o perfil sinuoso como uma onda e com vertentes irregulares.  Umidade, solo encharcado, brejos e mangues representam também este elemento;
• fragmentos da paisagem: cascalho e sementes ondulados ou irregulares (desde que não sejam pontiagudos e cortantes);
• vegetação: arbustos e árvores cuja copa pode ser descrita como de linhas sinuosas, flores escuras, especialmente azuis, plantas cujas folhas apresentam desenho irregular;
• rios: ondulantes;
• fluxo de superfície da água: pequenas ondas contínuas e sinuosas, indicadoras de uma boa vitalidade do lugar;

Rio

• terrenos urbanos: irregulares (desde que não sejam pontiagudos);
• formas arquitetônicas: orgânicas; vidro (pelo seu caráter reflexivo) como material de vedação;
• paisagismo: canteiros em formas sinuosas, presença da água em lagos, córregos, fontes e cascatas;
• caráter/atributos dos lugares: calma, silêncio, relaxamento, flexibilidade e aceitação relacionam-se à introspecção, à gestação e germinação de sentimentos e idéias (as águas calmas).

Ou ainda mistério (águas profundas) ou prazer, comunicação, força e otimismo (águas rápidas).

Correspondências e associações
• cor: preto e azul-escuro;
• orientação cardeal: Sul;
• animal sagrado: Tartaruga Negra;
• estação: Inverno;
• planeta: Mercúrio;
• período do dia: Meia Noite;
• clima: frio;
• fase da lua: nova;
• atividade: transporte, comunicação;
• órgãos: rins (Yin), bexiga (Yang);
• secreção: saliva;
• glândulas endócrinas: adrenais;
• sentido: audição;
• sabor: salgado;
• faculdade: vontade;
• virtude: sabedoria;
• defeito: medo;
• temperamento: medroso;
• expressão: gemido;
• processo vital: armazenamento;
• vegetal: feijão;
• trigrama (I Ching): K'an (O Abismal);
• polaridade: Yin maior.

Fluxo da água

Nos lugares em que a característica é Água, "o Chi flui e escoa".

Tanto no caso de rios quanto no de montanhas ou vegetação, as formas correspondentes aos elementos Água, Terra e Metal são consideradas aquelas que conformam os lugares mais favoráveis para o uso humano.

CRIAÇÃO E OPOSIÇÃO ENTRE OS ELEMENTOS, A CHAVE PARA INTERVIR NA PAISAGEM

Os Cinco Elementos ou Cinco Movimentos expressam mudança contínua, estabelecem entre si relações dinâmicas:
- criação, nutrição, produção ou tonificação;
- dominação, agressão ou destruição;
- moderação;
- harmonia.

Essas relações criam possibilidades diferenciadas de intervenção arquitetônica ou paisagística no lugar, sendo uma das chaves da Escola da Forma. Primeiramente, vamos compreender como funciona cada uma delas, de que modo interagem nos diferentes ciclos.

O Ciclo de Criação

Esta é uma ordem de estímulo e favorecimento:
- Madeira alimenta Fogo (gera Fogo);
- Fogo produz Terra (cinzas);
- Terra contém Metal (metais variados fazem parte da composição da Terra);
- Metal transporta Água (através da rede hidráulica);
- Água nutre Madeira (vegetação).

A Ordem Criativa representada pelo círculo no desenho abaixo demonstra como um elemento valoriza o outro na seqüência de um ciclo de regeneração sem fim.

Este tipo de relação entre elementos é fácil e denominado Fluido.

Um exemplo do uso da ordem criativa entre paisagem e edificação é a implantação das pirâmides de Keops, Kéfren e Micherino (formas que representam Fogo), no deserto (que representa Terra) de Gizeh, Egito. Fogo produz Terra: as qualidades da paisagem natural – a amplidão e o vazio do deserto – são aqui valorizadas pela inserção do objeto arquitetônico, promovendo uma síntese *"que transmite uma mensagem de significado arquetípico"* (NORBERG-SCHULZ, 1983).

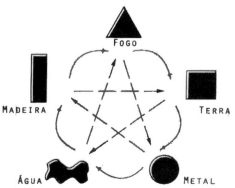
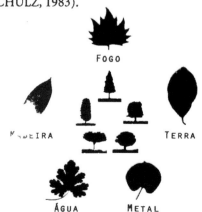

O Ciclo de Dominação

Esta é uma ordem de controle, de inibição ou destruição, representada pela estrela no desenho anterior e apresenta-se da seguinte forma:
- Madeira consome Terra (as árvores sugam, alimentam-se da Terra);
- Terra represa Água;
- Água extingue Fogo;
- Fogo derrete Metal;
- Metal corta Madeira (na forma da lâmina de um machado).

A Ordem de Dominação, considerada tensa, torna-se uma ordem de agressão, quando excessiva. Em caso contrário, sugere imagens de equilíbrio e contraponto interessantes, como nos seguintes exemplos:
- um grupo de grandes árvores é circundado por um grande deserto (Madeira consome Terra);
- uma grande pedra aflora por entre uma mata densa (Metal corta Madeira);
- uma ilha com praias de areia branca aflora em alto mar (Terra represa Água).

O Ciclo Moderador

Este ciclo visa aproximar forças opostas. Assim, podemos equilibrar a tensão existente entre elementos antagônicos pela inserção, no lugar, de um objeto arquitetônico, de acordo com o Ciclo Moderador:
- Água, por exemplo, modera o conflito entre Metal e Madeira, pois nutre e fortalece a Madeira, que é o elemento ameaçado;
- Madeira modera o conflito entre Água e Fogo;
- Fogo modera o conflito entre Madeira e Terra;
- Terra modera o conflito entre Fogo e Metal;
- Metal modera o conflito entre Terra e Água.

Se um rio Fogo (anguloso e violento) cria conflito com os atributos de uma paisagem Água (calma), o elemento moderador, no caso a Madeira, pode interferir, mediando os antagonistas, por meio da forma e dos materiais da edificação.

A Relação Harmônica

A Relação Harmônica é considerada neutra ou estável. Formas arquitetônicas e da paisagem devem, no caso, corresponder ao mesmo elemento, reforçando o caráter do lugar.

Maquetes: a paisagem "Água" é valorizada pela inserção de uma praça "Metal". Curso de extensão em Feng Shui e Avaliação da Paisagem, ministrado pelo autor na Universidade Federal do Paraná.

Fotos: Newton Goto.

O DIÁLOGO DA CASA E DA PAISAGEM, A GRANDE CHAVE DO MÉTODO

De acordo com o ditado chinês, *"nem o céu nem a terra são completos em si, mas deixam o acabamento de tudo para o homem. No que concerne aos perfis da superfície da terra, há muito espaço para a interferência ativa do homem"* (EITEL, 1985).

É importante lembrar que, neste método, o mundo é entendido como uma interação dinâmica de forças e que toda matéria é primordialmente força, mensagem, informação.

Para processar a avaliação de uma paisagem, do ponto de vista dos Cinco Elementos, visando à implantação de um edifício, devemos observar as seguintes referências:

1. primeiramente, detectar qual é o Elemento predominante no lugar (na macropaisagem) indicado pela forma ou natureza dos seus componentes: montanhas, grandes pedras, matas ou cursos e massas de água;

2. em seguida, potencializar a vocação da paisagem (mediante o Ciclo de Criação) ou equilibrá-la (mediante o Ciclo de Dominação), pela escolha da forma do edifício a ser inserido no lugar.

O Ciclo a ser utilizado (Criação ou Dominação) é escolhido em função do uso destinado à edificação.

A forma do objeto arquitetônico vai estabelecer, com as formas da paisagem, a tensão emocional e estética necessária para comunicar a mensagem desejada.

Por exemplo, na implantação de uma Clínica para Repouso em uma paisagem cuja característica é Água – montanhas sinuosas, vertentes suaves, rios e lago –, a vocação do lugar para o repouso e a tranqüilidade pode ser potencializada pelo elemento Metal (pois Metal transporta Água): a implantação circular do conjunto arquitetônico, elementos construtivos circulares ou semicirculares, coberturas em abóbadas ou cúpulas e pintura em cor branca.

Já para implantação de um Centro de Esportes na mesma paisagem Água, acima descrita, o lugar, calmo e introspectivo, pode ser considerado incompatível com o dinamismo exigido para o exercício físico e o entretenimento, podendo ser equilibrado pelo elemento Terra (Terra represa Água): implantação simétrica do conjunto arquitetônico e uso de formas quadradas e coberturas planas, que criam estrutura para o lugar.

Indicações Especiais

- a edificação de utilidade pública deve sempre valorizar a paisagem.

- no caso da residência, a paisagem é que valoriza a casa: devemos atrair e captar a força do lugar, utilizando o Ciclo de Criação.

A seguir, croquis funcionam como referências esquemáticas, ilustrando as relações entre arquitetura e paisagem do ponto de vista da Teoria dos Cinco Elementos.

A arquitetura valoriza a paisagem valendo-se das condições oferecidas pelo **Ciclo de Criação**. Solução indicada genericamente para implantação de edifícios públicos:

O **Ciclo de Dominação** permite à arquitetura obter o equilíbrio das condições climáticas e geográficas do lugar:

A partir do conhecimento de que a paisagem oferece condições para melhor desempenho da arquitetura, podem-se indicar, por intermédio do **Ciclo de Criação**, as seguintes soluções para implantação de residências:

Paisagem	Forma Arquitetônica
Madeira	Água
Fogo	Madeira
Terra	Fogo
Metal	Terra
Água	Metal

Paisagem	Forma Arquitetônica
Madeira	Metal
Fogo	Água
Terra	Madeira
Metal	Fogo
Água	Terra

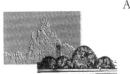

Paisagem	Forma Arquitetônica
Madeira	Fogo
Fogo	Terra
Terra	Metal
Metal	Água
Água	Madeira

O MÉTODO DA FORMA

O diálogo entre a casa e o meio ambiente pode também ser ilustrado pelo seguinte quadro (WALTERS, 1995):

Legenda:
⊕ relação benéfica
⊖ relação nociva

	Paisagem Madeira	Paisagem Fogo	Paisagem Terra	Paisagem Metal	Paisagem Água
Casa Madeira	Estável +	Fraca + -	Infeliz --	Perigosa ---	Ideal + +
Casa Fogo	Ideal + +	Estável +	Fraca + -	Infeliz --	Perigosa ---
Casa Terra	Perigosa ---	Ideal + +	Estável +	Fraca + -	Infeliz --
Casa Metal	Infeliz --	Perigosa ---	Ideal + +	Estável +	Fraca + -
Casa Água	Fraca + -	Infeliz --	Perigosa ---	Ideal + +	Estável +

O quadro abaixo detalha toda a variada gama de relacionamentos do edifício com o meio, tendo como base uma Paisagem Terra:

	Paisagem Terra
Edifício Madeira	Relação tensa, com vantagens para a edificação, pois Madeira consome Terra. Entretanto, sem o suporte da Água, a força da Madeira logo se esgotará.
Edifício Fogo	Relação fluida, em que a paisagem é privilegiada. Situação indicada para edifícios públicos.
Edifício Terra	Relação harmônica, estável ou neutra. Boa se o caráter do edifício integra-se ao do entorno.
Edifício Metal	Relação fluida extremamente benéfica: a paisagem torna-se geratriz de forças para o edifício. Situação indicada para implantação de residências.
Edifício Água	Relação tensa, considerada perigosa e nociva, tanto para o edifício quanto para o entorno. A vocação da paisagem é incompatível com a finalidade do edifício.

Detalhando a Paisagem

A seguir, vamos recapitular e ver, com novos olhos, os elementos naturais de um lugar.

Vento

O vento forte "*parece o vazio imenso, que encontrando de repente uma ação, se converte numa imagem particularmente clara da cólera cósmica. Todas as fases do vento têm a sua psicologia. O vento se excita e desanima. Grita e queixa-se. Passa da violência à aflição. A ambivalência do vento é doçura e violência, pureza e delírio*" (BACHELARD, 1990).

O vento forte manifesta uma força de dispersão, uma força cortante, impulsiva, ele afronta o lugar. A brisa suave favorece e beneficia o lugar, pois à medida que vagueia, confere-lhe vivacidade, fortifica-o.

Os espaços protegidos acolhem as brisas suaves, os vulneráveis os ventos fortes.

São três os tipos de brisa ou ar puro: o primeiro é fino e diluído, próprio dos lugares mais elevados, o segundo (que é ainda melhor) denomina-se "ventilado", próprio dos lugares arejados, o terceiro, o ideal, é cheiroso ou perfumado.

Já o ar poluído diminui a oxigenação das células do corpo, aumenta a produção de radicais livres e acelera o envelhecimento.

Água

"SONHANDO PERTO DO RIO, CONSAGREI MINHA IMAGINAÇÃO À ÁGUA, À ÁGUA VERDE E CLARA, À ÁGUA QUE ENVERDECE OS PRADOS. NÃO POSSO SENTAR PERTO DE UM RIACHO SEM CAIR NUM DEVANEIO PROFUNDO, SEM REVER A MINHA VENTURA... NÃO É PRECISO QUE SEJA O RIACHO DA NOSSA CASA, A ÁGUA DA NOSSA CASA. A ÁGUA ANÔNIMA SABE TODOS OS SEGREDOS. A MESMA LEMBRANÇA SAI DE TODAS AS FONTES."

G. BACHELARD[25]

Uma terra sem água é uma terra sem vida. A Água, como a vemos, representa apenas um pequeno percentual da realidade completa do elemento. Na verdade ela abriga o princípio criador da vida, abriga uma força conservativa. É também um caminho que une simbolicamente três mundos: o humano (as águas superficiais), o natural (as águas subterrâneas) e as deidades (a chuva). Dialogando entre si através da água, esses três mundos tecem e recriam constantemente o universo, o que faz da água um elemento sagrado.

O Lugar Ideal deve ser abraçado pela Água, para que os atributos essenciais do elemento se concentrem na edificação. Quando as águas fluem em direção ao lugar, alimentam as suas potencialidades,

"QUANDO O FOGO SE VAI, ELE SE VAI NO VENTO. QUANDO A LUA SE VAI, ELA SE VAI NO VENTO. ASSIM, O VENTO ABSORVE TODAS AS COISAS... QUANDO O HOMEM DORME, SUA VOZ SE VAI NO SOPRO, E O MESMO FAZEM SUA VISÃO, SUA AUDIÇÃO, SEU PENSAMENTO. ASSIM, O SOPRO ABSORVE TUDO."

CHANDOYA-UPANISHAD[24]

---

[24]Citado por BACHELARD, 1990.
[25]BACHELARD, 1989.

quando fluem para fora, dissipam-nas.

"Avaliamos a água pelas suas formas e pelos padrões e desenhos que se desenvolvem em sua superfície formados pelos ventos, por cores diferenciadas (devido à diferença de profundidade), pelo fluxo das correntes – os chamados Dragões Aquáticos. Quando possui dragões, padrões de desenhos coerentes e suaves, torna-se uma fonte de vida.(...)

Águas sem padrões coerentes de superfície, padrões muito irregulares e descontínuos, são águas que não conseguem acumular ou distribuir a força de vida; águas sem nenhum tipo de padrão de superfície (como de pântanos ou brejos) são consideradas mortas" (WONG, 1996).

Os rios são avaliados especialmente pela forma de seu curso, sendo que afluentes e córregos vizinhos são incluídos em um mesmo padrão de leitura. A avaliação dos lagos inclui toda a área de abastecimento, como rios e brejos.

As boas condições das terras praianas são avaliadas pelas regiões circunvizinhas, e são caracterizadas por ventos e ondas suaves, ausência de penhascos e presença de ilhas e enseadas que guardam o lugar. Praias abertas para o oceano, ou ondas que arrebentam contra penhascos, criam lugares desprotegidos, de condição violenta, agressiva.

A tradição indígena brasileira confere especial importância às chamadas "águas vivas" (cachoeiras, córregos e rios), que possuem a propriedade, de acordo com o índio Kaká Werá, de higiene psíquica, de limpeza das construções mentais e emocionais negativas, de harmonização de sentimentos (JECUPÉ, 1998).

A água da fonte, que vem das profundezas da terra, vivifica o corpo e pode curar o mundo das emoções e sentimentos, afirma Kaká Werá. Para a manutenção de uma boa saúde sugere-se o banho freqüente nas águas correntes de rios e cachoeiras. O orvalho é considerado por ele como a representação da essência espiritual do universo, e teria a função de potencializar as melhores qualidades do corpo emocional do ser humano, purificando-o. Caminhar pela floresta orvalhada, de manhã (ou por um jardim), é um dos segredos da terapêutica indígena.

Na proposta do Feng Shui, a água de melhor qualidade é clara e limpa, e seu percurso, além de possuir forma natural (não forjada pelo homem), é longo, extenso. Quanto mais longo o percurso, maior a sua influência.

A proximidade de águas tranqüilas pode ajudar a desenvolver a sensibilidade: aprendemos a sentir – e a amar – com a Água.

Nascente

Afloramento de veio subterrâneo, elemento de ruptura da paisagem com liberação de grande força telúrica.

Córregos

São caminhos da Força Vital. Se sinuosos, guardam-na dentro de suas curvas, se retilíneos, fazem-na escoar. O percurso escolhido pela água da chuva, através do terreno, teria também a mesma função dos caminhos do córrego.

Montanhas

Consideradas os protetores das vilas, pois podem guardar calor, criar locais protegidos com microclima adequado à vida humana. Toda montanha é denominada Dragão (na análise da conformação do lugar a montanha mais alta recebe especialmente essa denominação), pois assemelha-se a uma grande serpente cujo corpo se estende por quilômetros. Considera-se que a sua coluna vertebral, a cumeada, transporta imensa quantidade de força telúrica. Quanto mais robusto o seu tronco e maior o número de "braços", mais intensa a sua força. Se suas vertentes são íngremes e se o Dragão não termina na fronteira da água, considera-se que a força se dispersa.

Cumes e picos

Denominados "telégrafos para os deuses", representam o ponto de comunicação entre Terra e Céu, ponto de irradiação da força telúrica para toda uma região.

Grandes árvores

Absorvem as qualidades primeiras da Terra, que seriam então distribuídas pelas folhas. Podem armazená-las dentro de uma copa arredondada (como uma mangueira), ou irradiá-las através da copa pontiaguda (como um cipreste). Quanto maior a quantidade de árvores em um lugar, maior o seu vigor. A proximidade de uma mata virgem, um ecossistema totalmente organizado, é considerada curativa.

De acordo com o escritor esloveno Marko Pogacnick, em seu livro *Curar a Terra*, as grandes árvores velhas podem orientar magneticamente toda uma paisagem, como focos de difusão de Informação Vital. Quando cortadas, podem desordená-la. A poda das plantas, quando gratuita, fica associada ao sofrimento das "células de inteligência" da paisagem (POGACNICK, 1997).

Para a cultura popular chinesa as árvores são espíritos. O "espírito da árvore" é considerado uma criatura capaz de atacar psíquica e fisicamente o homem quando molestada. Por isso, também evitava-se o corte desnecessário, principalmente das grandes árvores.

A vegetação é considerada o pêlo do Dragão, é também um indicativo da sua saúde. Um lugar sem vegetação é um lugar sem vida.

Florestas

As florestas são como uma membrana que reveste exteriormente o corpo da Terra, não funcionam apenas como cobertura e proteção, mas transportam forças de vida. É indispensável, para a continuidade da existência humana no planeta, que grandes florestas possam novamente florescer, intactas.

Estrada

Caminho do Vento e da Água, deveria seguir de forma sinuosa a topografia natural, sem perfurar as montanhas.

Entroncamento de rios ou estradas

Representa o cruzamento de duas linhas de circulação de Vento ou Água – ou de energia, sendo considerado um ponto de forte magnetismo. Por isso a encruzilhada é freqüentemente utilizada como local de rituais ou para construção de templos.

Cavernas, grutas e antros

Representam o "útero da terra", *"um refúgio no qual se sonha sem cessar. A entrada da gruta trabalha a imaginação das vozes profundas, a imaginação das vozes subterrâneas. Todas as grutas falam. Para um sonhador das vozes subterrâneas, nas vozes abafadas e longínquas, o ouvido descobre transcendência, todo um além daquilo que se pode tocar e ver. A partir do momento em que se está só na gruta obscura, ouve-se o verdadeiro silêncio. A gruta jamais perderá a sua qualidade de imagem fundamental. É o canto do mundo. A gruta protege o repouso e o amor, mas é também o berço das primeiras indústrias. Normalmente a encontramos como um cenário do trabalho solitário. É preciso conservar um pouco de sombra ao nosso redor. É mister saber entrar na sombra para ter força de executar a nossa obra"* (BACHELARD, 1989). A gruta, como um útero ou ventre da Mãe Paisagem, representa o grande ponto de concentração da força criativa natural.

Ilhas

Imagem da ruptura, do nascimento da vida e da cultura, que emerge do "sem forma", do "caos primordial", representado pela Água. A ilha marca a junção de opostos, como a Terra e a Água, ou a Água e o Céu. Na ilha, *"a água assume o céu"* (BACHELARD, 1989).

Animais

Animais silvestres como o veado, o lobo, o macaco e a raposa são considerados os mais sensíveis, por isso é considerado auspicioso viver em lugar por onde transitam. Animais como o cachorro, e o gado em geral, também apresentam essa característica. Na China antiga, soltava-se o rebanho no terreno, e o local por ele escolhido para pernoitar era classificado como um lugar possível para a construção da casa. O gato é considerado um animal que prefere os lugares onde o campo elétrico natural encontra-se alterado, para dormir ou fazer a sua toca. Isso não significa evidentemente que seja um animal nocivo, muito pelo contrário. O gato, animal dotado de grande sensibilidade, percebe facilmente as modificações do meio externo.

Insetos

Formigas, cupins, abelhas e marimbondos escolhem zonas de magnetismo alterado para construção de seus ninhos. É também considerado situação desfavorável o lugar escolhido por parasitas e fungos, serpentes, aranhas e escorpiões.

Afloramento de pedras

Constitui ruptura na paisagem, indicação de lugar de índole feroz.

As pedras são também consideradas elementos captadores da força natural terrestre, funcionando como pontos focais de sua distribuição. Por isso, foram enterradas sob templos, ou colocadas no centro das aldeias (denominadas então de "pedras umbilicais").

Rochas proeminentes que configuram animais, pássaros, plantas e homens são consideradas elementos de especial importância, dotando o lugar de um caráter de poder, tornando-o adequado a templos e santuários. Quando apresentam aparência benevolente são consideradas os guardiões do lugar. Se possuem aparência ameaçadora o local geralmente é evitado, ainda que tenha a conformação ideal (os quatro animais celestes). Essas formações rochosas proeminentes devem permanecer intactas, sempre que possível.

Lagoas ou represas

São elementos positivos, caso a água seja limpa e fluente. Presença de mosquitos indica água estagnada que, como no caso dos pântanos e brejos, é considerada desfavorável.

Fendas, falhas geológicas

Equiparadas a "fratura exposta" da paisagem, conformam lugares de "temperamento violento".

Elementos construídos

(diques, açudes, reservatórios, cercas, paredes, fontes, jardins, piscinas e outros)

Não possuem uma vida inerente – se comparados às formas naturais, criadas durante milênios, que tiveram tempo para absorver as qualidades do Céu e da Terra – mas são vistos como condutores ou interceptores dos fluxos da paisagem. Antenas e torres de transmissão são indesejáveis nas proximidades do lugar, pois supõe-se que o campo eletromagnético gerado pode afetar gravemente a saúde.

Todas as situações consideradas desfavoráveis na paisagem podem ser ajustadas por meio de elementos arquitetônicos ou paisagísticos.

Elementos temporários

Dunas de areia, rios e lagos sazonais são também vistos como desprovidos de vida própria, funcionando, apenas, como elementos condutores ou interceptores da energia.

A AVALIAÇÃO DA PAISAGEM, COMO FAZER A LEITURA SENSÍVEL DE UM LUGAR

> "A PERCEPÇÃO É UMA ATIVIDADE, UM ESTENDER-SE PARA O MUNDO."
> YI-FU TUAN[26]

Apresentamos, a seguir, duas sugestões de metodologia de avaliação dos lugares, por nós elaboradas e experienciadas. Cada um pode também encontrar a sua própria.

Abordagem 1 (técnica)

Necessitamos de um mapa do local (pode ser um levantamento planialtimétrico em escala reduzida), contendo os seus elementos mais significativos, tais como: nascentes (caracterizadas como de alta, média ou baixa vazão), córregos, grandes árvores, afloramento de pedras, construções (caso existentes), brejos, grutas, lago; uma sacola para coleta de fragmentos da paisagem, giz de cera colorido (cinco cores, cada qual correspondendo a um dos Cinco Elementos).

[26]TUAN, 1980.

1ª ETAPA: a leitura é realizada da macro para a micropaisagem, ou seja, primeiramente verificamos a conformação do relevo como um todo (o Grande Dragão), através de uma caminhada por pontos estratégicos da região, que possibilitem uma visão abrangente.

Em seguida, verificamos a existência da ferradura formada pelo pequeno Dragão e o Tigre (normalmente inseridos no Grande Dragão), analisando também:
- os sinais e sintomas de condições favoráveis ou desfavoráveis do lugar (de acordo com o conceito de Informação Vital ou Chi);
- a polaridade predominante (de acordo com a Teoria das Polaridades);
- o seu caráter principal (de acordo com a Teoria dos Cinco Elementos).

2ª ETAPA: partimos para uma caminhada pelo Vale, formado pelo pequeno Dragão e o Tigre. O nosso propósito é mapear subáreas, de acordo com a Teoria dos Cinco Elementos, utilizando para isso o giz de cera sobre o mapa. Servimo-nos aqui da via do sentimento, juntamente com a observação, para descobrir áreas estáveis e seguras (Terra/ amarelo), calmas e introspectivas (Água/azul escuro), de tensão (Fogo/vermelho), densas e exuberantes (Madeira/verde) e vulneráveis e de visibilidade (Metal/cinza).

Devemos ainda relacionar os elementos especiais (como rios e lagos, grandes árvores, afloramento de pedras e outros), pois caracterizam o local onde aparecem.

Em um estudo mais detalhado, são consideradas as relações entre os principais componentes do lugar: montanhas entre si, rios e seus afluentes. Assim, um encontro de um rio representando Metal com outro em que a característica é Fogo marca um choque de antagonistas, criando condição desfavorável.

3ª ETAPA: pesquisamos os fragmentos da paisagem, que são coletados, anotando-se no mapa a área correspondente. O tipo e a forma da vegetação – suas folhas, flores e sementes – e a forma do cascalho são aqui investigados, registrando-se as áreas de dominância, as quais conformam miniáreas dentro das subáreas já citadas na segunda etapa.

4ª ETAPA: avaliamos os dados coletados. De posse do mapeamento do local, podemos sugerir correções ou implantação de projeto de arquitetura, de acordo com as áreas de predominância de cada um dos Cinco Elementos:

- **Terra:** áreas indicadas para permanência prolongada, para implantação de residência, podendo abrigar a estrutura funcional do lugar;
- **Água:** áreas calmas e introspectivas, são designadas para terapias, estudo, pousadas e, eventualmente, residências;
- **Fogo:** lugares elevados e escarpados, de difícil acesso, "próximos ao Céu", adequados para mirantes, santuários, templos e mosteiros;
- **Metal:** áreas abertas, descortinam a visão tanto do Céu quanto da Terra, e permitem uma compreensão visual do entorno. Constituem lugares de vulnerabilidade, de expansão e liberdade, adequados para praças, observatórios, mirantes e, eventualmente, residências;
- **Madeira:** lugares considerados de "geração de vida", como matas e nascentes. Podem ser, atualmente, reservados para áreas de preservação ambiental.

Abordagem 2 (sensível)

Fazemos pouco uso das nossas capacidades perceptivas, que são também fortemente afetadas pelos padrões culturais. Normalmente enfatizamos a visão, em detrimento dos outros sentidos, o que muitas vezes transforma-nos apenas em espectadores, distantes da cena natural.

Deixamos de explorar outros campos de aprendizagem: o tato, ou o "estar em contato", fornece uma experiência direta, eliminando a separação pessoa/objeto. O olfato tem o poder de evocar reminiscências e sensações, a audição relaciona-se com a passividade e a receptividade (TUAN, 1980).

De acordo com esta abordagem, podemos:

• caminhar pelo sítio, com as mãos e o pensamento vazios, dispondo-nos a experimentar as qualidades inerentes à paisagem, o *genius loci*, o espírito do lugar – para somente compreendê-las depois; devemos observar e perceber a influência dos elementos, com calma e com tempo.

O silêncio ajuda a olhar e ver;

• utilizar os nossos sentidos, que segundo o professor Lin Yun são mais de cem (SWAN, 1990), e ouvir, através do nosso corpo, a resposta sensorial ao lugar.
No corpo recebemos todas as informações acerca da paisagem: os órgãos e membros "ressoam" as qualidades inerentes ao terreno. Bem-estar (conforto, disposição, satisfação) e mal-estar (desequilíbrio, cansaço) falam das condições do lugar;

• coletar um objeto especial: uma pedra, uma planta, um cajado, ou melhor, permitir que o objeto nos escolha primeiro, e então recolhê-lo e imaginar o que ele teria a dizer-nos sobre a vida e as qualidades daquele lugar. O ato de imaginar vincula-se diretamente ao mundo das sensações e dos sentimentos, viabilizando o diálogo com a chamada Inteligência do Lugar, inacessível para nossa forma racional de aproximação da paisagem, mas que se revela na forma de representações simbólicas, interpretadas pela via dos sentimentos.

Foto: Newton Goto

Curso de Feng Shui e Avaliação de Paisagem ministrado pelo autor na Universidade Federal do Paraná.

Vantagens e Desvantagens do Método Feng Shui

De acordo com as conclusões da tese de doutorado da arquiteta chinesa Ping Xu, a adaptação do Método Feng Shui para o Ocidente é considerada válida, como base para o desenvolvimento de novas possibilidades no campo do planejamento ambiental, apresentando vantagens e desvantagens (XU, 1991).

Vantagens

O Método Feng Shui leva em consideração tanto os aspectos físicos da paisagem (geologia, ecologia, clima, estética) quanto os aspectos ditos espirituais, o caráter do lugar. Analisa o ambiente desde a macro até a micropaisagem, desde a cadeia de montanhas, até o cascalho e a vegetação. De um ponto de vista ecológico, considera as influências da água, da erosão e o movimento da vida animal selvagem, o que torna a sua técnica adequada à prática contemporânea.

Desvantagens

O Feng Shui é produto de uma antiga sociedade agrícola, e alguns de seus critérios são apropriados apenas àquela época. Não há investigação adequada a respeito da qualidade da água, preocupação com os sistemas sépticos, ou determinação de áreas de preservação ambiental. Os lugares classificados como ideais para assentamentos humanos, dentro dos parâmetros do Feng Shui podem, muitas vezes, ser próprios para preservação ambiental, de acordo com abordagens contemporâneas.

Uma sugestão para suprir esta deficiência é que as áreas caracterizadas como Madeira sejam designadas como áreas de preservação.

Recapitulando o processo

O Método Feng Shui aplicado à avaliação de áreas rurais consiste em:
- identificar na macropaisagem, o Grande Dragão, a cadeia de montanhas da qual o Dragão e o Tigre fazem parte;
- encontrar o Dragão verdadeiro, sempre junto ao Tigre: montanhas que se destacam no lugar, conformando um semicírculo, uma ferradura;
- descobrir vales atravessados por rios sinuosos, na área conformada pelo Dragão e o Tigre;
- procurar pela Tartaruga Negra e pelo Pássaro Vermelho: montanhas protetoras aos fundos e à frente do lugar, respectivamente;
- observar os sinais de condições favoráveis ou desfavoráveis do vale escolhido, incluindo a expressão dos seus aspectos complementares;
- verificar as características da paisagem, classificando-as em acordo com a Teoria dos Cinco Elementos, primeiramente vista como um todo, depois constituída de subáreas (pelo estudo do caráter específico dos lugares), por sua vez subdivididas em miniáreas (com base na coleta de fragmentos);
- selecionar o ponto, o lugar de implantação da casa onde o Dragão e o Tigre se abraçam, a meia encosta entre o Vale e a Montanha.

3 AVALIAÇÃO DA PAISAGEM URBANA

"NOS PRIMEIROS CENTROS URBANOS MUNDIAIS, AS CIDADES SURGEM NÃO SOMENTE COMO RESPOSTA ÀS FORÇAS ECONÔMICAS E COMERCIAIS, MAS TAMBÉM EM RESPOSTA À NECESSIDADE DE CRIAÇÃO DE ESPAÇO, MODELADO SEGUNDO O COSMO."
YI-FU TUAN [27]

[27] TUAN, 1980.

Palácio Potala, Tibete.

3.1 INTRODUÇÃO

O estilo de vida de um povo é representado pela soma de suas atividades sociais, econômicas e religiosas, que geram padrões espaciais e requerem o uso de formas arquitetônicas e materiais correspondentes (TUAN, 1980). Não somente a construção de um templo, mas também a construção da casa e da cidade, tradicionalmente, pedem a transformação ritual do espaço profano, criam ordem onde antes havia desordem, transformam a Selva em Paraíso. Construir é como compartilhar do ato primeiro da criação do mundo.

A simbolização cósmica no desenho das cidades encontrou na China sua expressão máxima, provavelmente jamais igualada por qualquer outra cultura. Fato característico do urbanismo chinês, a capital imperial era um diagrama do universo (TUAN, 1980).

Rio de Peixe (MG): Assentamento em semicírculo voltado para o rio e o sol. Diversas culturas perceberam que para assegurar a sua sobrevivência necessitavam da proximidade da água e da proteção contra os ventos frios e fortes.

3.2 FENG SHUI, A INFLUÊNCIA DA INTERAÇÃO HUMANA NOS TERRITÓRIOS DA PAISAGEM E DA HISTÓRIA

A seguir, caminhando rapidamente pelo tempo, apresentamos um panorama da evolução histórica dos conhecimentos relacionados ao Feng Shui entremeando-os, como não podia deixar de ser, com o desenvolvimento da própria sociedade na qual se inseriu:

PERÍODO	ASPECTOS HUMANOS E FENG SHUI	CARACTERÍSTICAS ARQUITETÔNICAS
PERÍODO PALEOLÍTICO OU IDADE DA PEDRA LASCADA Inicia-se a 3.000.000 de anos atrás, com o aparecimento do Homem.	Observa-se a presença de artefatos de osso e/ou pedra. Datam do final deste período notáveis desenhos e pinturas rupestres. Nessa época, o Norte da China foi habitado por grandes macacos antropóides e por várias espécies do *Homo erectus*. Eram caçadores, conheciam o fogo, praticavam o canibalismo, organizaram-se socialmente. Aparecimento do *Homo sapiens*.	Provavelmente habitavam cavernas e construíam moradias com troncos de árvore e cobertura vegetal.
PERÍODO MESOLÍTICO	Na China não existiu uma linha divisória nítida entre Paleolítico e Mesolítico.	
PERÍODO NEOLÍTICO a partir de 4000 a.C.	Sociedade agrícola (cultivo do painço, trigo, arroz) com bases matriarcais. Praticava-se o sepultamento. **Surgimento de um importante instrumental da futura Escola da Bússola, o diagrama Lo Shu ou Quadrado Mágico que, segundo o mito, emergiu do Rio Lo, China Central, no casco de uma gigantesca tartaruga (4000 a.C.).** Fu Xi, figura lendária, representa esta Era da Caça e da Pesca, sendo considerado um dos inventores dos signos lineares que fundamentarão, no futuro, o *I Ching, o Livro das Mutações* (3000 a.C.). Vive, neste período, o lendário Imperador Amarelo, considerado o ancestral comum a todas as tribos da China Central (2600 a.C.).	Casas de forma retangular, quadrada ou circular, com paredes de terra batida, estrutura de madeira e cobertura vegetal. No centro, uma cavidade para o fogo. Os telhados, sustentados por peças de madeira, eram grandes e cônicos.
DINASTIA SHANG 1766? 1523? a.C.	Sociedade fortemente caracterizada na qual existia escravidão e sacrifícios humanos. Cultura aristocrática, luxuriosa e selvagem. **Surgimento do *Kuei Tsang, o Livro das Mutações* da Dinastia Shang, uma das bases do I Ching.** Provável crença na vida após a morte.	Habitações quadradas ou retangulares, em filas quase paralelas, sugerem uma rede viária em forma de tabuleiro de xadrez. Telhados de cobertura vegetal. Sepulturas em fossos profundos, com acessos através de rampas voltadas para o Sul. Por necessidade de defesa aparece a cidade murada.
DINASTIA ZHOU 1122? 1028? a.C. a 221 a.C.	O *I Ching, o Livro das Mutações*, é aprimorado pelo Rei Wen (os 64 Hexagramas), pelo Duque de Zhou (Linhas) e por Confúcio (**Comentário sobre a**	

PERÍODO	ASPECTOS HUMANOS E FENG SHUI	CARACTERÍSTICAS ARQUITETÔNICAS
	Decisão), sendo muito utilizado como oráculo. I Ching, Taoísmo e Confucionismo somam-se às Teorias dos Cinco Elementos e Yin-Yang no estudo do Feng Shui.	
ZHOU OCIDENTAIS até 771 a.C.	Bons governantes e relativa paz interna **Origem oficial do Método Feng Shui (1100 a.C.)**, talvez por meio do Xiangdi, prática geomântica que buscava terras férteis e localização de santuários.	1ª Fase: continuação dos módulos estruturais e artísticos dos Shang, embora mais refinados.
ZHOU ORIENTAIS até 221 a.C.	Época de grandes inquietações. Grandes conquistas culturais e artísticas. Período muito significativo pois nesta época viveram Confúcio e Lao Tsé. **Possível origem do Zodíaco Chinês (500 a.C.)** que torna-se amplamente utilizado. Surge o *Nei Ching*, compêndio de Medicina chinesa (400 a.C.), que explica a Teoria dos Cinco Elementos, um conceito de 4000 anos. Registra-se o conhecimento das constelações e as enchentes e secas são previstas astronomicamente (desde 300 a.C.). Observa-se o desenvolvimento de um sistema de adivinhações (Zham Bu) que avalia lugares e águas subterrâneas.	2ª Fase: a capital ideal é formada por um quadrado de seis km de lado com três portas em cada um deles, nove ruas em sentido longitudinal, nove em transversal, e todas com largura para passagem de nove carros. À esquerda da Corte, o Templo Ancestral, à direita o Altar da Terra e atrás, a Praça do Mercado. Codificação de regras estabelecendo relação da configuração arquitetônica de cada habitação com a classe social correspondente. Cresce o número de cidades muradas e aldeias transformam-se em cidades-estados guerreiras, que acabam destruídas ou absorvidas por unidades políticas maiores. **Implantação das edificações vinculadas a regras geomânticas e rituais. O trono do Imperador era mudado de ambiente segundo as estações, obedecendo à correspondências astrológicas.**
DINASTIA CHIN OU QIN 221 – 206 a.C.	Unificação do território chinês e fundação do Império Celeste. Clara ruptura com o passado em todos os campos. Período anticonfucionista, queima de grande quantidade de textos antigos em 213 a.C. **Desenvolve-se o conhecimento a respeito das artérias e veias da terra, denominado Dimai.**	Adota-se uma largura padrão para todas as vias. Inicia-se a fusão dos estilos arquitetônicos em um único estilo denominado Imperial. Gosto pelo monumental e pela magnificência. Esculturas de animais (em pedra) ao redor das tumbas. Grandes construções, em especial da Grande Muralha.
DINASTIA HAN 206 a.C. – 221 d.C.	Restauração do Confucionismo e valores tradicionais (Han Anteriores ou Ocidentais, 206 a.C. - 25 d.C.) **Surgimento dos conceitos de Kan Yu (que une Astrologia e Geografia). Ênfase à utilização do I Ching como oráculo. Aparecimento do Budismo, nova religião oriunda da India (séc. I d.C.). Data desta época um instrumento antecessor das bússolas magnética e Lo Pan, denominado Shih, utilizado para definição da habitabilidade dos lugares. Surge a noção de Tartaruga e Fênix. Expansão da prática geomântica, com relação ao estudo dos túmulos** (Han Posteriores ou Orientais, 25 - 221 d.C.).	Tendência ao verticalismo. Inovações técnicas que facilitaram as construções monumentais. Estruturas de pedra e tijolos. Câmaras funerárias em pedra, coroadas pelo túmulo. Surgem os precursores do Pagode, estrutura inspirada na Stupa indiana, que consiste em uma torre dividida em andares horizontais. Rede viária em nove vias principais, em forma de tabuleiro de xadrez, embora com templos e edifícios administrativos dispostos irregularmente.

PERÍODO	ASPECTOS HUMANOS E FENG SHUI	CARACTERÍSTICAS ARQUITETÔNICAS
AS SEIS DINASTIAS 221 - 581 d.C.	Influências culturais do mundo ocidental. Vive o grande Mestre Kwok Por (276-324), autor do *Livro dos Enterros*, importante documento que trata do estudo da paisagem visando ao assentamento de túmulos. Encontra-se, neste livro, a primeira menção ao termo Feng Shui. Surgimento da bússola magnética (entre os séculos IV e X). Grande difusão do Feng Shui em todas as classes sociais.	Permanece a tendência à verticalidade. Introdução definitiva do Pagode.
DINASTIAS SUI E TANG 581 - 906 d.C. SUI 581 - 618 d.C. TANG 618 - 906 d.C.	Reunificação da nação chinesa. Dinastia Han como modelo. Grande florescimento cultural. Perseguição aos Budistas. Época cosmopolita e aberta aos contatos com o exterior, mas ao mesmo tempo atenta aos valores tradicionais. Fenômenos de sincretismo em todos os campos. **Expansão da prática do Feng Shui, diferenciando-se em Yin Zhai (túmulos) e Yang Zhai (residências). Organização do estudo do Feng Shui em Xing Fa ou Método da Forma e Li Fa ou Método da Bússola.** Vive o Mestre Yang Yun Sung (834-900) que introduz novas técnicas no Lo Pan. Durante a dinastia Tang foi escrita a primeira grande enciclopédia de astrologia sobre a leitura do destino pessoal.	Construções de dimensões amplas, com caráter monumental e predileção por formas lineares, claras e simples. A capital é dividida por uma grande via em dois bairros, o ocidental e o oriental, cada um com seu mercado central. Os bairros ficam subdivididos por uma rede viária em tabuleiro de xadrez, cujas divisões retangulares compreendiam até quatro subdivisões, separadas por ruas mais estreitas. O complexo residencial é construído simetricamente, seguindo o eixo Sul–Norte, com a porta monumental voltada para o Sul. É notável a evolução dos templos budistas que se desenvolvem em altura.
AS CINCO DINASTIAS E DINASTIA LIAO 907 - 960 d.C.	Desenvolvimento dos Métodos da Forma e da Bússola.	Grandes obras de irrigação favorecem a agricultura e promovem melhoria da qualidade de vida. Tendência dos Pagodes por plantas octogonais Grande originalidade na arquitetura de tumbas. Uso de cúpulas perfeitamente estruturadas, imitando solução adotada pelos povos nômades.
DINASTIA SUNG OU SONG 960 - 1279 d.C.	Necessidade de ampliação das cidades. **Estruturação do Método da Forma, ao Norte da China e da Bússola, ao Sul, priorizando-se o estudo do ambiente externo.** Utilização ampla do Feng Shui. Vivem Lai Po Yee e Sau Yung, Mestres que introduzem novas técnicas no Lo Pan.	Pagodes de tijolos com linhas esbeltas. Utilização, como revestimento, de azulejos em cores vivas e busca de ornamentação. Preferência pela verticalidade.
DINASTIA YUAN 1279 - 1368	Dinastia mongol, herdeiros de Gengis Kan.	Pagodes com plantas variadas e perfil rebuscado. Fase barroca da arquitetura chinesa, que se traduz pelas superfícies ativas, móveis, pelos efeitos de luz e sombra e pela ornamentação excessiva.
DINASTIA MING 1368 - 1644	Desenvolvimento do Método da Bússola, aprimoramento de técnicas como o Ba Zhai, o Ming Gua, os Quatro Pilares. Elaboração do Estudo Clássico do Dragão das Águas, que se aprofunda nos aspectos	Construções de configuração simétrica. Fusão entre a simplicidade das plantas e a monumentalidade dos complexos. Afirmação da arquitetura militar. Reforma da Grande Muralha. **A cidade de Beijing ou Pequim,**

O MÉTODO DA FORMA

PERÍODO	ASPECTOS HUMANOS E FENG SHUI	CARACTERÍSTICAS ARQUITETÔNICAS
	geográficos e metafísicos das massas de água.	capital Ming, é organizada de acordo com princípios do Método da Forma e da Bússola. Construções do tipo europeu, não apoiadas em base religiosa, tiveram limitada difusão. Lenta decadência da arte e da ciência das construções.
DINASTIA CHING OU QING 1644 – 1911	Dinastia manchu. Embora influenciada pela cultura chinesa, mostra-se aberta às influências arquitetônicas de diferentes países. **Registro de 102 Livros Clássicos de Feng Shui escritos em chinês. Descoberta da técnica das Estrelas Voadoras ou Yuen Kung, mantida por séculos em segredo. Sam Chuk Yin (1848-1906) é autor do livro *Master Sam's Flying Stars*, fundamental para o estudo desta técnica.**	Manutenção do estilo Ming, mais vivamente colorido e decorado. Ampla difusão do estilo tibetano. Disseminação de Pagodes em forma de garrafas. Época de particular exotismo. Reconhecimento da inferioridade técnica com relação ao Ocidente.
IDADE MODERNA desde 1911	Choque cultural. O reconhecimento da inferioridade técnica com relação ao Ocidente provoca uma negativa às tradições. Revolução Cultural de Mao Tsé Tung (1949). Invasão ao Tibete (1950), quando 1.200.000 civis e religiosos tibetanos foram mortos e 5000 monastérios destruídos. Proibição das tradições feudais, incluindo o Feng Shui. **Origem no Ocidente das Escolas do Budismo Tântrico (ou Chapéu Negro), moderna Escola de Feng Shui, fundada pelo professor Lin Yun e do Feng Shui para o Hemisfério Sul, criada pela australiana Lindy Baxter e divulgada pelo professor Roger Green.** Após a abertura política da China, o Feng Shui torna-se tema de pesquisa acadêmica em universidades chinesas. Taiwan (antiga Formosa), onde velhos manuscritos permaneceram intocados pela Revolução, torna-se um novo ponto de difusão dos conhecimentos a respeito do Feng Shui. As melhores bússolas Lo Pan são encontradas em Taipei, sua capital, que também abriga no National Palace Museum, a mais ampla coleção de arte chinesa, incluindo cerâmicas de 5000 anos, que para ali foram enviadas a fim de escapar da Revolução Cultural.	Inspiração na arquitetura européia e americana. Tendência à descentralização, à expansão urbana, à mobilidade e à pré-fabricação. Presença do estilo internacional e de um estilo nacional chinês, inspirado na arquitetura modernista.

Gyantse, Tibete.

3.3 O TEMPLO E O TÚMULO, UMA LOCALIZAÇÃO ESPECIAL

O Templo

"AO PROCURARMOS OS PRINCÍPIOS MAIS REMOTOS DA ARQUITETURA, ENCONTRAMOS ANTES DE TUDO A CABANA, HABITAÇÃO DO HOMEM, E O TEMPLO COMO RECINTO FECHADO PARA ABRIGAR O SEU DEUS, OU A COMUNIDADE DOS SEUS FIÉIS."
HEGEL[28]

As sociedades tradicionais sempre reconheceram a importância dos lugares sagrados, que possibilitavam a manutenção das raízes espirituais e a conexão com o passado e a Terra. Lugares de beleza natural ímpar ou que foram cenários de fatos históricos ou religiosos importantes podem ser considerados sagrados. Muitas vezes, a inserção de uma edificação em um destes lugares intensificava o seu significado (ALEXANDER, 1980).

O Templo reflete a vitória do homem no confronto entre a Selva e o Paraíso – os aspectos destrutivo e criativo da existência. A ordem não existiria, a terra não seria produtiva, a sociedade não funcionaria se o Templo não representasse na Terra um protótipo do Paraíso, um modelo reduzido do Cosmo.

No livro *The Temple*, John Lundquist apresenta uma série de referências comuns aos templos e lugares sagrados (LUNDQUIST, 1993):

1. Montanha Sagrada: é o arquétipo do Templo, é a representação da Montanha que emerge das Águas Primordiais, a expressão primeira da criação divina, é o lugar onde a Deidade surgiu, no início dos tempos. Provavelmente os mais antigos santuários foram as próprias montanhas. O percurso ascendente em direção à Divindade que habita o cume é um conceito básico que faz parte do imaginário humano com relação ao Templo. O Pagode chinês pode ser visto como uma versão estilizada da montanha, representando o caminho ascendente e espiralado em direção ao topo;

2. Percurso/Peregrinação: é a jornada em direção ao encontro com a Deidade. O caminho ascendente, o labirinto, a circundução (movimento em torno de um centro) são arquétipos que constituem parte integrante do conceito de Templo. O caminho em direção ao centro é uma imagem utilizada para expressar a vontade humana de defrontar-se com o mistério da criação da vida, presente nas profundezas;

3. Geometria Sagrada: o Templo deve ser o protótipo do Céu, e em diferentes culturas, participa da estrutura do universo através de proporções matemáticas, signos, orientações cardeal e astronômica e relação com o ciclo

Kwan Yin, a deusa budista da compaixão, padroeira da China.

---

[28] Hegel in ALEXANDER, 1980.

solar (Solstícios e Equinócios). A expressão primeira da Geometria Sagrada na arquitetura de templos é a Mandala, um mapa do cosmo, geralmente composto pela intercessão de um círculo com um quadrado, representações do Céu e da Terra. A sua própria presença na estrutura do Templo é capaz de consagrá-lo, relacionando-o à imagem do universo, aos quatro pontos cardeais, ao centro do mundo. A Mandala representa, de uma forma gráfica, a experiência de transcendência mística;

4. Árvore da Vida: traduz a união entre Céu e Terra, a unidade da vida. É o *axis-mundi* através do qual efetiva-se a relação do homem com o Mundo Subterrâneo ou Elementar (as raízes) e com o Celestial, as Deidades (a ramagem). Identificada com a cruz cristã, em muitas culturas é representada com a serpente em seus pés ou galhos. Buda alcançou a Iluminação sob uma árvore;

5. Água da Vida: a água move-se como um ser vivo, é a imagem da vida e uma metáfora do espírito, pois é o alimento fundamental. Sob a Montanha Sagrada fluem os Rios do Paraíso;

6. Vida e Morte: muitas vezes o Templo contém túmulos, e não raramente essas funções misturam-se dentro do mesmo espaço e remetem-nos, invariavelmente, às imagens de transcendência e imortalidade. Ali vive o poder que é capaz de sobrepujar a morte.

As indicações do Método Feng Shui sobre implantação de um templo na paisagem diferem fundamentalmente daquelas apresentadas para as residências. Primeiro, por não ser um local de permanência prolongada, e segundo, porque a qualidade da atividade ali desenvolvida é de uma ordem diferente da vida cotidiana.

Enquanto para a residência recomenda-se intimidade e proteção, o Templo deve procurar na paisagem o lugar onde se concentra a Força Primordial do Tao, em sua forma mais bruta e pura. Para os taoístas, esses lugares são montanhas especiais, os picos e cumeadas em geral, grandes árvores, entroncamentos naturais ou artificiais, quedas d'água, fontes e nascentes, falhas geológicas, afloramento de rochas que configuram plantas, animais ou homens. Os Templos devem ser implantados nas proximidades de um elemento natural marcante pois, pela força da sua presença, podem potencializar o valor do rito.

Segundo as pesquisas do professor Mariano Bueno, da Universidade de La Laguna, Espanha, esses elementos naturais marcantes possuem algo mais do que uma forte presença. *"Nas zonas de grande radioatividade natural encontramos os locais sagrados, zonas de culto milenar (...). Nossas medições atuais mostram fortes anomalias geomagnéticas, elevados níveis de radioatividade ou outras alterações geofísicas em tais assentamentos (...) que seguem indicando-nos a presença de algo especial, de uma energia que convém termos em conta ou temer, segundo o caso"* (BUENO, 1995).

De acordo com as mesmas medições, os picos e as zonas mais elevadas, possuem *"um forte gradiente de potencial elétrico. Já na vertical dos veios d'água subterrâneos, fissuras ou falhas geológicas do subsolo são produzidas fortes alterações nas diferenças de potencial elétrico atmosférico, induzidas pela radiação terrestre emitida nesses pontos*"(BUENO, 1995).

Essas informações reforçam a abordagem chinesa. Considera-se que dificilmente uma pessoa comum conseguiria viver em tais lugares, reservados para templos. Apenas aqueles dispostos a um intenso treinamento psicofísico suportariam tais condições.

Basicamente, são dois os tipos de templos encontrados na China: o primeiro, é aquele planejado para interferir na paisagem, conduzindo e regulando, como na acupuntura, as propriedades de toda uma região.

O Pagode, elemento característico da arquitetura chinesa, exemplifica este primeiro tipo e consiste, geralmente, em uma torre de sete a nove andares com planta baixa quadrada, hexagonal ou octogonal. Originou-se provavelmente da Stupa indiana – um monumento de uso religioso e funerário. Difundiu-se na China com o advento do Budismo, na dinastia Han (206 a.C. a 221 d.C.). Para o arquiteto chinês Cheng Jian Jun, existem dois tipos de Pagode: o Pagode budista (usualmente com planta baixa em octógono), que é erigido como um monumento a Buda, e o Pagode de Feng Shui (usualmente com planta baixa em hexágono), que assume funções corretivas da paisagem ou funções simbólicas (JUN, 1999).

O outro tipo de templo é aquele planejado para treinamento religioso e residência de monges. Podem-se utilizar, no seu assentamento, os mesmos conceitos aplicados à localização de residências: locais protegidos, vertentes montanhosas suaves, proximidade de um lago ou de um rio sinuoso, ou, então, tirar partido das condições da paisagem que estimulam ruptura e transcendência.

Todo o campo de visão que se tem do Templo, ao seu entorno, é também considerado sagrado, é o lugar da "con*templação*". O Templo é "*um pedaço de terra separado do uso humano comum e dedicado a Deus*" (LUNDQUIST, 1993).

YIN ZHAI, O TÚMULO

"QUANDO CHUANG TZU ESTAVA MORRENDO, SEUS DISCÍPULOS COMEÇARAM A COMBINAR UM MONUMENTAL ENTERRO PARA ELE. MAS DIZIA CHUANG: COMO CAIXÃO TEREI O CÉU E A TERRA; O SOL E A LUA SERÃO OS SÍMBOLOS DO JADE, DEPENDURADOS A MEU LADO; OS PLANETAS E AS CONSTELAÇÕES BRILHARÃO COMO JÓIAS À MINHA VOLTA (...). DE QUE MAIS PRECISO? TUDO JÁ ESTÁ DEVIDAMENTE PROVIDENCIADO."
CHUANG TZU[29]

---

[29] MERTON, 1977.

Conformação ideal do túmulo chinês: forma de ferradura, uma colina por detrás, um guardião pela frente, (Taipei, Taiwan). Na China, deu-se maior ênfase às residências dos mortos (Yin Zhai) do que às residências dos vivos (Yang Zhai).

A poesia, a filosofia e os ritos fúnebres chineses baseiam-se no sentimento da evanescência do tempo, do efêmero da vida.

O trabalho de avaliação dos lugares para implantação de túmulos é muito mais antigo do que o de implantação de residências. Na China deu-se maior ênfase à residência dos mortos (Yin Zhai) do que à residência dos vivos (Yang Zhai), por razões bastante objetivas, os costumes religiosos chineses.

As tumbas antigas (dinastia Qin, 221 a 206 a.C.) eram voltadas para o Leste e os mortos eram enterrados com a cabeça para o Oeste que, simbolicamente, encontra-se associado com o ocaso e com a energia Yin (GREEN, 1998). O corpo nunca era sepultado sob uma grande árvore (onde falta o sol) e nem na baixada (onde a água se acumula). Normalmente o túmulo era assentado na "cabeça" do Grande Dragão (ou na ferradura, entre o Dragão e o Tigre), ponto de influência especial.

Considera-se ainda que um bom enterro, em local de condições favoráveis, produz efeitos positivos diretamente sobre os descendentes. Isso devido à crença (ou ao fato?) de que as qualidades da paisagem, da Terra e do Céu, são absorvidas pelo corpo enterrado, principalmente através da lápide.

Para os antigos, a estrutura óssea guardaria a memória mais profunda, tanto pessoal quanto de toda a linhagem familiar. Por isso os ossos são tão utilizados em práticas xamânicas chinesas. No Tibete, os Lamas[30] cediam seus ossos para serem utilizados nas práticas religiosas.

A estrutura óssea funcionaria como um radiotransmissor, cujos códigos ressoam dos antepassados aos descendentes. Desse ponto de vista recebemos, agora, as influências do passado. Sugere-se, por isso, evitar que, alguns anos após o falecimento, os ossos sejam retirados do túmulo e lançados no lixo do cemitério, lugar considerado de péssimas condições psíquicas. A cremação, nesse caso, é considerada boa opção. Quando o corpo é cremado, torna-se neutra a influência sobre os descendentes. Sugere-se jogar as cinzas em um rio, em um jardim ou bosque, ou deixar em um templo, mas não guardá-las em casa.

O efeito desse poder sobre os familiares é considerado muito lento. Leva de dez a vinte anos para começar a fazer-se sentir, embora possa influenciar até a sétima geração (CHERNG, 1998).

Para o Mestre Ho Chin Chung, de Taiwan, a vida dos indivíduos é afetada em 50% pela localização dos túmulos dos antepassados e em 50% pelo local atual de residência e de trabalho (CHIN-CHUNG, 1999). Mestre Ho, diretor do *Heaven and Earth Feng Shui Design Society* com sede em Taipei, é reconhecido pelo governo como patrimônio nacional, sendo o 65º Mestre da sua linhagem de praticantes.

Para o professor os pontos-chave na escolha de um bom lugar para localizar

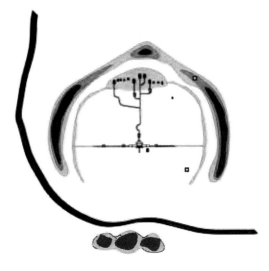

Cemitério chinês: túmulos assentados na cabeça do Dragão, lápides voltadas para as orientações favoráveis aos falecidos.

um túmulo seriam:
• **Lai Long**: verificar a forma da montanha, se realmente assemelha-se a um dragão. A cumeada deve lembrar o dorso curvilíneo do animal;
• **Di Shing**: verificar se o relevo (a encosta) é suavemente ondulado (bom), plano ou acidentado (ruins);
• **Ruan Tou**: procurar pela cabeça do Dragão;
• **Li Chi**: verificar os sinais de condições favoráveis ou desfavoráveis do lugar;
• **Shui Fa**: utilizar o chamado *Water Method*, verificar a direção do curso d'água ou do fluxo da energia. Cada direção transmite uma mensagem diferenciada para o local. Este é o método (ainda secreto) utilizado pela Escola do Mestre Ho.

---

[30] Lama, do tibetano blama = sacerdote budista.

O MÉTODO DA FORMA

Podemos, entretanto, trabalhar com a direção favorável ao falecido (veja Escola da Bússola), voltando a lápide para essa orientação;

• **Yin Chien**: escolher adequadamente o material de construção (de preferência natural), a forma (geralmente em ferradura) para a tumba. Definir o tempo, o momento certo de cavar a terra. Este é o ponto considerado como de maior importância.

Os túmulos as residências dos mortos, merecem os mesmos cuidados dispensados na escolha da residência dos vivos, seguindo exatamente os mesmos parâmetros em seu assentamento: montanhas protetoras, vento suave e proximidade de curso de água sinuoso, além de um cuidado especial em afastar as condições agressivas da paisagem (ventos fortes, rios violentos e objetos que apontam para o lugar).

Um ponto de interesse na escolha de um lugar ideal para a implantação de túmulos é a proximidade da chamada "pedra guardiã" (aquela que assume a forma vegetal, animal ou humana), desde que com aparência benevolente, por acreditarem que ela marca os lugares onde o Sopro do Tao permanece concentrado em forma pura, o qual seria absorvido pelo túmulo.

Por isso os imperadores exigiam um bom enterro ou, muitas vezes, mandavam destruir túmulos assentados em lugares auspiciosos, pois acreditava-se que um sepultamento em condições excepcionalmente boas produziria, na família, descendentes que poderiam tornar-se grandes homens e até imperadores, constituindo assim uma ameaça.

O fator tempo, de suprema importância, pesquisado pela Escola da Bússola, indicava o momento preciso para o funeral. *Tong Shu* é o nome do manual chinês que apresenta essas indicações. O ideal é reunir as orientações da Escola da Forma e da Bússola numa solução adequada.

Atualmente, na Ásia, nenhum empresário constrói cemitérios sem antes consultar um Mestre em Feng Shui, cujo aval constará do *marketing* para divulgação e vendas do lugar. Sem a sua aprovação pública, dificilmente os lotes serão vendidos.

Para os ocidentais, fica a sugestão básica de dar preferência aos cemitérios-parques, localizados nas áreas tranqüilas da cidade e nas vertentes ensolaradas das colinas, especialmente aos pequenos, de poucas tumbas, o que favorece as cerimônias mais simples e significativas.

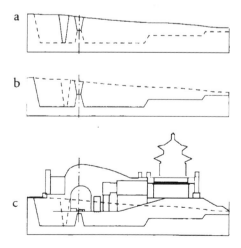

À direita, assentamento de um túmulo imperial:
a) identificação do ponto de força natural (ponto de pulsação do Chi);
b) corte do terreno, preservando-se o ponto;
c) colocação da urna funerária sobre o ponto.

3.4 YANG ZHAI, O ESTUDO DA CASA

> "TUDO O QUE QUERO SÃO TERRAS BOAS E UMA CASA ESPAÇOSA, COM COLINAS ATRÁS E UM CÓRREGO PELA FRENTE, RODEADA DE PEQUENOS LAGOS OU PISCINAS; PLANTAR PRIMEIRO BAMBUS E ÁRVORES, UMA HORTA NO LADO SUL, UM POMAR NO LADO NORTE... DEPOIS, COM DOIS OU TRÊS ACOMPANHANTES COM TENDÊNCIAS FILOSÓFICAS, DISCUTIR O CAMINHO OU ESTUDAR ALGUM LIVRO... E ASSIM DIVAGAR EM CALMA DURANTE A VIDA E, DE VEZ EM QUANDO, OLHAR PARA O CÉU E A TERRA E TUDO O QUE FICA NO MEIO, LIVRE DA CENSURA DOS HOMENS."
> T'UNG CHUNG-CHANG, SÉC. III [31]

A CASA TRADICIONAL CHINESA

Através dos séculos, o povo chinês aprendeu que a vontade do Céu é que a casa transforme-se em um lugar de afeição e descanso, onde as boas relações entre as pessoas, e destas com a natureza, possam ser cultivadas, e onde estejam presentes as Cinco Bênçãos da Vida: a vida longa, os bens, a boa saúde e a paz mental, o amor pela virtude e a vontade do Céu (INN, 1950).

O conceito chinês da casa ideal foi poeticamente expresso da seguinte maneira:

"Passada a porta do jardim há um caminho e o caminho deve ser sinuoso. Na volta do caminho há uma cerca (uma paliçada) e a cerca deve ser pequena. Por detrás da cerca há um terraço e o terraço deve ser bem nivelado. Nos bordos do terraço há flores e as flores devem ser frescas. Além das flores há um muro e o muro deve ser baixo. Junto ao muro há um pinheiro e o pinheiro deve ser velho. Ao pé do pinheiro há rochas e as rochas devem ter forma original. Em cima das rochas há um pavilhão e o pavilhão deve ser simples. Por trás do pavilhão há bambus e os bambus devem ser delgados. Onde terminam os bambus há uma casa e a casa deve ser isolada. Junto à casa há um caminho e o caminho deve ter uma encruzilhada. No ponto onde se unem os vários caminhos há uma ponte e a ponte deve

---

[31] Chung-Chang in TUAN, 1980.

tentar-nos a que a cruzemos. No extremo da ponte há árvores e as árvores devem ser altas. À sombra das árvores há relva e a relva deve ser verde. Mais além da relva há uma vala e a vala deve ser estreita. Onde começa a vala há um córrego e o córrego deve ser cantante. Além do córrego há uma colina e a colina deve ser vasta. Na falda da colina há uma horta e a horta deve ser grande. Na horta há uma cegonha e a cegonha deve dançar. A cegonha anuncia que há um visitante e o visitante não deve ser vulgar. Quando o visitante chega há vinho e o vinho não deve ser recusado" (YUTANG, 1997).

Espírito e matéria dialogam na forma e no uso da casa chinesa tradicional e a matéria, aparentemente, é subjugada à livre expressão do espírito. Pela leveza e simplicidade, pelo material utilizado (a madeira), pela suavidade e o ritmo da composição, a casa sobrepuja o peso e a massa da matéria. Porém como o retângulo continua sendo a forma base do seu desenho, a simetria e a linha reta não podem ser evitadas e o espírito humano, inevitavelmente, cede ao formalismo e à regularidade. À medida que se submete, sua liberdade é também restringida (INN, 1950).

O Pátio Central

"O fator mais distintivo de uma casa chinesa é o pátio semelhante a um claustro espanhol, e que simboliza a paz, a quietude e o repouso" (YUTANG, 1997).

A concepção da casa tradicional chinesa equilibra, de forma inteligente, o espaço natural e o construído, através do pátio central – um espaço natural do qual a casa não se isola, pois permanecem ambos interligados.

Nessas condições, não há prisão: a área construída envolve a natural, numa relação diferente de casa e quintal, que na realidade conforma duas unidades separadas[32].

A planta da casa tradicional proporciona ao ambiente a proteção sugerida pelo Feng Shui Rural, recria a Montanha/muro que abraça um pátio/Vale, desenvolvendo-se em torno de um vazio, aberto para o Céu.

A paisagem natural se faz presente através do jardim central, das pedras (as montanhas), areia, cascalho ou a própria água (os rios). Os bonsais representam, em miniatura, as velhas árvores.

Um vestíbulo entre a casa e a rua preserva os ambientes, que voltados para o pátio recebem uma boa ventilação e oferecem a possibilidade de contemplar

"UMA ÁRVORE É TÃO IMPORTANTE PARA A CIDADE QUANTO UM TIJOLO."
MECANOO BLUE ARQUITETURA[33]

---

[32]Recomendamos ao leitor o premiado filme *O Cheiro da Papaia Verde*, do diretor Tran Anh Hung, que possui belíssima fotografia e cujo cenário é uma casa tradicional com pátio central.

[33]Blue, M. in GAZZANIGA, 1993.

uma pequena paisagem, o "ideal natural" procurado pelos taoístas.

A privacidade é realmente o item mais importante a ser considerado no projeto da casa, como fica bem ilustrado na descrição de uma residência da cidade Han: *"Os quartos se abriam para pátios interiores e jardins. A beleza era escondida dos olhos do público, que das vielas e ruas só podia ver muros lisos. Dentro dos limites do domicílio privado podiam-se contemplar todas as espécies de deleites sensoriais: a intimidade das relações humanas, a intimidade do jardim privado que se abria para o mundo de fora apenas através do céu"* (GRANET, s.d.).

Essa mesma solução vem sendo utilizada por diferentes povos ao longo da história da Arquitetura (a casa egípcia, a tibetana, a casa de Pompéia, a casa renascentista). Quem vê o muro externo, liso e anônimo, é incapaz de imaginar a intimidade que predomina em seu interior. O pátio cria um ambiente cuja necessidade é considerada universal (ALEXANDER, 1980) – embora um pouco esquecida pela circunstância atual de viver-se em apartamentos. Os jardins frontais não cumprem essa função, e os jardins de fundo, se muito distantes da casa, normalmente conformam áreas isoladas.

O pátio central é o lugar da confluência natural, do encontro humano, da serenidade espiritual. Ele aproxima o homem da força natural das plantas, das pedras, da areia e da água, bem-vinda principalmente nas grandes cidades. O pátio central é o Ming Tang da casa, o lugar que retém o Chi, que ali torna-se vivo e ativo.

A CONSTITUIÇÃO DA CASA: A MONTANHA E O RIO

... "AS PESSOAS SEMPRE PROCURAM ENCONTRAR UM LUGAR ONDE POSSAM, COM AS COSTAS PROTEGIDAS, CONTEMPLAR UMA VISTA PANORÂMICA, SITUADA ALÉM DO ESPAÇO IMEDIATO."
C. ALEXANDER[34]

Na questão da implantação da casa, o importante é entender o arquétipo da Montanha (proteção) e do Rio (abertura, movimento): o respaldo e a vista.

A constituição da casa, frente e fundos, não se relaciona com a localização da porta de entrada. A parte mais elevada do terreno sempre representa a Montanha, e deve receber o setor íntimo e o de serviço. As salas podem localizar-se junto ao Rio, a abertura, a parte mais baixa.

---

[34] ALEXANDER, 1980.

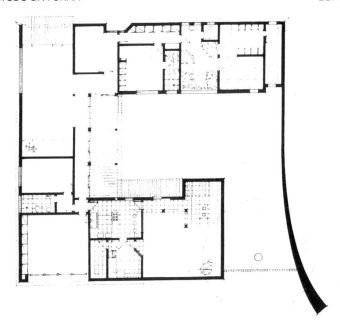

Casa do Pátio (Betim, MG).
O pátio central é o lugar da confluência natural, do encontro humano, da serenidade espiritual.
Arquitetura: Carlos Solano e José Cabral.

Os Quatro Animais Celestes e a Casa

O conceito de Lugar Ideal utilizado na avaliação da paisagem rural é transposto para a composição da volumetria[35] da casa, bem como de sua vizinhança. O volume mais alto deve localizar-se ao fundo (a Tartaruga Negra), podendo ser representado por um prédio elevado, na vizinhança. Árvores podem também criar respaldo e segurança. A fachada dos fundos não deve ter excesso de portas ou janelas, pois representa a comunicação com o inconsciente, o desconhecido, o imprevisível, e pede maior proteção física e psicológica.

A um lado da casa, o esquerdo – considerando-se que a pessoa esteja voltada para a rua – um elemento de destaque, de maior porte (entrada, garagem, piscina) ou um prédio vizinho, mais alto, representa o Dragão. Do outro lado, o direito, um elemento menor, ou um prédio vizinho mais baixo, representa o Tigre.

O Dragão e o Tigre configuram o lugar.

A frente da casa deve estar livre, abrindo-se para a vista de um jardim (o Pássaro Vermelho), ou edificações mais baixas na vizinhança. Assim desobstruída, dominando um campo visual aberto, é associada simbolicamente ao desimpedimento no processo da vida,

---

[35]Volumetria = arranjo de volumes que compõem a imagem, a fachada da casa.

permitindo o livre fluxo do ar.

No caso dos edifícios de apartamentos considera-se, para efeito de avaliação, a implantação do prédio como um todo.

Tratando-se de uma casa do tipo geminada (unida à casa vizinha), a influência dos elementos da paisagem localizados lateralmente pode ser ignorada.

O INTERIOR DA CASA, A BASE DA VIDA DO INDIVÍDUO

"A CASA É UMA OUTRA EXPRESSÃO DE SI."
KAKÁ WERÁ[36]

"A ARQUITETURA FUNCIONAL QUE PRETENDE O CONTROLE DE TUDO QUE LHE ACONTECE PARECE-ME AUTOCONDENADA À ETERNA MONOTONIA, POIS VIVE NUM MUNDO SEM MISTÉRIOS NEM SURPRESAS."
MARKO POGACNICK[37]

"UMA CASA, COM SUA FORMA, SEUS MATERIAIS, SEU DESENHO E ARRANJOS, ESPELHA OS PENSAMENTOS QUE A CRIARAM, (...) ESPELHA A EXPERIÊNCIA DE VIDA DAS PESSOAS QUE AÍ HABITAM."
SEANN XENJA[38]

"O EFEITO DE UMA RESIDÊNCIA SOBRE A VIDA DE UM INDIVÍDUO ACONTECE RAPIDAMENTE: EM UM ANO RECEBEMOS OS EFEITOS, EM TRÊS ANOS COLHEMOS OS RESULTADOS."
WU CHERNG[39]

A importância da casa pode ser exemplificada pela pesquisa sobre seu significado realizada por William Spear, com norte americanos (SPEAR, 1997).
A conclusão foi, por ordem de votação, lugar de retiro, lugar sagrado, lugar de descanso.

A organização dos ambientes da casa, do ponto de vista chinês, visa fundamentalmente à retenção da substância vital, o que se relaciona com questões como

---

[36] JECUPÉ, 1998.
[37] POGACNICK, 1997.
[38] XENJA, 1998.
[39] CHERNG, 1998.

À direita, aldeia tibetana: implantação ideal entre a montanha e o vale.

o relaxamento, a qualidade do encontro ou convivência, o conforto, a nutrição e o sono – premissas básicas para o bom desempenho de qualquer moradia.

Sem força de vida, sem saúde, não há criatividade nem produtividade, e sem produtividade não há prosperidade. A retenção relaciona-se com o termo Shui, com o conceito de Água, pois terra sem água não produz. Porém a água não deve apenas acumular-se, para não estagnar e deteriorar-se. A água estagnada é como a casa excessivamente mobiliada e adornada, entulhada. O excesso de objetos relaciona-se ao *stress* emocional, aos sentimentos fechados e presos, à menor tolerância e maior irritabilidade. É necessário o equilíbrio trazido pelo Vento, Feng – o espaço vazio que também não deve ser excessivo.

Novamente nos deparamos, aqui, com os conceitos de Vento e Água (a definição literal de Feng Shui), mas abordados agora de uma outra forma.

Água representa a suavidade, que permite o fluxo das coisas e se expressa por uma ambiência envolvente, por uma circulação desimpedida, por mobiliário confortável. O excesso de angulações evoca a imagem de arestas, agressão e tensão, uma personalidade difícil, atritos e discussões.

Vento ou espaço livre ficam associados, desse ponto de vista, com coração e mente abertos, com melhor respiração. O excesso de Vento (ou de vazio na casa) afasta os pés do chão, estimula o devaneio e dificulta o agir. O diálogo entre Vento e Água no interior da casa molda e determina o estado de ânimo de cada um.

Considera-se que a pessoa se reflete na casa, e vice-versa. A casa é uma extensão de tudo que nós somos, todos os bloqueios estão ali representados, e também os talentos e possibilidades. Pela leitura corporal proposta pela medicina chinesa temos acesso às condições físicas e psicológicas do paciente. Essa leitura pode ser complementada a partir das informações do lugar em que se habita.

Muitas vezes, mudar o espaço, as cores, objetos e disposição do mobiliário é abrir caminho para outras possibilidades ainda não vividas, mas talvez já muito sonhadas.

Para o estudo dos ambientes da casa, as três estratégias de avaliação da Paisagem Rural, citadas no Capítulo II, são adaptadas, apresentando-se nos seguintes termos:

1. a análise da conformação dos ambientes (a disposição e articulação do mobiliário) – o conceito de Chi;

2. a análise dos aspectos complementares dos ambientes – a Teoria do Yin-Yang;

3. a análise do caráter dos ambientes – a Teoria dos Cinco Elementos.

A CASA DO PONTO DE VISTA DA CONFORMAÇÃO DOS AMBIENTES
Ou do conceito de Chi

Fundamentada no conceito de Lugar Ideal – a articulação entre o Dragão e o Tigre, a Tartaruga Negra e a Fênix – a chave para a organização de todos os espaços internos da casa é a proteção pelas costas e o domínio do ambiente à frente, o controle e a visão da entrada. Toda a disposição do mobiliário nobre, tal como cama, sofá, mesa de trabalho e fogão baseia-se nesse conceito. Apesar das muitas referências existentes, vale mesmo a chamada espontaneidade taoísta: tudo deve estar de acordo com a sua naturalidade, que para o ocidental significa bom senso.

OS CONCEITOS
Psicologia espacial

Neste item percorreremos os espaços principais da casa, associando-os sempre a um conceito, ou seja, à representação de um objeto por meio de suas características gerais. O conceito sintetiza uma idéia a respeito da organização de cada ambiente e da função que lhe corresponde dentro do corpo da casa evitando, assim, aplicar mecanicamente as inúmeras regras de composição.

Como afirma Marko Pogacnick, *"existe um desejo de receber diretrizes bem definidas que permitam sua aplicação mesmo sem maiores conhecimentos prévios. Infelizmente devo dizer que não acredito em padrões quando se trata de processos individuais e pessoais. Cada ser humano e seu lugar são únicos em um ou outro aspecto. Conseqüentemente seus problemas não podem ser tratados através de processos padronizados. Por um lado tento dar diretrizes claras. De outro, a forma e a possibilidade de aplicação na prática depende da iniciativa e da criatividade pessoal que cada um usa para orientar a pesquisa e o tratamento do lugar em questão.*

Cada habitação é constituída de forma diferente, sendo de todo impossível agir de acordo com preceitos rígidos e esquemáticos.

É de máxima importância identificar as causas dos problemas, tomando sempre em consideração que as causas últimas são encontradas no ser humano que habita tal lugar – os problemas são uma intimação específica para quem lá habita, de libertar a si próprio e ao seu hábitat de forma definitiva dos mesmos" (POGACNICK, 1997).

Apresentamos, a seguir, alguns dos espaços e elementos da casa e seus respectivos conceitos:

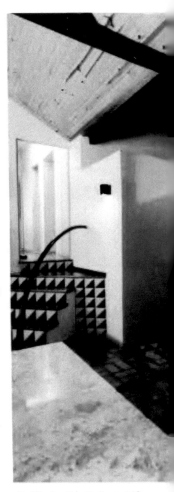

Residência – Belo Horizonte, MG. As vigas expostas podem sugerir confinamento e opressão apenas se estiverem colocadas em altura inferior a três metros, e sobre mobiliário de permanência prolongada. Caso contrário, facilitam a criação de ambientes amplos e expansivos.
Arquitetura: Carlos Solano e Liza Andrade.
Interiores: Fernando Godoi.

- **a vizinhança**: configura o destino residencial;
- **a entrada**: define o caráter do lugar, separa dois mundos;
- **a sala**: uma "ferradura" em microescala, o coração da vida social familiar;
- **a cozinha**: a base da saúde da casa;
- **a sala de refeições**: lugar da integração familiar;
- **o quarto**: a preservação absoluta da intimidade;
- **o banheiro**: higiene física e psíquica;
- **o escritório**: concentração mental x expansão visual;
- **a garagem**: guarda a lembrança da atividade das ruas;
- **corredores e escadas**: as artérias da casa;
- **janelas e portas**: captam informações do meio externo;
- **tetos e telhados**: abrigo psicológico e regulagem da distância social;
- **o altar**: luz e fogo como representação da Divindade;
- **as quinas**: "flechas secretas";
- **memória da casa**: espírito do lugar;
- **o centro da casa**: o centro do mundo;
- **as formas arquitetônicas**: símbolos geométricos, imagens da estrutura do cosmos;
- **piscinas e fontes**: pureza e purificação;
- **grades e muros**: exposição x reclusão;
- **materiais de construção**: afetam o corpo.

Ao visitarmos os ambientes da casa, vamos seguir uma seqüência – um gradiente de privacidade ou intimidade – do público e social para o íntimo e privado.

O ENTORNO, A VIZINHANÇA, DESTINO RESIDENCIAL

"O HOMEM VIVE NUM MAGNÍFICO UNIVERSO, TÃO MARAVILHOSO QUANTO O PRÓPRIO HOMEM, E NÃO SE PODE DIZER QUE TENHA UMA VIDA VERDADEIRAMENTE SATISFATÓRIA QUEM IGNORA O MUNDO MAIOR QUE O CERCA, SUA ORIGEM E SEU DESTINO."
LIN YUTANG [40]

A localização e o panorama que cercam a residência são fundamentais, *"é mais importante saber o que se pode ver da casa do que o que se vê nela. A casa é tão somente um detalhe que faz parte do ambiente que a rodeia, como uma jóia em seu engaste"* (YUTANG, 1997). O entorno – a região ou o bairro onde fica localizada – guarda um tipo específico de "informação" ou "mensagem" que atua ininterruptamente sobre o corpo e o psiquismo, sugerindo o chamado "destino residencial". O Feng Shui Tradicional Chinês considera que 70% da influência que o meio exerce sobre o indivíduo procedem do ambiente externo, e não do interno (CHIN-CHUNG, 1999).

Considera-se muito difícil, por exemplo, ser bem sucedido em uma área decadente, viver tranqüilamente em uma área turbulenta, ter saúde em áreas poluídas e degradadas. Pode ser possível, mas difícil.

---

[40] YUTANG, 1997.

É fundamental, ao escolher uma nova moradia, determinar primeiro, por meio de uma avaliação ambiental do entorno, a região em que estará situada.

Do ponto de vista da Escola da Forma, a vizinhança não é constituída apenas pelo ambiente imediato. É importante observar os elementos do entorno mais abrangente, relacionando-os às condições desfavoráveis ou favoráveis da paisagem.

Para efeito de avaliação de uma residência, considera-se a rota de aeronaves, a sombra de um grande edifício, estradas de ferro, viadutos ou canais passando por detrás, a proximidade de uma rede de alta tensão, de lugares poluídos ou dos "lugares do sofrimento" (como hospitais, delegacias, cemitérios e outros).

A arquiteta chinesa Ping Xu, numa prática de avaliação de paisagem, sugeria que o grupo tentasse resgatar o seu sentido instintivo: *"tente imaginar: se você fosse um animal, que lugar escolheria para fazer a sua toca? Onde estaria confortável e agradavelmente instalado, protegido dos predadores e com um controle da paisagem à sua frente? Esse é o lugar ideal, uma 'toca'. Devemos recuperar o instinto que perdemos, na questão da escolha do lugar de se viver"* (XU, 1991).

A Escola da Bússola afirma que, além do destino residencial, existe também um destino pessoal definido como "tendência". Alguns períodos são mais propensos à prosperidade, outros mais propensos às perdas; alguns ao excesso de trabalho ou estudo, outros ao descanso e relaxamento, mas essas tendências são sempre amenizadas ou potencializadas pelo destino residencial.

Os principais itens a serem considerados na escolha de uma residência, pelas referências da Escola da Forma, são:
1. localização, de acordo com a avaliação ambiental do entorno;
2. materiais empregados na construção;
3. conforto térmico e acústico;
4. qualidade do ar;
5. forma da edificação dos ambientes.

A ENTRADA
separando dois mundos, define o caráter do lugar

Nos tempos pré-históricos, em que a sociedade nem mesmo existia, o homem já delimitava o seu território. Desde então, a entrada constitui a noção de espaço mais importante.

É o primeiro eixo de oposições do espaço arquitetural, utilizado para separar dois mundos (o externo e o interno) e dois modos de ser: o profano, e o íntimo (ou sagrado).

"PASSADA A PORTA DO JARDIM HÁ UM CAMINHO..."
LIN YUTANG[41]

---

[41] YUTANG, 1997.

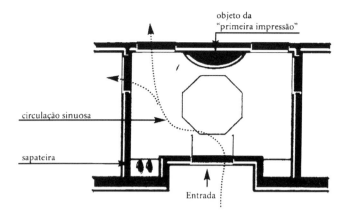

O vestíbulo de entrada ou átrio protege a intimidade do movimento das ruas, sendo concebido como um "redutor de velocidade", necessário à acomodação do olhar e do passo a uma nova situação. Essa é uma das funções da "transição de entrada", que pode expressar-se por uma solução espacial, por uma mudança do nível de piso, mudança de sons, de direção, de superfície, de panorama.

Ao entrar na casa, a pessoa deveria amoldar-se a um espírito mais intimista, e relaxar, liberando a tensão e o distanciamento próprios da conduta nas ruas. A entrada cria em nossa mente a transição psicológica, e nas residências que dispõem desse tipo de espaço os ambientes internos são mais preservados (ALEXANDER, 1980).

"Psicológica e biologicamente, o homem precisa usufruir um isolamento dos outros por um certo período de tempo e a entrada torna-se passagem para o refúgio" (ALEXANDER, 1980).

Os indivíduos, quando se sentam para conversar, ou para uma refeição, desejam preservar a sua intimidade. O espaço fechado da casa traz segurança, aconchego, privacidade e o átrio deve, portanto, proteger os processos fisiológicos da vida.

A localização da entrada principal controla também o traçado de todo o edifício, todo o movimento de entrada e saída e todas as ações decorrentes dele. Especialmente os momentos da chegada e da partida requerem um lugar coerente com a sua importância afetiva.

Sacudindo a poeira dos pés e dos corações

A entrada desperta a "primeira impressão", considerada decisiva. A primeira imagem que temos da casa é aquela que permanece, é a mais importante. Ela dá o "tom" do lugar: transmite de imediato uma sensação ou informação, que pode ser agradável ou desagradável – mensagem que se enuncia através da sua forma, cores, iluminação e objetos. Entrar pela porta da frente é considerado auspicioso. Se utilizamos regularmente a porta dos fundos, atravessando uma área de serviço, com roupas dependuradas, lixo e entulhos, essa é a imagem assimilada pelo nosso psiquismo.

Sugere-se atenção especial para com o objeto que fica na linha de visão da chegada, que deve ser cuidadosamente escolhido, pois é um símbolo fundamental. A entrada deve permanecer desobstruída e nunca ser utilizada como depósito. *"A visão, sons ou cheiros têm um papel poderoso na definição da nossa experiência de um ambiente. (...) A primeira impressão soma*

---

* Todos os *layouts* apresentados neste item foram baseados em desenhos desenvolvidos por alunos dos cursos de Feng Shui e Avaliação de Paisagem, ministrados pelo autor.

mais de 50% de toda a experiência de um lugar" (AGNIDEVA, 1996).

Verifique o que é visto primeiramente ao chegar à casa, qual o primeiro odor, qual o som, o que precisa ser corrigido. Entradas amplas e luminosas são associadas a sentimentos expansivos, as escuras, aos depressivos.

Caso o vestíbulo seja estreito e escuro, abrindo-se para um corredor, ou totalmente emparedado, podemos utilizar o recurso de uma pintura (cores claras ou quentes), quadros ou tapetes coloridos e vibrantes, ou um teto de luz.

Um erro comum, de acordo com esse método, é colocar um espelho diante da porta principal. O espelho deve ser utilizado somente se a informação que vem do mundo externo é indesejável, pois reflete e repele a luz tanto quanto as qualidades provenientes de um jardim ou de uma rua tranqüila e arborizada.

A porta de entrada tampouco deve abrir-se para uma janela (situação que remete o visitante novamente para fora) ou banheiro. As paredes não devem afunilar-se exteriormente, em direção à porta principal, provocando sensação de confinamento. O caminho de acesso à entrada não deve ser retilíneo, o que sugere um percurso rápido. A preferência é para caminhos sinuosos, que incentivam um trajeto tranqüilo.

Uma fonte ou espelho de água limpa, localizados na frente da casa, são elementos considerados benéficos: funcionam como barreira em relação à rua e trazem vida ao lugar através do movimento e do som da água.

Sugere-se não mais que uma única porta principal e um único portão de acesso: duas ou mais portas e/ou caminhos enfraquecem a segurança e podem criar um percurso confuso.

É hábito da tradição chinesa deixar os sapatos na entrada, sacudir logo ali a poeira dos pés e dos corações, pois acreditam que os sapatos transportam para a casa a condição, nem sempre desejável, dos ambientes e das ruas por onde passam.

A SALA
uma "ferradura" em microescala, o coração da vida social familiar

"NENHUM GRUPO SOCIAL PODE SOBREVIVER SEM QUE HAJA ENTRE SEUS MEMBROS UM CONTATO INFORMAL E CONSTANTE."
C. ALEXANDER[42]

---

[42] ALEXANDER, 1980.

A sala é considerada o ambiente mais Yang e público da casa, local do convívio e também da integração social.

O espaço da convivência é como o coração da vida familiar, e para cumprir bem a sua função deve posicionar-se no centro de gravidade da residência, ou seja, em um ponto de confluência, facilmente acessível (ALEXANDER, 1980).

Deve localizar-se de tal maneira que todos os membros da família possam espontaneamente aproximar-se dele, tangenciando essa área comum, tanto ao entrar quanto ao sair da casa. A sala nunca deve localizar-se em um extremo morto da casa, mas sim articular-se com as áreas da cozinha e refeições (atividades também sociais) e se possível com um ambiente externo, como uma varanda ou jardim.

A pessoa e a sala

Atualmente as pessoas, em sua maioria, perderam o instinto daquilo que realmente gostariam de ter à sua volta, na sala e na casa. "*Gostam as pessoas de exibir seu esplendor, não porque o queiram, mas porque carecem de originalidade e, além do exibicionismo, vêem-se perdidas quando querem inventar outra coisa*", afirma Lin Yutang. E complementa: "*o encanto de uma casa está na sua familiaridade e individualidade. Entendo que a familiaridade é mais importante que a individualidade. Porque por maior e mais pretensiosa que seja uma casa, sempre há uma sala particular que o dono prefere e na qual vive realmente, e tal sala é invariavelmente pequena e sem pretensões, desordenada e familiar e de boa temperatura*" (YUTANG, 1997).

Devemos ter a coragem de recusar os modismos e estilos, os conceitos e valores dos outros, a vontade de impressionar as visitas, e criar um espaço que seja a expressão de nossa vida, de nossas histórias e inclinações, apresentadas abertamente pelo ambiente. Para tanto, devemos possuir apenas objetos significativos, descartando-nos daqueles que não mais desejamos e que não nos dizem nada.

É fascinante entrar em um espaço como esse, onde reina uma atmosfera de familiaridade, um lugar que nasce diretamente da nossa vida, das coisas que nos importam, das coisas que nos dizem algo.

Nos países de clima frio, um ambiente mais fechado aproxima as pessoas, nos países quentes, a proximidade de um pátio ou varanda é desejável. No interior do Brasil, o hábito é receber em volta do fogão, na cozinha mesmo. No Nordeste, a conversa é no quintal ou na varanda, devido ao calor.

Cheio x vazio

O importante, além da adaptação ao meio, é criar um lugar que possa dar acolhida e hospedar a nossa alma.

"*O ideal dos interiores chineses consiste em simplicidade e espaço*" (YUTANG, 1997). Como uma pintura, a sala chinesa deve ser "vazia e viva".

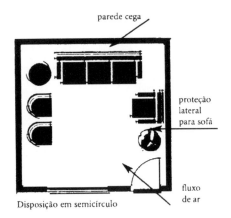

Disposição em semicírculo

A adaptação do Feng Shui ao Ocidente sugere uma atenção especial quanto ao equilíbrio entre espaço cheio e vazio, sombra e luz, embora esses conceitos possam ser explorados de acordo com a vontade pessoal.

Espaço cheio (relacionando-se ao lugar da atividade) e espaço vazio (à imaginação e ao sonho) confirmam a dupla realidade em que vive o ser humano.

A saturação espacial, comum no Ocidente, é vista como sinônimo de saturação mental e considera-se que exerce pressão sobre a relação social e familiar. As cidades estão saturadas de prédios, e os apartamentos, de móveis e adornos, o que se associa simbolicamente à estagnação da Água, à vida apegada ao passado, aos sentimentos contidos, à intolerância e à irritabilidade.

No Oriente, privilegia-se o espaço vazio como representação do silêncio, da paz, da imaginação e da criação. Um espaço mais livre é associado a mente e coração mais abertos. O excesso de vazio pode também superestimular o sonho, dificultando a capacidade de ação e realização.

O equilíbrio entre cheio e vazio torna possível o movimento, a atividade, e também a contemplação e o sonho.

A sala não deve ser nem aberta nem fechada demais. Se exposta por excesso de janelas, ou confinada pela falta, perde a condição de acolhimento.

Da difícil arte de estar sentado

Na sala, os grandes sofás representam Dragões, e as poltronas, os Tigres. Na organização do mobiliário no ambiente, repete-se o conceito utilizado no estudo da paisagem rural: Dragão e Tigre devem conformar um semicírculo (a ferradura que originalmente constitui-se de montanhas) aberto para o visitante e protegido por uma parede "cega", sem aberturas, por detrás.

"*A disposição circular (ou semi) parece relacionar-se com o fato de que as pessoas preferem estar em ângulo entre si, mais do que paralelas (frente a frente) que é uma solução mais formal, de confronto, e que às vezes constrange*" (ALEXANDER, 1980).

Além disso, essa disposição configura um "lugar".

Uma outra forma de organização de mobiliário também aconselhável é aquela que sugere a forma de um octógono, que é bastante semelhante à solução do círculo ou da ferradura.

De acordo com o pensador chinês

"O ESPAÇO SEM PAUTA EU GUARDARIA PARA OS SONHOS. AO MENOS, AQUELES QUE RECORDO, SERIAM JÁ MUITOS."
CELSO BORGES
ARQUITETO[43]

---

[43] Informação verbal.

Lin Yutang sentar-se nas cadeiras é uma verdadeira arte e há "*uma relação mais íntima do que suspeitamos entre a moral e a arquitetura de interiores: os móveis chineses foram ideados para que a gente se sentasse verticalmente, porque essa era a única postura apropriada em sociedade. Na sociedade confuciana, as damas e cavalheiros tinham de manter-se perfeitamente eretos e o menor intento de levantar uma perna seria interpretado, em seguida, como demonstração de vulgaridade*" (YUTANG, 1997).

Mas ao que parece, desde o século XIX a sociedade chinesa (e também a ocidental) já admite "*que a comodidade não é mais pecado e que quanto mais comodamente se senta um homem na sala de um amigo, tanto maior respeito lhe demonstra. Afinal, estar como na própria casa e sentir-se à vontade em casa alheia, não é mais do que ajudar o anfitrião a que seja bem sucedido na difícil arte da hospitalidade*" (YUTANG, 1997).

As pessoas possuem estaturas variadas e gostam de sentar-se de maneiras diferentes. Portanto, um outro fator de valorização da sala é a flexibilidade do mobiliário: alto, baixo, grande, pequeno, suave e duro, antigo e novo, de madeira e de metal...

A arte de sentar-se nas cadeiras é a arte da comodidade, o que fica muito bem ilustrado pelo seguinte depoimento: "*Quantas donas de casa não têm tremido ante a possibilidade de uma festa em que seus convidados não se sintam a gosto! Sempre tenho ajudado aos donos da casa, pondo uma perna sobre uma mesinha de chá ou qualquer outro objeto próximo, obrigando assim os demais a despirem-se da sua capa de falsa

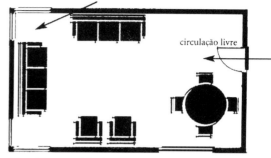

Disposição em semicírculo

dignidade" (YUTANG, 1997).

Devemos evitar aquela "sala-vitrine", impecável e toda combinada, e dotar o ambiente com a marca da atividade, do uso, da vida cotidiana – o que é diferente de desordem –, tornando-o representativo do conforto e da afetividade condizentes com o lugar do convívio e do encontro.

Referências técnicas

O conceito da "ferradura" está presente também na escolha do mobiliário: a preferência é para sofás e poltronas com encosto alto e fechado, braços e formas arredondadas, do mesmo modo que, na área rural, as montanhas de contorno suave, que abraçam e conformam um lugar, são as escolhidas.

O sofá ou a poltrona não devem localizar-se à frente de portas e janelas, situação associada à vulnerabilidade e ao desconforto. Nesse caso, um aparador junto ao encosto ou lateral do móvel pode funcionar como apoio ou obstáculo contra o meio externo, objetivando proteção. Também no caso de uma grande sala composta por vários ambientes, os sofás que não se apóiam em parede cega devem receber por detrás um aparador. Uma mesa pequena lateral funciona como suporte das poltronas isoladas.

A situação de lugares de permanência prolongada sob vigas ou luminárias pendentes deve ser evitada, devido a um possível efeito opressor.

Os cantos da sala são associados ao "confinamento das radiações" (CESARINI, 1995). A corrente de vento, entrando pela porta principal, descreve um percurso circular no ambiente, acompanhando a disposição do mobiliário e saindo por outras portas ou janelas. Os cantos ficam, assim, à margem do fluxo, razão por que são denominados "áreas mortas" ou estagnadas, devendo ser ocupados.

Caso a sala de estar e a de refeições estejam ligadas, sugere-se definir a diferença de uso, visando à privacidade de cada ambiente, por intermédio de mobiliário, cores ou altura de piso ou teto.

O gozo da sala, da lua e das flores

Na China, os conhecedores da "arte de viver" afirmam que o gozo da sala deve incluir a apreciação da lua e do céu, do vento, da sombra ou do sol, das flores. Do ponto de vista da felicidade humana, a sala é considerada um elemento importantíssimo, pois propicia o prazer da amizade, do lazer, da sociabilidade e da conversação. A companhia, portanto, é fundamental.

"*Para gozar das flores, busquemos amigos de bom coração. Para subir ao alto de uma montanha, amigos românticos. Para olhar a lua, amigos de fria filosofia. Para esperar a neve, amigas formosas. Para um festim de vinho, amigos com originalidade e encanto.(...)*

Em tão agradável ambiente estamos pois, prontos para comprazer os sentidos, os sentidos da cor, do perfume e do som" (YUTANG, 1997).

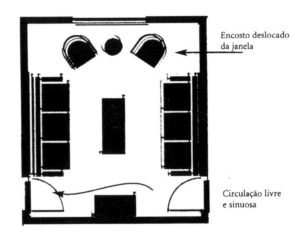

Encosto deslocado da janela

Circulação livre e sinuosa

A televisão, a melhor localização

Atualmente, e de maneira geral, a televisão domina o espaço da casa. Freqüentemente é encontrada nas salas, nos quartos e nos ambientes de estudo e trabalho.

De acordo com a teoria de que tudo "ressoa" em tudo, o ambiente em que vivemos nos atinge – por intermédio de formas, cores e sons, de acontecimentos e eventos.

Seria interessante, portanto, refletir sobre qual o tipo de mensagem que o hábito (bastante recente) de assistir à televisão leva para dentro da casa, influenciando o nosso mundo físico e psíquico.

De acordo com texto de Waldemar Setzer, professor adjunto do Instituto de Matemática e Estatística da USP, o aparelho de TV condiciona um estado especial no telespectador, por ele denominado "sonolência" (SETZER, 1985).

Nesse estado de extrema passividade física e mental (o eletroencefalograma do telespectador tem amplitude cinco vezes menor do que o de uma pessoa em atividade de leitura), o conteúdo do que está sendo transmitido é absorvido pelo subconsciente sem condições de ser criticado, o que torna o indivíduo suscetível a todo tipo de manipulação e de massificação. Somos estimulados a pensar, a agir e a falar de uma determinada maneira estereotipada, seguindo certos modismos, inserindo-nos em certos padrões.

As imagens gravadas no subconsciente, aparentemente esquecidas, poderão emergir em situações de crise, incentivando uma atuação no mundo de acordo com o condicionamento imposto.

Resumindo: abafa-se o consciente, imprime-se nele uma enorme quantidade de imagens sem que estas possam ser criticadas, condicionando-o. Os padrões condicionantes ficam associados ao medo, insegurança e desespero, ao conflito e competição, à degeneração moral, ao derrotismo e frustração, ao consumo exagerado e fútil, entre outros. Além disso, Setzer afirma que a TV aliena as pessoas, criando uma falsa imagem da realidade. Sobre o mito do seu efeito educativo e informativo, ele acredita que "*uma das tarefas primordiais da educação – em amplo sentido – é fazer com que a criança desenvolva dentro de si uma imagem correta do mundo real. Sem essa imagem, o adulto não consegue localizar-se em seu ambiente e muito menos nele atuar positivamente*" (SETZER, 1985). A capacidade de "informação" da TV é completamente ilusória, pois apresenta uma imagem distorcida da realidade. Além disso, é considerada atrofiante da imaginação e da criatividade – duas capacidades essencialmente humanas – devido à avalanche de imagens prontas e artificiais. Trata-se de uma destruição subliminar das capacidades sensoriais, dos órgãos dos sentidos físicos e da própria convivência humana pois, diante dela, cada pessoa "*encontra-se fechada em seu próprio estado hipnótico*" (SETZER, 1985).

Quanto maior a televisão, maior a fonte de radiação eletromagnética, principalmente para aqueles que permanecem a menos de três metros do aparelho e em posição frontal.

O lugar ideal para a TV seria dentro de um armário fechado, para uso eventual – ou, melhor ainda, fora da casa.

É evidente que não desejamos impor nosso sistema de valores nem impor "sacrifícios", mas sugerir, sim, que se façam escolhas inteligentes.

Por que não substituir a sala de TV por uma sala de leitura, de música, de ginástica, por uma capela ou por um ateliê?

Sala – Belo Horizonte, MG.
A disposição circular (ou semi) do mobiliário parece relacionar-se com o fato de que as pessoas preferem estar em ângulo entre si, mais do que paralelas (frente a frente) que é uma solução mais formal de confronto, e que às vezes constrange.
Arquitetura: Carlos Solano.

A COZINHA
base da saúde da casa

Considerada um lugar de especial importância, associado à nutrição e à saúde, a cozinha era, tradicionalmente, o coração de uma vida comunitária, onde membros da família se ocupavam em preparar e consumir a própria comida.

Reunia, no seu espaço, os cinco elementos primordiais: Fogo, Água, Terra (os alimentos), Metal (os utensílios), Madeira (a lenha), configurando-se como uma microrrepresentação do cosmo.

Nas casas antigas, a cozinha situava-se ao centro, próxima ao pátio ou até substituindo-o: o fogo reunia a família e aquecia os ambientes. Essa ainda é considerada a posição ideal.

"*A cozinha rural, encontrada em muitas sociedades tradicionais, parece ser aquela que tipologicamente mais valoriza esta função tão importante da vida, o preparo do alimento. As nossas cozinhas modernas são muitas vezes isoladas do resto da casa e o preparo da comida entregue aos empregados, sendo uma atividade que muitas vezes passa despercebida.*

Essa cozinha rural abrigava uma grande mesa central, onde os familiares e amigos se reuniam para comer, conversar, jogar e trabalhar próximo ao fogo, que esquenta e conforta, foco natural da conversação, dos sonhos e pensamentos. (...)

O fogo foi, sem dúvida, o primeiro

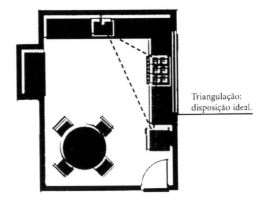

Triangulação: disposição ideal.

objeto de ilusão para o homem, símbolo de repouso, um convite ao repouso. Não existe substituto para o fogo. O fogo é quase tão fundamental quanto a água, é um pilar emocional do entorno humano, comparável às árvores, às pessoas, à casa, ao céu" (ALEXANDER, 1980).

Considera-se que o lugar e o preparo acrescentam ao alimento suas condições, "convertem-se" em alimento. Nos mosteiros budistas, somente os monges mais avançados podem manipular a comida.

Um ambiente calmo, silencioso e resguardado é o mais indicado. Por isso a cozinha não deve expor-se diretamente para a rua. Cozinhas escuras são deprimentes e a proximidade do banheiro é considerada indesejável: o ar que circula na cozinha é denominado "vivo" e o do banheiro é "estagnado e morto". Deve-se também evitar trabalhar com um armário situado acima da cabeça, com a parede ou muro à frente ou com luz

"NOSSA VIDAS NÃ ESTÃO NA MÃ DOS DEUSES MAS NA MÃ DOS NOSSO COZINHEIROS. LIN YUTANG

44 YUTANG, 1997.

> "LONGE A
> ESTRELA
> SILENCIOSA,
> SOPRO A BRASA
> SOB O POTE.
> SOZINHA TAMBÉM
> ESPERO."
> TOSHIKO ISHII[45]

artificial durante o dia, pois são experiências muito desagradáveis.

O fogão

"*O fogo é íntimo e universal. Vive em nosso coração. Vive no céu. Sobe das profundezas da substância e se oferece como um amor. Torna a descer à matéria e se oculta, latente, contido como o ódio e a vingança. Dentre todos os fenômenos, é realmente o único capaz de receber tão nitidamente as duas valorizações contrárias: o bem e o mal. Ele brilha no Paraíso, abrasa no Inferno. (...) Por isso, é um dos princípios de explicação universal*" (BACHELARD, 1994).

A determinação do lugar do fogo, da cama e da porta de entrada é um dos pontos mais importantes no projeto e na avaliação da casa.

Referências técnicas sobre o posicionamento do fogão

- que não fique confinado nem pela parede lateral, nem por armários muito baixos;
- que fique afastado, por meio de bancada ou armário, da Água (pia) e do Metal (geladeira), que não devem também localizar-se à sua frente;
- evitar a "posição de vulnerabilidade": frente para a porta (na corrente de vento) ou diante da janela, situações que favorecem a perda do calor;
- não deve estar localizado atrás ou "sob a cama" (situada no andar superior);
- evitar posicioná-lo no centro geométrico da casa. Veja, nesse capítulo, o item O centro da casa, o centro do mundo;
- é contra-indicado o alinhamento das portas do quarto e da cozinha. O fogo gera energia, mas também queima e consome;
- Fogão-ilha (afastado das paredes) é uma excelente solução, quando localizado fora do alcance das correntes de vento;
- o cozinheiro, em todas as situações, não deve dar as costas para a porta ou janela durante o seu trabalho no fogão ou na pia; deve, sim, estar voltado para um jardim, quintal ou para o interior da casa, com as costas sempre protegidas por uma parede ou armário.

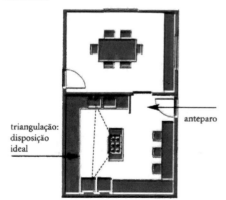

triangulação: disposição ideal

anteparo

Nas sociedades tradicionais o fogo cria em torno de si um lugar que aquece e reconforta. "*Mas nós só tomamos efetivamente consciência desse reconforto numa contemplação bastante prolongada.(...) Perto do fogo, é preciso sentar-se; é preciso repousar sem dormir; é preciso aceitar o devaneio*" (BACHELARD, 1994).

---

[45] Poema da escultora T. Ishii, em convite para exposição de cerâmicas. Galeria IAB. Belo Horizonte, outubro de 1991.

O forno de microondas, radiações e a perda da qualidade nutritiva do alimento

Anunciado como um avanço tecnológico que pode encurtar o tempo de preparo do alimento, o forno de microondas pode também encurtar o tempo de vida do homem, de acordo com pesquisas recentes.

Este aparelho surgiu durante a Segunda Guerra Mundial (1939-1945), como conseqüência do uso técnico de microondas, cujo espectro abrange desde as ondas de rádio até as ondas curtas infravermelhas, incluindo os aparelhos de rádio, a televisão, o radar, os satélites, os telefones sem fio, os fornos de microondas. *"A microonda, tecnicamente produzida, baseia-se no princípio da corrente alternada. A matéria (átomos, moléculas e células), atingida por essa radiação eletromagnética, sofre (segundo a freqüência da radiação) bilhões de oscilações por segundo. Não existe átomo, molécula ou célula de um sistema orgânico que possa resistir a tamanha força destrutiva por muito tempo. Estruturas moleculares se rompem, moléculas são transformadas em isômeros*[46] *e assumem outras qualidades"* (RICHTER, 1997a).

Segundo as pesquisas de Bernhard Blanc e Hans Hertel, apresentadas no livro *Nossa Alimentação: um assassinato perfeitamente legal* (RICHTER, 1997a), o exame de sangue de pessoas que se alimentam apenas com microondas mostra alterações: diminuição das taxas de hemoglobina e de linfócitos (células que defendem o organismo contra doenças), apresentando um quadro semelhante ao início de um processo cancerígeno.

Além disso, de acordo com os pesquisadores, todos os fornos de microondas apresentam permeabilidade à radiação, ou seja, vazam radiação e, com o tempo de uso, tornam-se mais permeáveis. Mesmo que a vedação fosse perfeita, a radiação ainda seria transmitida ao ser humano pelo alimento.

"As microondas prejudicam as funções naturais de todos os sistemas vivos. Afetam a pele exposta, os olhos e os pulmões, através da inspiração do ar irradiado" (RICHTER, 1997a).

De acordo com o professor norte-americano William Spear, pesquisas recentes realizadas nos Estados Unidos comprovam que cresce o número de "subnutridos que se alimentam fartamente". O número de casos de câncer também aumenta, desde a década de 60: em 1960, uma entre doze crianças morria de câncer; em 1990, uma entre três morre da doença, sendo que o câncer torna-se a causa principal da mortalidade infantil nos Estados Unidos (SPEAR, 1997).

Uma das possíveis causas do câncer é exatamente alimentação e ritmo de vida artificiais e insuportáveis para o corpo. Para William Spear, nos próximos anos somente irão sobreviver aqueles que souberem preservar a sua saúde, não exatamente os que tiverem acesso às "modernas" tecnologias.

Também a respeito da ação do microondas, ele sugere um experimento

---

[46] Isômero = molécula que contém as mesmas espécies e o mesmo número de átomos que outra, mas difere dessa outra na estrutura.

simples: colocar grãos de feijão em dois pratos diferentes, sob as mesmas condições. Regar o primeiro com água de torneira; o segundo, com água fervida no microondas (após resfriada). Aguarde os resultados...

O *freezer*, apagando o nosso "fogo interior"

A alimentação congelada, apesar da comodidade, *"praticamente não contém nenhum elemento vital e é repleta de todo tipo de aditivos. Esse tipo de alimentação enfraquece o sistema imunológico"* (RICHTER, 1997a).

O alimento fresco possui toda a vitalidade que as suas células obtêm da luz do sol. Através da digestão captamos essa força de vida, que se transforma na nossa própria natureza. A comodidade oferecida por qualquer máquina moderna não substitui, absolutamente, essa qualidade do alimento.

A medicina natural chinesa afirma, curiosamente, que a nossa saúde *"é inversamente proporcional ao tamanho da nossa geladeira"* (GREEN, 1998): quanto mais alimentos congelados ingerimos, pior para a saúde. A comida guardada é uma comida velha, que exige um tempo muito grande de processamento dentro do corpo, intoxicando-o e desgastando-o.

O chinês Lin Yutang afirma: *"O melhor cozinheiro do mundo não pode preparar um prato saboroso a menos que tenha coisas frescas para cozinhar. (...) É sempre melhor confiar em que a natureza e não a cultura nos há de proporcionar os melhores deleites epicúreos. Por tal motivo, quem tem sua horta ou vive no campo pode estar certo de que dispõe da melhor comida, embora não tenha o melhor cozinheiro"* (YUTANG, 1997).

Somos responsáveis pelas boas condições de funcionamento do corpo. Nosso sistema imunológico é bastante eficiente, desde que preservemos o Wei Chi – a força Yang do corpo.

A terapêutica chinesa considera que os alimentos gelados "apagam o nosso fogo interior" (cuja temperatura média é de 36º C), alteram a quantidade de calor existente no corpo, o que dificulta a assimilação do alimento.

Como seres vivos, pertencemos à categoria Yang: este princípio Yang (denominado Wei Chi) circula em torno de nós, protegendo-nos. Sendo forte, impede a manifestação dos vírus. Quando enfraquecemos, o primeiro sintoma é o resfriamento do corpo, conhecido como resfriado (GREEN, 1998).

O alimento

Os antigos não faziam distinção entre comida e remédio. *"O que é bom para o corpo é remédio e comida ao mesmo tempo. Só no século passado chegou a ciência moderna a compreender a importância da dieta na cura das enfermidades. Se os médicos modernos fossem fazer uma viagem de estudos pela China, talvez empregassem menos remédios..."* (YUTANG, 1997).

Diz um texto chinês do século VI: *"Um verdadeiro doutor descobre primeiro a causa da enfermidade, e uma vez descoberta, procura curá-la com a comida. Quando falha a comida, prescreve remédios. (...) Quem quer nutrir a sua natureza deve comer somente quando tem fome, e não encher-se de comida, e deve beber somente quando tenha sede, e não encharcar-se de bebida. Deve ficar com um pouco de fome quando está repleto, e um pouco repleto quando sente fome*" (YUTANG, 1997).

Cozinha chinesa

A medicina chinesa divide os alimentos em duas categorias básicas: Yin, que aumenta a sensação de frio, e Yang, que desperta a sensação de calor.

Além desses dois grupos, temos outros, intermediários: os alimentos denominados "mornos" (mais amenos que os quentes) e os "frescos" (mais amenos que os frios). Existem também aqueles que são considerados "neutros".

A recomendação é de que, no verão, possamos utilizar os alimentos Yin ou úmidos (o gelado nunca) e no inverno, os Yang ou quentes. Na primavera, deveríamos preferir folhas, flores e frutos, onde se concentra a força da natureza. No inverno e no outono essa força encontra-se nas raízes e sementes, tornando o seu consumo mais indicado.

Podemos também reunir na mesma refeição alimentos quentes e frios, visando ao equilíbrio da temperatura do corpo.

Alguns exemplos das cinco categorias de alimentos (MERCATELLI, 1998):
- **quentes** (Yang): gengibre, pimentão, pimenta, alho;
- **mornos**: castanha, ameixa, azeitona, vinagre, espinafre, abóbora, ovos, cebolinha;
- **frios** (Yin): pêra, melancia, cana-de-açúcar, moyashi (broto de feijão), tofu, leite, broto de bambu, pepino, alga;
- **frescos**: mel, glúten, caqui e frutas em geral;
- **neutros**: nabo, cenoura, milho, cogumelo e feijão azuki.

A medicina chinesa considera que somos um espelho do mundo vegetal e por isso a "assinatura da planta" (ou a sua forma) foi investigada, relacionando-a com o funcionamento dos órgãos: descobriu-se que as folhas (órgão de respiração da planta) atuam sobre os pulmões; as raízes (órgão de absorção) atuam sobre os intestinos; o feijão, pela forma, associa-se aos rins e assim por diante. Esse sistema de pensamento apresenta soluções interessantes, econômicas e sem efeitos colaterais para cura e prevenção de doenças.

Dieta moderna

Pesquisas recentes apresentadas pelo Instituto Nacional do Câncer (FRANÇA, 1998) indicam que 35% dos casos da doença devem-se a dietas incorretas, baseadas em alimentação gordurosa, pobre em fibras vegetais e vitaminas.

De acordo com o mesmo instituto, os riscos de contrair câncer podem ser reduzidos, tomando-se as seguintes precauções:
- usando alimentos de origem vegetal como frutas, verduras e legumes frescos, cereais (arroz, trigo, aveia), leguminosas (feijão, ervilha, lentilha, grão de bico); pães e massas podem também entrar nesta dieta;
- limitando a ingestão de alimentos de origem animal, especialmente os ricos em gordura saturada (como o leite) e as carnes vermelhas;
- preferindo alimentos crus, cozidos ou

Sumiê - desenho Marília Paletta

assados, aos fritos e grelhados;
- limitando o uso das bebidas alcoólicas, pois fica comprovada a relação do câncer de boca, faringe, laringe, estômago e fígado com o uso regular do álcool;
- mantendo o peso adequado.

Um outro dado interessante com relação à saúde, fornecido pelos cientistas, é o de que 30% de todas as mortes por câncer devem-se à dependência da nicotina.

É, portanto, imprescindível algum conhecimento sobre a categoria dos alimentos, não para criar mais um sistema de dogmas e crenças, mas para ajudar na recuperação da sensibilidade à vontade sincera do corpo.

Alimentos transgênicos, preocupação mundial

Ambientalistas e profissionais da área de saúde manifestam preocupação com as plantas geneticamente modificadas, denominadas "transgênicos", principalmente no presente momento, quando a Comissão Técnica Nacional de Biossegurança (CNTBio) planeja liberar o plantio comercial da soja *Round up Ready* desenvolvida pela empresa norte-americana Monsanto[47].

O argumento utilizado a favor desse tipo de alimento é o de que o País precisa se "modernizar", elevando a produtividade e a competitividade agrícola, devido à grande redução dos custos. O surgimento dos transgênicos é então comparado à terceira revolução industrial.

Mas o tema gera polêmica, devido à questão da responsabilidade social.

"*O mundo científico vê o assunto com reserva, haja vista o conhecido estudo da Universidade Cornell, publicado na revista* Nature *mostrando que a maior parte das borboletas alimentadas com pólen de milho transgênico morreu ou ficou atrofiada. Daí, indaga-se: não irão os transgênicos afetar a cadeia biológica do ecossistema? Que perigo correm outras espécies, como os microorganismos? Não ficará comprometido o desenvolvimento sustentável?*", diz Augusto Drummond, presidente do Conselho Regional de Engenharia e Arquitetura de Minas Gerais (DRUMMOND, 1999).

Os seguintes depoimentos, de quem entende do assunto, demonstram que existem possibilidades reais de riscos para a saúde e a sobrevivência do homem:

"*A segurança da população para o consumo dos transgênicos é apenas relativa, pois os testes desenvolvidos até agora consideraram apenas os aspectos culturais do produto*", afirma Glaci Zancan, doutoranda em Bioquímica pela UFRS e presidente da Sociedade Brasileira para o Progresso da Ciência – SBPC (PAIVA, 1999).

"*Nada indica que um alimento transgênico possa ser consumido sem perigo para a vida do homem*", diz Arpad Puzttai, cientista britânico (PAIVA, 1999).

"*Este estudo precisa de mais tempo.(...) Nesse primeiro momento os profissionais da área (de nutrição) não trabalharão com esses*

---

[47] *Vértice*, informativo do CREA – MG, n° 45, jul. 1999.

alimentos e orientarão o consumidor para não incluir na dieta esse tipo de alimentação", afirma Jussara Passos, presidente da Associação Mineira de Nutrição, que ainda questiona o risco de haver doenças que não apareçam nesta geração, mas nas futuras[48].

"*A manipulação biotecnológica das formas de vida poderá ser devastadora se providências inadiáveis de controle não forem tomadas*" é a opinião de Manuel Castells, sociólogo catalão, autor de *A Era da Informação* (PAIVA, 1999).

"*O mais grave é que neste País, em que os PhDs treinados nos States deixam correr tudo sob o controle das multinacionais, a liberação do plantio de soja transgênica passou por uma Comissão Técnica de Biossegurança (CNTBio) que não dispõe de toxicologista, nutricionista e epidemiologista, segundo denunciou a SBPC*", escreve o jornalista Dídimo Paiva (PAIVA, 1999).

É lamentável que ainda não se tenha uma verdadeira visão da pós-modernidade, pois ninguém realmente sabe o que pode acontecer a partir do uso e plantio indiscriminado do transgênico. Uma das maiores preocupações, além dos efeitos sobre a saúde, é o cruzamento dessas plantas com espécies nativas (possibilidade considerada pequena pela multinacional Monsanto) e o impacto ambiental que isso pode provocar.

Estima-se que dois bilhões de pessoas em todo o mundo estejam utilizando a soja transgênica diretamente ou através de derivados (sucrilhos, chocolates, pães, biscoitos). No momento, o governo do Estado de Minas Gerais pesquisa milho modificado, e desenvolve trabalho com tomate e alface visando torná-los resistentes aos vírus[49].

É importante relembrar aqui as palavras do professor William Spear, afirmando que nos próximos anos somente irão sobreviver aqueles que souberem preservar a sua saúde, não exatamente os que tiverem acesso às "modernas" tecnologias (SPEAR, 1997).

A alimentação inadequada é considerada uma das principais causas da doença e do envelhecimento precoce. O alimento alterado e empobrecido – pelo congelamento, pelo uso do forno de microondas, pela manipulação genética, pelos solos exauridos, pelo corte antecipado – contribui para uma constante deficiência de componentes minerais no corpo. De acordo com o engenheiro agrônomo Hiroshi, este tipo de alimento é denominado "oco" e gera a "fome oculta": não supre as lacunas nutricionais (HIROSHI, 1999).

Como, então, podemos nos alimentar verdadeiramente e viver com saúde nos anos vindouros? De acordo com Hiroshi:
● preferindo alimentos de cultivo orgânico, ou então os rústicos, como inhame, cará, mandioca, escarola, rúcula, taioba, mamão, ovos e frango caipira, evitando-se os mais comercializados e, portanto, passíveis de manipulação como a soja (e derivados), a batata, a alface e o tomate (que recebe em média cinqüenta pulverizações de agrotóxico

---

[48] Transgênicos, preocupação ambiental. *Vértice*, informativo do CREA – MG, nº 45, jul. 1999, p. 8.
[49] Idem.

antes de chegar à mesa);
- por meio da variação alimentar. Existem em torno de trezentas mil espécies de plantas catalogadas, e destas, três mil são comestíveis. Cada vegetal extrai do solo diferentes minerais que, compondo uma dieta variada, podem atender à necessidade fisiológica;
- incluindo na dieta frutas e verduras cruas, mantendo-as inteiras até o momento da refeição. O corte antecipado libera o oxigênio, fundamental para o controle das bactérias anaeróbias, responsáveis pela fermentação intestinal e por inúmeros desequilíbrios orgânicos. Quando o alimento é cortado durante a refeição o oxigênio é liberado no intestino, cumprindo a sua função. Hiroshi considera também que 70% das doenças relacionam-se com as condições do trato intestinal;
- utilizando um complemento alimentar. Existe atualmente no mercado um produto denominado *Skrill*, elaborado a partir da água do mar. Trata-se de um regenerador do sistema vascular e celular que diminui a hipertensão, melhora o funcionamento do aparelho digestivo e elimina toxinas. Através do seu uso regular as células podem obter os minerais necessários ao seu bom funcionamento. Outra opção são os sais minerais e vitaminas naturais da Nature Sunshine. Ver item Endereços Úteis, sobre como obtê-los;
- praticando a lavagem intestinal, que apesar de não ser muito utilizada na nossa cultura, é fundamental para a manutenção da saúde, pois elimina antigos resíduos alimentares intoxicantes que, quando excessivos, chegam a dilatar e obstruir as paredes intestinais;
- adotando a Terapia Real. Estes dois últimos itens são detalhados no livro de Hiroshi, *Cura-te a ti mesmo*. Ver item Bibliografia ao final do livro.

Outras informações
Sobre as panelas: a de pedra é produzida a partir da dolomita, que contém magnésio. Seu uso libera no alimento frações desse mineral, uma das ausências mais graves nos solos atuais, cuja carência no corpo associa-se a problemas cardíacos. O mesmo acontece com relação às panelas de ferro, elemento cuja presença na comida é desejável, pois combate a anemia. Já o alumínio é um elemento tóxico, que deve ser evitado.

Sobre os quatro grupos de alimentos, em ordem decrescente de qualidade

1. **biogênicos** (germes e brotos de cereais e leguminosas): "criam vida", reforçam a vitalidade de nossas células e permitem a sua regeneração constante;

2. **bioativos** (frutas, ervas, hortaliças, cereais e castanhas): "ativam a vida", promovem a saúde e o bem-estar orgânico em qualquer idade;

3. **bioestáticos** (estocados, congelados): "diminuem a vida", promovem o envelhecimento das células, deixando de fornecer substâncias adequadas à regeneração do corpo. Aqui, o potencial do alimento encontra-se reduzido pelo tempo de estocagem e congelamento;

4. **biocídios** (refinados, manipulados): "destroem a vida", envenenam as células do corpo. São alimentos "mortos", pois a sua energia foi destruída por processos físicos e químicos de manipulação. Em contrapartida, os produtos integrais, cuja composição de proteínas e vitaminas permanece inalterada, desempenham um papel fundamental na nutrição.

Sobre a atuação de cinco alimentos especialmente problemáticos:

1. açúcar branco: interfere no funcionamento do sistema imunológico, desgasta as reservas de cálcio do organismo, estimula estados depressivos e gera cansaço físico;

2. sal refinado: provoca retenção de água nas células e no sangue e, conseqüentemente, sobrecarga circulatória, doenças cardíacas e renais, celulite, excesso de peso. O sal marinho (não refinado) alcaliniza o sangue, aumentando a capacidade imunológica do organismo;

3. carne: provoca putrefação no intestino, perda de cálcio, depósitos de gordura nas articulações e artérias, intoxicação do corpo pelos hormônios, antibióticos e pesticidas absorvidos pelo gado. Seu uso, se necessário, deve ser controlado;

4. leite: pela quantidade de gorduras que contém, deveria ser ingerido eventualmente, preferindo-se o desnatado e os queijos magros;

5. gorduras aquecidas: liberam, durante o aquecimento, substâncias nocivas e até cancerígenas.

Sobre o regime alimentar, que deve ter características pessoais, variando em função do biotipo e da atividade desenvolvida, existem algumas sugestões genéricas:

1. manhã (período da eliminação orgânica): priorizar as frutas e líquidos;

2. tarde (período do consumo): alimentação consistente;

3. noite (período da assimilação): alimentação leve, sopas.

Essas e outras informações são apresentadas com simplicidade e clareza no livro *Você sabe se alimentar?* (SOLEIL, 1992);

4. cada fase da vida exige também uma alimentação diferenciada, pois as necessidades da criança não são as mesmas da pessoa adulta, nem do idoso. Esse item é desenvolvido com detalhes no livro *Novos caminhos da alimentação*, volume 3, (BURKHARD, 1984);

5. finalmente, sobre a relação entre alimentação e comportamento:
"*Há uma relação muito mais estreita do que pensamos entre alimentação e temperamento. Todos os animais herbívoros são pacíficos de caráter (...); todos os animais carnívoros são brigadores. (...) Vejo ao mesmo tempo animais herbívoros e carnívoros na atual geração de homens: os que tem temperamento amável e os que não o têm. (...) A verdadeira solução para a humanidade consiste na multiplicação do homo sapiens herbívoro em maior proporção do que a variedade carnívora*" (YUTANG, 1997).

Sumiê - desenho Marília Paletta

"TORNEI-ME VEGETARIANO QUANDO MEU FILHO NASCEU HÁ QUATRO ANOS. (...) ME DEI CONTA DE QUE ERA ESTRANHO CUIDAR DA PROTEÇÃO DE MEU FILHO E COMER OS FILHOS DOS OUTROS."
PHILIPPE STARCK
ARQUITETO[50]

---

[50] STARCK, P. in EICHENBERG, 2000.

Ética e alimentação

Atualmente, o uso da carne nos confronta com uma questão ética importante, que é a criação, reprodução e abate de animais em escala comercial, pois "*na indústria da carne, (os animais) vivem em pequenos compartimentos, e a maioria nem vê a luz do dia. Defecam uns sobre os outros, pois vivem em pequenas caixas empilhadas. São alimentados por esteróides e antibióticos – substâncias que não constituem exatamente uma comida saudável. Quando levados para o matadouro, são abatidos com violência. Ao comê-los, além de ingerirmos os venenos presentes nos seus corpos, tornamo-nos cúmplices da sua terrível condição*" (MARCINIAK, 1996).

Além disso, são sacrificados para vestuário, experimentos ou divertimento. Mais de 800 milhões de animais são utilizados anualmente na medicina devido à crença de uma necessidade incondicional de seu abate para experiências. De acordo com o Dr. Bernhard Rambeck, Alemanha, essa crença baseia-se em mitos, não em fatos. "*O sistema de experiências com animais pertence – assim como a tecnologia genética ou o uso da energia atômica – a um sistema de pesquisas e exploração que despreza a vida. Com ele cavamos uma sepultura para a ecosfera e para nós mesmos*" (RICHTER, 1997). O Mestre Leonardo da Vinci já afirmou no passado: "*Virá o dia em que a matança de um animal será considerada crime tanto quanto o assassinato de um homem*" (RICHTER, 1997).

Conclusão

Não devemos nos deprimir por certas condições ainda presentes na nossa cultura atual, mas apenas fazer o que é possível, no âmbito pessoal, para contrabalançá-las. É disso que trata o Feng Shui: não apenas dispor móveis em diferentes lugares, mas adotar uma postura consciente nos vários aspectos da vida e diante do mundo.

Para finalizar, é importante lembrar que se considera também "alimento" o magnetismo da Terra (absorvido pela sola dos pés e pela base da coluna em contato com o meio natural) e do Céu (a energia do sol, dos climas, dos astros e estrelas), o ar, a água, bem como as imagens, emoções, sentimentos e pensamentos presentes no ambiente que nos rodeia.

A SALA DE REFEIÇÕES

o lugar da integração social

"NENHUM GRUPO HUMANO SE MANTÉM UNIDO SEM COMER EM CONJUNTO."
C. ALEXANDER[51]

Segundo Thomas Merton, "*nos tempos modernos, temos perdido de vista que até os atos mais comuns da vida cotidiana estão imbuídos, por sua própria natureza, de um profundo significado espiritual. Em certo sentido, a mesa é o centro da vida familiar e a expressão desta vida*" (ALEXANDER, 1980).

---

[51] ALEXANDER, 1980.

Um dos anseios mais ancestrais do homem é, segundo Confúcio, a boa comida, a caça que nos tempos primitivos era difícil de ser obtida e portanto supervalorizada. Compartilhar o mesmo alimento ainda guarda para o nosso inconsciente essa mensagem de compartilhar algo que é essencial.

Para os antigos, o alimento relaciona-se à integração social e comer junto adquire uma grande importância, é símbolo de amizade. Quando as pessoas reúnem-se na mesma mesa, aproximam-se também em espírito.

O convívio (do latim *convivium* = "compartir a vida") ainda hoje acontece em torno de uma mesa e depende essencialmente do ato de comer e beber em conjunto (como nas celebrações ocidentais de Natal, Ano Novo, Dia das Mães, dos Pais, Páscoa, aniversários, batizados e outras).

A sala de refeições deve, então, receber uma mesa capaz de incluir todo o grupo familiar e ainda os amigos.

No estudo do Feng Shui a mesa de refeição traduz imagens que organizam o mundo psíquico do homem por intermédio da sua forma e pelo lugar onde as pessoas estão colocadas. Acredita-se quando uma mesma situação é repetida ao longo dos anos, influencia psicologicamente os indivíduos.

As mesas retangulares representam a Terra e uma relação mais hierárquica entre as pessoas. Sugerem formalidade, distanciamento entre o casal (quando posicionado nas cabeceiras) e confronto entre os filhos (quando assentados frente a frente).

As mesas circulares representam o Céu e associam-se às relações de igualdade. São as mais apreciadas para o uso diário, por acreditar-se que estimulam a integração, colocando todo o grupo familiar voltado para um mesmo ponto (o centro do círculo), um objetivo comum.

A mesa octogonal, símbolo do encontro entre a Terra e o Céu, é considerada melhor que a retangular, embora não tenha o mesmo valor da redonda.

Caso a sala de refeições seja aberta para a cozinha, recomenda-se separar distintamente os ambientes (através de desníveis do piso, mobiliário ou vegetação), assegurando privacidade tanto para a área do preparo do alimento quanto para o lugar das refeições. Nesse caso, não é recomendado utilizar a mesa como elemento divisor de ambientes, pois assim falta-lhe o resguardo necessário. Pelas mesmas razões, ela não deve localizar-se diretamente à frente da porta e muito menos diante de um banheiro.

Sugere-se, também, não fazer as refeições de frente para a parede (o que é muito comum no caso das bancadas, em apartamentos). Caso não seja possível evitar, um quadro ou uma gravura podem minimizar o efeito opressor criado pelo muro.

Os visitantes (representados pela sala de estar) não devem ficar em piso mais elevado do que os residentes (ou a sala de refeições) – a qual, pelas suas características e importância, não deve situar-se em nível abaixo da cozinha e áreas de serviços.

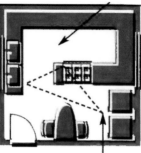

Visão da entrada

Triangulação: disposição ideal

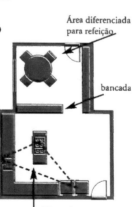

Área diferenciada para refeição

bancada

Triangulação: disposição ideal

O MÉTODO DA FORMA

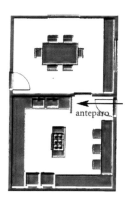

Separação entre preparo e refeição

Ambiência ideal

Qual seria o ambiente ideal para as refeições? Tranqüilo, com conversas amenas. Considera-se que recebemos, continuamente, o impacto físico e psicológico do ambiente, assimilando essas informações através de todos os sentidos. Alimentar-se diante da televisão, da leitura do jornal, durante uma discussão ou reunião de negócios é tido como extremamente prejudicial.

Como seria o lugar ideal para se fazer uma refeição? Ao ar livre. Nos apartamentos isso é praticamente impossível. Mas tratando-se de uma casa é viável ter uma mesa opcional no jardim, quintal ou varanda. Ar livre significa melhor oxigenação do sangue e, portanto, melhor absorção do alimento e melhor saúde. O ar livre que circula em um quintal ou jardim cheio de plantas também nos alimenta.

O preparo da comida e a refeição não devem ser realizados mecanicamente, pois são funções fundamentais que suprem simultaneamente muitos níveis e necessidades do homem.

O QUARTO
a preservação absoluta da intimidade

"ESTAR
DEITADO
É UMA ARTE
E UM DOS
MAIORES
PRAZERES
DA VIDA."
LIN YUTANG[52]

O quarto de dormir, a parte mais íntima da casa, deve ser também a mais protegida, preservada como um espaço individual, pois ninguém suporta a proximidade dos demais, quando não tem a oportunidade de ficar só (ALEXANDER, 1980). Não deve estar localizado sobre, ou ao lado das chamadas "áreas mortas" – tais como depósitos, garagens, poços e porões – nem abrir-se diretamente para a copa, a cozinha, o banheiro, ou para escadas internas, por acreditar-se no intercâmbio indesejável entre esses ambientes.

As referências do Lugar Ideal, na paisagem rural, podem ser aplicadas na composição do mobiliário do quarto: a cama apóia-se em uma parede cega, sem aberturas (a Tartaruga); do lado esquerdo um móvel mais alto, um armário (o Dragão); do lado direito, um móvel mais baixo, uma mesa-de-cabeceira (o Tigre); aos pés da cama, uma área livre (o Pássaro Vermelho); no centro, no vale ideal e protegido, a cama.

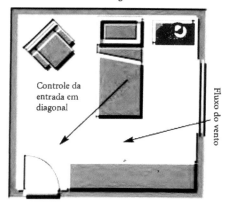

[52] YUTANG, 1997.

Um ambiente com poucos móveis e objetos sugere tranqüilidade, e as cores suaves são associadas ao descanso.

"Qual o significado de deitar-se na cama, física e espiritualmente?", pergunta o chinês Lin Yutang.

"Fisicamente, significa isolar-se, fechar-se para o mundo exterior, quando se assume a postura física mais indicada para o descanso, a paz e a contemplação." Espiritualmente, ele acredita que se essa "arte de estar deitado" for adequadamente cultivada, deve resultar em uma espécie de limpeza mental. *"Somente quando estão livres os dedos dos pés, se acha livre a cabeça, e somente quando está livre a cabeça é possível pensar de verdade. Nessa cômoda posição, podem-se examinar os acertos e erros do dia anterior e discriminar o importante do trivial no programa do dia que vai começar. (...)*

O que realmente ocorre no leito é o seguinte: quando se está deitado, os músculos descansam, a circulação se torna mais suave e mais regular, a respiração mais tranqüila e todos os nervos óticos, auditivos e vasomotores se acham mais ou menos em descanso completo, produzindo uma quietude física mais ou menos total, e com isso é mais absoluta a concentração mental, seja sobre as idéias seja sobre as sensações." Para Yutang, *"toda boa música deve ser ouvida do leito"* (YUTANG, 1997).

A cama

O oriental faz considerações difíceis de serem assimiladas pelo homem do Ocidente, devido à sutileza dos elementos que não fazem parte do seu imaginário.

Pela medicina chinesa, o funcionamento do sistema bioenergético do corpo torna-se, durante a noite, mais vulnerável do que no estado de vigília. Órgãos especiais desse sistema dilatam-se, estabelecendo uma troca profunda com o meio externo, visando à regeneração do corpo. Durante o dia temos maiores condições de suportar interferências externas, pois o princípio Yang nos envolve. Quando adormecemos o corpo é permeado pela polaridade Yin, passiva e receptiva. Por isso o posicionamento da cama e a sua proximidade de elementos especiais como armários, espelhos, vigas, paredes, correntes de vento, banheiros e depósitos são avaliados tão cuidadosamente.

Sugere-se apoiar a cama contra a parede oposta à porta, porém fora do campo de visão da entrada. Esse lugar é considerado a "posição do poder ou do controle", favorece o domínio do ambiente e o descanso, desde que com a proteção de uma parede cega (sem aberturas) por detrás.

Diante da porta, a cama torna-se devassada e vulnerável e caso não seja possível uma mudança de posição, deve-se criar um vestíbulo (um Ming Tang), dispondo ali um anteparo, um móvel ou vaso de planta, que funcione como elemento protetor da intimidade, porém sem obstruir a passagem. Caso essa solução ainda não seja possível, devemos pelo menos retirar a cama da visão da entrada.

Pela medicina chinesa através do topo da cabeça recebemos estímulos e informações. Por isso, a parte mais

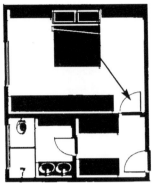

Controle da entrada em diagonal

cortina contra ofuscamento

Guarda-roupa entre quarto e banheiro

Vaso sanitário fora da visão principal de entrada.

importante da cama é a cabeceira. Acredita-se que muitos objetos (ou ainda janelas) por detrás da cabeça dificultam a renovação da mente, provocando cansaço generalizado.

Quarto (Belo Horizonte, MG)
Sugere-se apoiar a cama contra a parede oposta à porta, porém fora do campo de visão da entrada. O quarto de dormir, a parte mais íntima da casa, deve ser também a mais protegida. Arquitetura de interiores: Carlos Solano

Não deveríamos também dispor objetos sob a cama, mas deixar espaço livre para a circulação do ar. Se utilizado como depósito, esse lugar torna-se inativo e suas propriedades são absorvidas pelo corpo durante o sono.

Outra indicação importante é de que apoiar a cama lateralmente contra a parede restringe a esfera de ação do indivíduo. A cama deve separar-se da parede por um móvel baixo.

Camas de madeira são preferíveis às metálicas, consideradas frias e condutoras de eletricidade.

O corpo e a cama não devem interceptar o fluxo do vento por localizarem-se à frente ou entre portas e janelas. Nesse caso, deve-se criar uma barreira ao vento por intermédio de um elemento de separação entre a cama e os vãos de abertura, como uma peça de mobiliário. O quarto deve possuir apenas uma porta de acesso, evitando-se a circulação excessiva de vento e de pessoas.

A luminosidade proveniente de uma clarabóia ou teto de luz é considerada excessivamente estimulante e pode dificultar o sono. Sugere-se também evitar que a cama seja posicionada sob vigamento aparente, o que pode provocar uma sensação de peso e opressão. Essa sensação é mais do que psicológica: acredita-se que pode chegar a ser percebida fisicamente. A correção, no caso, é utilizar teto falso de gesso ou madeira, eliminando-se visualmente o peso das vigas.

Sugere-se evitar que armários grandes e pesados confinem a cama, que não deve ser embutida (leia-se "sufocada") nem apoiar-se contra (leia-se "oprimida por") armário ou estante.

Para o ocidental, dormir no chão não é recomendável: os pisos de concreto são frios e há fluxo de vento por debaixo da porta. A solução japonesa já é diferente, pois as casas são inteiramente de madeira, suspensas, e existe um colchão de ar entre o tatame (o colchão) e o piso. Esses recursos isolam a friagem e a umidade, sendo que as portas de correr também não permitem a passagem de vento.

O beliche é considerado um lugar claustrofóbico, que impõe uma proximidade excessiva e incômoda entre as pessoas.

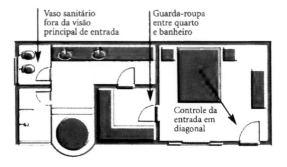

O quarto do casal

No caso de suítes, o quarto deve estar separado do banheiro (cuja porta deve permanecer sempre fechada) por um outro cômodo: um vestíbulo, uma ante-sala, ou um guarda roupa. Como lugar de descanso, o quarto deve ficar isolado de movimento, ruídos e odores provenientes do banheiro.

Recomenda-se manter espaço livre em ambos os lados da cama do casal. Apoiar uma das suas laterais contra a parede representa uma situação de "confinamento" para um dos cônjuges e, simbolicamente, um "relacionamento unilateral".

Máquinas

A televisão, o computador e o aparelho de som devem ficar de preferência em outro aposento, liberando totalmente o quarto de influências eletromagnéticas. É importante também observar o que existe do outro lado da parede da cabeceira, pois o campo de força das máquinas atravessa paredes (BUENO, 1995).

O telefone celular não deve permanecer ligado próximo à cama e muito menos ser transportado junto ao corpo, pois pesquisas recentes nos Estados Unidos associam enfermidades graves à sua proximidade física constante (SPEAR, 1997).

Tanto o radiorrelógio quanto o aquecedor de ambiente, se muito próximos da cama, podem interferir no processo do sono. Cobertores elétricos (pela mesma razão) ou colchões d'água (muito instáveis) são também contra-indicados. O telefone comum não apresenta problemas (BUENO, 1995).

No quarto, a rede elétrica deve contornar as paredes, sem atravessar a cama e nem passar junto à cabeceira.

Panorama

Vistas expansivas (Yang) são indicadas para salas de convívio (também para quartos de hotel ou de casa de campo, cuja permanência não é prolongada), mas são desaconselháveis para o dormitório.

A vista de uma ampla paisagem é considerada por demais estimulante, tornando-se incompatível com o caráter de tranqüilidade e recolhimento exigido para o quarto. Aberturas menores também ajudam a criar um espaço mais intimista.

Espelho

O espelho é sinônimo de expansão visual (Yang), contrapondo-se ao caráter introspectivo (Yin) do dormitório. O seu lugar ideal, no quarto, é dentro de um armário. Nas demais situações deve ser pequeno e não refletir a luz sobre a cama. Luz é energia e vibração que, quando excessiva e direcionada, interfere no sono.

O espelho não deve localizar-se diante de portas e janelas, evitando-se dessa forma uma "corrente de luz" que, para os mais sensíveis, pode ser perceptível e incômoda. A exceção é o caso do quarto que, posicionado no fim do corredor, utiliza essa solução como elemento de preservação da intimidade, refletindo um fluxo direto e indesejável.

Crianças, adolescentes e idosos
As crianças necessitam de um espaço que lhes pertença exclusivamente, para que possam liberar sua tremenda energia, sem interferir na vida dos adultos. O quarto pode transformar-se nesse território particular.

Os adolescentes necessitam de independência. O início da fase adulta pode ser marcado pela mudança para um novo quarto, se possível com entrada externa própria, mais afastado do núcleo íntimo familiar.

Os avós ou os idosos também necessitam equilibrar o contato com os familiares com o seu ritmo de vida próprio. Os apartamentos independentes, porém conectados à residência, tornam-se a melhor solução (ALEXANDER, 1980).

O sono
Somos criaturas de ritmos e ciclos que, quando desajustados, promovem perturbações em nosso funcionamento fisiológico e emocional.

O ciclo do sol governa a nossa fisiologia e o processo do sono não é desvinculado deste ciclo. "*O corpo alcança sua atividade metabólica mínima no centro da noite, aproximadamente entre 0:00 e 2:00 horas da manhã. O sono mais reparador é exatamente aquele que coincide com a atividade metabólica mínima e, portanto, com o ciclo do sol*" (ALEXANDER, 1980).

Para que possa receber o tônus estimulante do sol da manhã, a orientação indicada para os quartos é o Leste. A falta do sol é associada à falta de ânimo e a estados depressivos.

O estudo no quarto
O ideal, para o descanso, é não ter elementos de trabalho dentro do quarto. Mas, muitas vezes, isso não é possível. Sugere-se, então, conciliar as duas atividades (trabalho e sono), definindo-se as duas áreas. O recurso adotado é a utilização de uma divisória, estante ou aparador, separando os dois ambientes.

Formas arquitetônicas especiais
Quarto em forma de "L" deve receber a cama no braço mais largo, mais espaçoso, o que simboliza "estar em controle". As duas partes do "L" podem, ainda, ser separadas por mobiliário, definindo-se claramente dois setores e talvez duas funções.

Ambientes muito grandes podem ser divididos em subáreas, tais como vestíbulo, guarda roupa, local de estudo e dormitório, garantindo para o último um certo recolhimento.

Teto
A relação da pessoa com o teto, no quarto, é direta, por isso a cor é aí considerada muito importante.

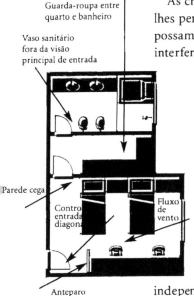

Teto alto pode evocar sentimentos de solidão e isolamento, e a solução é pintá-lo com uma cor escura. Quando baixo pode produzir impressão de confinamento, que é atenuada com uma cor clara.

É preferível que o teto, no quarto, seja plano. Quando inclinado, a cama não deve ser localizada no seu ponto mais baixo, que exerce sensação de maior opressão.

Outros objetos

A criação de um ambiente rico e vivo resulta de uma reunião de objetos que, pela força de sua memória, refletem experiências e figuram como símbolos das lendas pessoais. Povoar o quarto com tais objetos é criar um "lugar" único e pessoal.

Os taoístas não consideram respeitoso montar um altar dentro do quarto, lugar da expressão sexual e afetiva de um casal. Não só desrespeitoso: o altar (Yin) é incompatível com as imagens da vida sexual e afetiva (Yang).

Plantas (emissão de CO_2) e aquário (movimento contínuo) também são evitados no quarto.

Se a casa é considerada um lugar de retiro, um lugar sagrado ou um lugar de descanso, o quarto, mais do que qualquer outro espaço, deve ser o relicário onde a calma, o vazio e o silêncio transformam-se em poder e regeneração.

> "O QUARTO COMUM PODE SE CONVERTER NUM LUGAR. (...) SEU QUARTO (...) NÃO ERA ABSOLUTAMENTE BELO, POIS ESTAVA CHEIO DE COISAS QUE NÃO PODIAM SERVIR PARA NADA. MAS É JUSTAMENTE DELAS QUE TIRAVA TODO O SEU ENCANTO."
> PROUST[53]

O escritório
concentração (mental) x expansão (visual)

O escritório em casa, recomendações especiais

A tendência atual de trabalhar na própria casa traz várias vantagens, como a redução de gastos, redução da circulação de automóveis na cidade (também uma boa medida ecológica) e, na maioria das vezes, redução do índice do *stress* pessoal.

Especialmente na terceira idade, o espaço de trabalho em casa torna-se importante, garantindo realização, independência e contrapondo-se ao vazio e à solidão.

> "O HOMEM CULTO, OU O HOMEM EDUCADO IDEAL, NÃO É NECESSARIAMENTE O HOMEM QUE LEU OU QUE APRENDEU MUITO (...).
> SABER O QUE SE DEVE AMAR E O QUE SE DEVE ODIAR É TER BOM GOSTO NO CONHECIMENTO".
> LIN YUTANG[54]
>
> "A ERUDIÇÃO, QUE CONSISTE NA MEMÓRIA DE FATOS, NÃO QUALIFICA NINGUÉM PARA MESTRE".
> CONFÚCIO[55]

---

[53] Proust in PEIXOTO, 1996.

[54] YUTANG, 1997.

[55] Confúcio in YUTANG, 1997.

pois a primeira impressão do visitante é considerada decisiva, e nem localizar-se próximo a ela;
- abrir-se diretamente para a porta de um outro aposento – principalmente quartos (o que torna vulnerável o ambiente);
- estar situado no fim de corredores ou à frente de escadas pois, assim, estabeleceria com o restante da casa uma comunicação indesejável;
- abrir-se para as salas de estar e refeições, pelos mesmos motivos acima citados;
- alinhar-se (seja no sentido vertical, em outro pavimento, ou horizontal, por "parede meia"), com a cama ou fogão – situação que sempre se deve procurar evitar;
- possuir localização central. O centro da casa é de um simbolismo especial. Refere-se à "energia potencial interna"[57] do lugar, concentra as informações provenientes do meio externo, funcionando também como um "centro de distribuição". O banheiro, em contraposição, é o sorvedouro da casa. Contudo, esse seu caráter pode ser compensado levando-se para o ambiente elementos que têm ou tiveram vida: plantas, terra, pedras, troncos, conchas, aquário e peixes.

Outras recomendações:
- o ideal é distanciar o vaso sanitário da vista da entrada do banheiro, talvez isolando-o por parede ou *box* exclusivo. Assim o efeito sorvedouro seria reduzido;
- o banheiro deve abrir-se para um pequeno vestíbulo, que então se conectaria com a casa;
- as janelas devem ser abertas diretamente para as áreas externas, facilitando a circulação do ar. Nos banheiros abafados e escuros, recomenda-se, além de um sistema de ventilação mecânico, uma boa iluminação artificial, grandes espelhos (em paredes opostas) e cores claras e brilhantes;
- acredita-se que problemas crônicos na rede hidráulica dos banheiros podem afetar a saúde dos moradores da casa, já que os dejetos permanecem no ambiente, "intoxicando-o";
- o espelho do banheiro não deve estar trincado nem manchado. A imagem que guardamos de nós mesmos é aquela que vemos refletida;
- excesso de banheiros é associado ao excesso de polaridade Yin. Corresponde a uma grande área que "despeja e desafoga" ininterruptamente, enfraquecendo o lugar. Recomenda-se o máximo de dois banheiros por pavimento;
- os banheiros muito compactos induzem o uso rápido, impedindo muitas vezes o usufruto dos aspectos associados ao prazer. Lembramos que a *"restrição do prazer corporal e emocional fica associada ao adoecimento do corpo e das emoções"* (ALEXANDER, 1980).

Imagine-se um banheiro onde o sanitário esteja fechado em *box* ventilado e o espaço de banho contenha uma boa

---

[57] A Física define "energia interna" como "a função de estado de um sistema, que cresce quando este recebe calor do exterior e decresce quando fornece trabalho ao exterior" (FERREIRA, s.d.).

ducha e uma grande banheira abrindo-se para a vista de um pequeno jardim privativo. Esse sim, poderia ser o banheiro ideal.

A GARAGEM
guarda a lembrança da atividade das ruas

O processo de chegada e partida é fundamental na vida cotidiana, sendo muitas vezes realizado através da garagem, que transforma-se, então, na entrada principal. Devemos torná-la um lugar positivo, por meio de plantas e cores, para que possa sustentar afetivamente a experiência da chegada e da partida.

A implantação preferencial da garagem é lateral com relação à casa, unida ao corpo principal da edificação através de um vestíbulo de chegada, porém isolada de um contato direto com qualquer área nobre. O metal dos carros acumula eletricidade pelo atrito com o ar, torna-se impregnado com a energia das ruas por onde passa. Daí a necessidade de uma certa separação da casa, a fim de garantir a integridade dos seus ambientes.

AS PORTAS E AS JANELAS
captam as informações do meio externo

"A DIALÉTICA DO REFÚGIO E DO MEDO TEM NECESSIDADE DA ABERTURA. QUEREMOS ESTAR PROTEGIDOS, MAS NÃO QUEREMOS ESTAR FECHADOS. O SER HUMANO CONHECE TANTO OS VALORES DO FORA COMO OS DO DENTRO. A PORTA É AO MESMO TEMPO UM ARQUÉTIPO E UM CONCEITO: TOTALIZA SEGURANÇAS INCONSCIENTES E SEGURANÇAS CONSCIENTES. MATERIALIZA O GUARDIÃO DO UMBRAL."
G. BACHELARD

A porta principal é considerada a entrada mais importante das informações provenientes do entorno, e as janelas, as secundárias. É um "órgão" fundamental no corpo da casa, pois comunica-lhe as exigências da paisagem, veicula e infunde-lhe a mensagem da rua. As janelas, permitindo observar o ambiente externo, introduzem-no no interior.

O bem-estar de uma habitação pode muito bem ser avaliado pela posição de portas e janelas. Se conformam um padrão de movimento, de fluxo de pessoas e de vento que atravessa, corta e destrói os lugares de estar, a casa nunca será realmente agradável.

[58] BACHELARD, 1990.

"Tudo ressoa em tudo" é um princípio básico do Feng Shui: o estado de ânimo e os vários aspectos da vida dos indivíduos são também influenciados por informações vindas do meio ambiente externo. Muitas vezes torna-se necessário proteger a intimidade da casa por meio de um vestíbulo ou de outros elementos, tais como divisórias, biombos, cortinas e vasos de plantas ou, em situações mais drásticas, criando-se até uma nova entrada ou isolando-se alguma janela.

A PORTA PRINCIPAL
referências técnicas

Apresentamos, a seguir, as características técnicas recomendadas para a porta principal:
- portas "cegas", totalmente vedadas, são geralmente preferíveis às vazadas, pela questão da sensação de segurança;
- considera-se que o melhor posicionamento da porta de entrada é o central, em relação à fachada do edifício, para que o fluxo de ar possa ser igualmente distribuído pelos ambientes internos (o que é considerado fundamental, nesta abordagem). Pelos mesmos motivos, a porta deve abrir-se para a direção "do fluxo do rio" ou do tráfego (e não contra);
- recomenda-se que a porta de entrada e a de saída não estejam alinhadas, pois considera-se que nesse caso os "ventos benéficos" dissipam-se. A correção indicada é introduzir um novo elemento diante da porta principal (mobiliário, plantas ou escultura) ou até, quando possível, criar um novo acesso para a casa. Devemos também evitar a circulação retilínea, o corredor, em alinhamento à porta de entrada, o que expõe diretamente a intimidade da casa para a rua;
- a porta principal deve abrir-se para dentro da casa, propiciando o fluxo máximo do ar. Caso a rua seja de tráfego intenso, a porta pode resguardar a casa, se assentada em diagonal;
- a entrada não deve abrir-se para as quinas de elementos construídos ou naturais, símbolos de informações agressivas;
- várias portas de entrada, ou portões de acesso, tornam a casa vulnerável e podem transmitir sensação de insegurança;
- portas de casas vizinhas não devem ficar alinhadas frente a frente, situação considerada de confronto;
- a porta de entrada principal deve caracterizar-se pelo tamanho, cor e forma, sem apresentar-se rebuscada e excessivamente ornamentada. Na China, quando pintadas de vermelho, representam proteção;
- no caso de vestíbulo com duas portas, uma externa e outra interna, recomenda-se que ambas possam abrir-se no mesmo sentido e que estejam alinhadas; caso contrário, a primeira impressão pode ser de um ambiente confuso;
- considera-se que os elevadores criam uma

perturbação semelhante a um efeito de sucção (como o de uma câmara de ar quando perfurada), ao abrirem-se diretamente para um apartamento único no andar.

O recurso é dispor algum tipo de barreira (mobiliário) definindo uma área de transição, entre o elevador e a casa.

Portas, casos especiais

Considera-se que a articulação e as características das portas atuam sobre a vida das pessoas, guardando mensagens que são registradas inconscientemente. Alguns casos especiais:

Alinhamento:
- totalmente alinhadas: bom, no caso da porta principal e uma secundária; ruim para quartos, pois torna-se a imagem do confronto. É importante que as portas, quando alinhadas, sejam do mesmo tamanho e largura;
- totalmente desalinhadas: ideal, pois garantem a privacidade para cada ambiente;
- ligeiramente desalinhadas: ruim, pois a situação figura como símbolo do desacordo e do conflito. Ainda pior é a situação na qual uma das portas fica alinhada com a metade da outra, metáfora da incompatibilidade e da separação. Nesse caso, um recurso possível é a colocação de um quadro na parede ao lado de uma delas, como compensação, completando a imagem.

Dimensões:
- em geral, deveriam ser proporcionais ao tamanho do ambiente – a menos que se queira criar um efeito especial. Para solucionar o caso de uma porta pequena em um ambiente grande, pode-se pintá-la de uma cor clara e vibrante;
b) portas baixas: têm a função de fazer com que o ato de atravessá-las torne-se consciente, pensado. Podem ser utilizadas para acesso a um ambiente especial, talvez uma capela ou sala de meditação, demonstrando reverência e respeito.

Assentamento:
- portas que "brigam" ou batem uma na outra sugerem, evidentemente, conflito. Quando assentadas em ângulo reto devem abrir-se para dentro dos próprios ambientes;
- portas que se abrem para o lado contrário à parede, oferecendo uma visão limitada do ambiente, são boas apenas para banheiros (quando escondem o vaso sanitário); nos outros casos, deve-se inverter a abertura. Pode-se também utilizar um espelho junto à parede de entrada, refletindo o ambiente para quem entra.

Tipos de portas:
- vão aberto: não apresenta problemas para a sala, mas é considerado ruim para o quarto e pior para os banheiros. O recurso sugerido é dispor, na abertura, uma cortina de tecido ou de contas;
- de correr: deve-se manter a menor distância possível entre as suas folhas, com o objetivo de isolar o ambiente do vento;
- "camarão" (que dobra sobre si): boa opção, desde que apresente bom funcionamento;
- pivotante: ótima solução, permite um fácil acesso e resguarda o lugar, simultaneamente.

JANELAS

A casa nos descortina o mundo. As pessoas necessitam contemplar o seu entorno, encontrar um mundo diferente daquele que as cerca. Caso contrário, as habitações tornam-se cárceres. Entretanto, se o panorama é belo, normalmente deseja-se desfrutá-lo diariamente, de todos os lugares possíveis. Esquecemo-nos de que quanto mais a casa se abre para a paisagem, mais evidente esta se torna, perde seu poder de encanto: fica banalizada, incorporada ao edifício, e a intensidade de sua beleza nos escapa (ALEXANDER, 1980).

Uma relação significativa da casa com a paisagem é apresentada pela seguinte história zen-budista, aqui adaptada, demonstrando que desse ponto de vista, o que importa não é a quantidade ou a dimensão das aberturas, mas, sim, a qualidade do seu enquadramento:

Um Mestre budista vivia em uma pequena casa nas montanhas. Distante estava o mar, visível apenas das alturas. Era conhecida como "a casa da vista mais bela do mar". Mas ninguém nunca a havia visitado, até que um discípulo decide, enfim, procurar pela famosa casa. Põe-se a caminho, e após vários dias de viagem, chega à base da montanha, imensa. Imagina, então, que a vista do mar deva ser realmente maravilhosa, pois a paisagem torna-se cada vez mais ampla, à medida que sobe em direção ao cume. Alcança, já à noite, a casa do Mestre, que gentilmente o recebe e o convida a entrar. Mas, estranho... a casa não tem aberturas, de dentro não se avista o mar! Como pode ser? E "a casa da vista mais bela do mar"? Cansado da viagem, ele dorme. Pela manhã, ao despertar dirige-se ao lavatório. Enche a cuba de água e inclina o corpo para se lavar. No momento em que toca a água – e somente então – através de uma pequena abertura à frente, ele vê o mar.

A água da casa dialoga com a água do mar, o homem com a eternidade, criando um novo significado para a visão do oceano, acessível somente por um breve, revelador e surpreendente instante.

Referências técnicas

A superfície necessária para as janelas dependerá, em grande parte, do clima, da latitude e da quantidade de superfícies refletoras que rodeiam a habitação. O ideal seria evitarmos as janelas padronizadas, apesar da questão econômica, que pode ser contornada produzindo-as na própria obra, por exemplo.

Cada janela poderia assumir uma dimensão diferenciada, em função do lugar que ocupa, e sua posição seria marcada durante o período de construção, à medida que o olhar contempla a paisagem e decide exatamente o que deseja enquadrar.

Normalmente imagina-se que as grandes placas de vidro colocam-nos em maior contato com o entorno, mas, na realidade, a intensidade da visão relaciona-se com a definição do enquadramento. Desse ponto de vista, as janelas subdivididas em quadros menores facilitam a aproximação com o mundo lá fora (ALEXANDER, 1980).

Como já dissemos, a vista da paisagem emoldurada pelas janelas estabelece um diálogo com a nossa intimidade. Janelas que se abrem para vistas indesejáveis ou muros provocam um estado psicológico associado à ansiedade e fadiga, pois, de acordo com a medicina chinesa, bloqueiam o meridiano do coração. Nesse caso, a correção indicada é criar um outro ponto de interesse visual diante delas. Muitas vezes necessitamos realmente nos isolar de uma determinada paisagem, através de persiana, cortinas, vegetação ou mobiliário.

São preferidas as janelas que se abrem totalmente, sem obstáculos, à ventilação. As do tipo "guilhotina", onde apenas a metade pode ser aberta, e as do tipo "maximoar" (leia-se "mínimo ar", pois geralmente proporciona um fluxo restrito), não são apreciadas.

Paredes envidraçadas expõem por demais o ambiente ao entorno, fazendo com que o lugar perca o caráter de abrigo.

No caso de um ambiente com portas e janelas em oposição e muita corrente de vento (Yang), algumas devem ser mantidas fechadas (Yin). Outra solução é introduzir no lugar um objeto que funcione como ponto focal (uma luminária especial de teto, um centro de mesa). Outra solução, ainda, é dispor um elemento divisor entre elas. O excesso de vento é irritante; mas a insuficiência cria ambientes abafados e angustiantes.

As salas, por seu caráter de convivência e comunicação, podem receber aberturas maiores e proporcionar vistas panorâmicas mais intensas da paisagem. Os quartos, devido ao caráter mais intimista, devem possuir aberturas menores e vistas mais tranqüilas do entorno.

Às vezes, as janelas conseguem esquecer a sua função prática e recuperam o seu sentido original: tornam-se o caminho da luz e revelam atributos divinos. A luz filtrada por folhas de uma árvore, por um vitral, ou emoldurada (como na visão de um ramo de ameixeira em flor, do vento soprando nas árvores, ou da transparência da lua) pode proporcionar uma verdadeira experiência estética. Evidencia algo que não podemos ver ou tocar, mas que dá consistência e verdade a essas imagens.

Tetos e telhados
regulam a distância social

As habitações mais primitivas eram constituídas basicamente por um telhado, que assumindo a função protetora, tornava-se símbolo de "lugar". *"E essa função não se realiza através de um telhado muito inclinado ou muito extenso, pois para acolher e abrigar, o telhado deve abraçar, cobrir e rodear o processo da vida"* (ALEXANDER, 1980).

De maneira geral, o teto mais baixo favorece a intimidade, e o mais alto, o encontro formal. Supõe-se, normalmente, que a altura do teto deve estar relacionada com a largura e comprimento do lugar: para um quarto pequeno, teto baixo, e para uma sala grande, um teto mais alto. Mas isso não é regra, pois alguns espaços amplos de teto baixo, e vice-versa, oferecem condições interessantes de uso.

A altura do teto relaciona-se verdadeiramente com a distância social entre os indivíduos, com o grau de intimidade desejável para o ambiente:
- maior intimidade, teto baixo;
- menor intimidade, teto alto;
- formalidade, teto elevado;
- instituições públicas, altura máxima.

"A altura do teto trata de uma interação complexa entre pessoa e espaço, segundo a qual a pessoa interpreta as diferentes alturas como mensagens ante as quais adota diferentes atitudes" (ALEXANDER, 1980).

Considera-se que os tetos planos conformam um ambiente mais sereno, principalmente quando de altura padrão em toda a casa, sendo que são os preferidos na aplicação do Método Feng Shui.

O telhado deve conter e abrigar o processo da vida, mas nunca exercer qualquer tipo de peso ou pressão sobre o homem e suas atividades. Por isso evitam-se, na casa, os tetos muito ornamentados e o famoso "jogo de telhados", considerado por demais irregular. O telhado com estrutura aparente não é indicado, especialmente para os quartos, que pedem uma ambiência mais suave.

Um grande teto inclinado é considerado pesado e opressor. Uma das razões alegadas é que sua parte mais baixa, principalmente se inferior a três metros, restringe e facilita estados de opressão.

Por incrível que pareça, o telhado comum, de duas ou quatro águas, torna-se, para o Método, o símbolo mais poderoso de abrigo.

A esquerda, Palácio Potala – Lhasa, Tibete. Detalhe de telhado com bandeiras. Para o Budismo, as bandeiras são um poderoso talismã; representam o "nó infinito", símbolo da unidade, da sabedoria, da compaixão e do caráter ilusório do tempo.

ESCADAS E CORREDORES
as artérias da casa

As escadas e os corredores, elementos de circulação e de conexão entre ambientes, distribuem o vento pela casa, de um andar para o outro. Não apenas o vento, mas os sons, as conversas, os risos, os odores, a fumaça, a comida – o Chi.

Novamente, relaciona-se aqui o estudo da casa com os conceitos do Lugar Rural Ideal: o Chi deve circular por cada ambiente sem estagnar-se, como a brisa suave em um vale circundado por montanhas. O fluxo excessivo do vento nos ambientes pode ser controlado pela disposição de objetos redutores de velocidade ao longo do seu percurso, tais como quadros, mobiliário, esculturas e móbiles.

Recomenda-se que escadas e corredores não sejam escuros ou estreitos. Se o entorno inibe e reduz a liberdade de atuação do homem, impede também o seu processo de expressão natural, a melhoria do seu bem-estar e da sua situação social.

Os mezaninos, quando utilizados como elementos de circulação, não são favoráveis para permanência prolongada ou para trabalho, especialmente se abertos e vulneráveis.

"O MOVIMENTO DE CIRCULAÇÃO É CONSIDERADO TÃO IMPORTANTE QUANTO OS PRÓPRIOS AMBIENTES. EXERCE UMA INFLUÊNCIA SOBRE A INTERAÇÃO SOCIAL, PRODUZ EFEITOS PSICOLÓGICOS. A POSSIBILIDADE DE PEQUENAS E BREVES CONVERSAS, GESTOS, AMABILIDADES, EXPLICAÇÕES E TRANSMISSÃO DE NOTÍCIAS FUNCIONAM COMO ELEMENTOS QUE REFORÇAM A INTEGRIDADE DE UM GRUPO HUMANO. A CIRCULAÇÃO DEVERIA REPRESENTAR O LAÇO QUE UNE A VIDA DA CASA. UM ESPAÇO DE CIRCULAÇÃO RESTRITO DIFICULTA O FUNCIONAMENTO DA VIDA SOCIAL."
C. ALEXANDER[59]

A ESCADA

"*A escada é mais do que um elemento de transição de um pavimento a outro, também conforma um 'lugar', parte integrante da edificação. E a menos que demos vida a esse lugar, será um ponto morto e desconectado do restante da casa, bloqueando seus processos*" (ALEXANDER, 1980).

Como qualquer outro ambiente da casa, a escada necessita de iluminação, ventilação natural e cor. Objetos podem ser dispostos ao longo das paredes.

Não se deve esquecer que a escada também possui um caráter social: "*oferece lugares especiais onde sentar-se nas festas e*

---

[59] ALEXANDER, 1980.

"VOCÊ VAI PRECISAR DE UMA ESCADA,
PARA DEMONSTRAR
SUBIDA E DESCIDA,
PROGRESSO E REGRESSO,
ALTO E BAIXO,
CÉU E INFERNO.
SUBIR PARA DORMIR À NOITE
E DESCER PARA
TOMAR O CAFÉ DA MANHÃ."
PETER GREENAWAY[60]

reuniões, a possibilidade de se criar uma passagem elegante ou espetacular entre pavimentos, um lugar de onde se pode falar, de onde se pode olhar e ser visto e um lugar que estimula o contato direto, face a face.(...)
Muitas vezes, as pessoas gostam de sentar-se nos quatro ou cinco primeiros degraus. Sendo assim, podemos expandir a base da escada, alargando cada piso, para que o assento fique cômodo"
(ALEXANDER, 1980).

A escada é a chave do movimento de circulação da casa, é um verdadeiro eixo. Por isso deve articular a área social, a íntima e a de serviço. Em qualquer circunstância, não deve colocar-se diante da entrada e nem abrir-se diretamente para a rua, sob o risco de tornar-se muito exposta, o que pode destruir o seu caráter social, desproteger por demais a intimidade da casa, interferindo também no seu papel de transição a um pavimento íntimo. Entretanto, a boa localização não implica necessariamente estar fora do campo de visão da entrada.

De acordo com o Método Feng Shui, a escada que se abre diretamente para a rua faz "escoar o bom Chi guardado pela casa", ou seja, prejudica a ambiência, a atmosfera moral conformada pela intimidade, interfere sobre o meio psicológico preparado para o exercício das atividades humanas. Nesse caso, a correção sugerida é introduzir um elemento que bloqueie a visão da rua, como um biombo, um vaso de plantas, uma peça de mobiliário, cortina, quadro, escultura ou, ainda, desviar os primeiros degraus, criando um patamar em ângulo reto com a direção da entrada.

Pelos mesmos motivos, no caso de um edifício residencial, a escada coletiva não deve abrir-se para a entrada principal do prédio, e nem diretamente para a porta dos apartamentos. O indicado é também criar-se um espaço de chegada no apartamento, como transição entre o meio externo e o interno.

Para alguns professores de Feng Shui, a escada representa "um movimento um pouco mais ativo", o processo de circulação. Para outros, "o ponto máximo de instabilidade e de movimento" na casa. Por essa razão, seria impensável localizá-la em posição central, ponto de simbolismo e força especial, o Ming Tang. Veja-se o item: o centro da casa, o centro do mundo, ainda neste mesmo Capítulo. Não deve também ser assentada diante de portas, principalmente de banheiro, pois interliga ambientes. Duas escadas em um mesmo aposento criam fluxo excessivo.

---

[60]Trecho da Ópera-prop de Peter Greenaway, *100 objetos para representar o mundo*, São Paulo, 1998.

As escadas vazadas geram polêmica: não são utilizadas por alguns (porque "enfraquecem as propriedades de um lugar") e são bem vistas por outros ("permitem a passagem da luz, que é energia"). Tanto estas, como as que têm localização central, devem especialmente receber boa iluminação (talvez um teto de luz), cor nas paredes (o amarelo da Terra, associado ao centro, ao equilíbrio e à estabilidade) ou ainda vasos de plantas como uma forma de compensação desse caráter de instabilidade representado por essas configurações.

A escada deve abrir-se ao espaço interior, abraçando-o por todo seu perímetro. Entre todas, as que têm forma de "L" ou "U" são as preferidas – especialmente se o seu desenho segue a linha curva, o que é tido como vantagem, do mesmo modo que, na área rural, o rio sinuoso é preferido ao retilíneo.

As do tipo *mandarin duck* (um lance sobe e o outro desce, a partir do mesmo patamar) sugerem simbolicamente uma divisão de caminhos. Para este caso, a sugestão é reforçar, por intermédio de luminária, escultura, mobiliário ou vegetação, o centro da caixa de escadas.

De todas, a escada em espiral (ou caracol) é a mais polêmica. Alguns professores afirmam que o seu uso não apresenta problemas, desde que não esteja implantada no centro da casa. Para eles, o movimento em espiral é associado ao benéfico "padrão mandala", que representa a unidade existente na aparente diversidade dos mundos orgânico e inorgânico, ou seja, um padrão de crescimento que pode ser identificado tanto em galáxias quanto em diminutas flores e conchas. Outros já desaconselham o seu uso, principalmente no centro da casa. Associam o fluxo em espiral ao descontrole da razão e da lógica, às forças instintivas da consciência e, até mesmo, a situações de loucura. Como argumento, afirmam que muitos rituais religiosos utilizam o giro do corpo em espiral como forma de canalização de forças espirituais primitivas, descontrole e perda de consciência. E indicam a sua substituição pela escada do tipo Santos Dumont, capaz de vencer grandes desníveis, dispondo de pouco espaço para seu desenvolvimento.

O CORREDOR

O corredor não precisa ser árido e repetitivo. Uma dimensão mais generosa na largura, a presença da luz natural, a cor adequada, tapetes, quadros, e até mobiliário valorizam sua condição de simples passagem.

Ao final do corredor não devem situar-se quarto e escritório, por receberem o impacto de toda a movimentação. Nesse caso, quadros ou mobiliário ao longo do caminho podem minimizar a sensação de fluxo rápido, direcionado para o aposento.

O ideal é que a circulação finalize em

À direita: talismã chinês.
Para o Budismo,
o Lótus simboliza
a pureza do corpo, da fala
e da mente, bem como o
"florescer das ações saudáveis
em liberação feliz".

parede cega, que pode receber um objeto ou uma cor de simbolismo especial.

É possível também privilegiar os ambientes abertos e comuns como espaços de circulação, movimentação e reunião, desde que o fluxo de pessoas apenas tangencie as áreas de estar.

A casa não deve possuir mais de um corredor e nem ser por ele dividida ao meio, o que, numa linguagem mítica, seria dividí-la em facções. Uma boa solução para todos os casos é mesmo transformá-lo em galeria, dispondo objetos de interesse ao longo de sua extensão, valorizados por luz e cor.

O ALTAR
luz e fogo como representação da Divindade

"A RELIGIÃO É SEMPRE UMA COISA INDIVIDUAL, PESSOAL. TODA PESSOA DEVE FORMAR SEUS PRÓPRIOS PONTOS DE VISTA SOBRE A RELIGIÃO, E A EXPERIÊNCIA RELIGIOSA DE CADA HOMEM É VÁLIDA SOMENTE PARA ELE, POIS NÃO É MATÉRIA DE DISCUSSÃO."
LIN YUTANG[61]

Atualmente, talvez na procura de um referencial e de um suporte para a experiência religiosa, nota-se uma tendência de reservar, dentro de casa, um lugar para o altar, um espaço sagrado onde se condensam cosmologias. Os altares *"exprimem um texto simbólico nas cores, nas oferendas, nas imagens. Nada é gratuito nesse espaço carregado de significado, cujos objetos litúrgicos captam e transmitem a força do mistério, que só aos próprios devotos se desvenda"* (MONTES, 1997).

O altar dentro de casa é o ponto onde Céu e Terra se encontram, fazendo com que a vida cotidiana se entrelace com as intenções da Divindade. Aqui também o imaginário taoísta fala a linguagem da arte: cores quentes como o dourado e o vermelho, velas e fogo, luminárias, flores, símbolos e imagens de deuses são reunidos, exprimindo um código de metáforas referentes aos movimentos do elemento Fogo, a natureza essencial da Divindade. O altar taoísta permanece à altura do centro do peito – este seria, na casa, o ponto simbólico de contato entre o tangível e o intangível. Quando o altar é situado abaixo do nível do umbigo, considera-se que ele consegue, por ressonância, atrair apenas as divindades inferiores ou elementares. Essas, representadas pelas imagens de gnomos e similares, não devem ser utilizadas no altar da casa, podendo ser colocadas no jardim ou em vasos, sempre próximas ao solo.

---

[61] YUTANG, 1997.

AS QUINAS
ou flechas secretas

No processo de avaliação de uma residência, uma atenção especial é dedicada à investigação da presença de qualquer mudança brusca na direção de uma superfície plana ou de uma linha reta, representada pelas quinas dos edifícios e elementos da redondeza, bem como das paredes, pilares e mobiliário.

Os praticantes do Feng Shui caracterizam esse elemento como "flecha secreta", símbolo da hostilidade, da informação agressiva. O efeito das flechas é considerado tão sério, que alguns mestres verificam, primeiramente, a existência desses elementos no entorno, e se apontam para a casa. Nos ambientes internos, se direcionada para o mobiliário de permanência prolongada (a cama, a mesa de trabalho, o sofá), equipamento nobre (o fogão) ou ainda para a entrada, a flecha atinge o indivíduo incomodando-o e fragilizando-o, em níveis não conscientes.

Alguns dos elementos considerados emissores de flechas secretas são aqui relacionados:
- linhas retas, quinas de edifícios, de esculturas, de cumeada de montanha, de pedra pontiaguda;
- ângulos formados por telhados, pontes, rios, postes, obeliscos, monumentos, marcos, torres de transmissão, antenas parabólicas, galhos de árvores, chaminés, cruzes, linhas de trem, canais, rede elétrica, cercas;
- varais (atravessando o terreno), acesso retilíneo (de pedestres ou de veículos) apontando em direção à entrada;
- *out-doors* e anúncios luminosos;
- grades com terminações pontiagudas voltadas para a casa;
- superfícies refletoras da vizinhança (de vidro, metal ou água) criando efeito de luz e sombra descontínuo sobre a fachada;
- túneis de vento (fresta entre dois edifícios);
- água ou tráfego rápido e retilíneo;
- árvores altas cujas copas terminam em ponta;
- revestimentos protuberantes (como pedras irregulares).

Muitas vezes, uma pequena intervenção arquitetônica é suficiente para minimizar esse efeito agressivo.

No interior da casa pode-se chanfrar a quina, integrá-la a prateleiras e armários ou, ainda, ocultá-la através de mobiliário, escultura, móbiles e pingentes, vaso de planta ou luminária de pé. Outra correção indicada (esteticamente perigosa) é envolvê-la por espelhos.

Algumas das soluções possíveis contra as flechas provenientes do meio ambiente externo, cuja visão deve ser sempre bloqueada, são: muros, cercas, vegetação, cortinas e aparador com objetos ou plantas diante da janela. Pedras podem ser colocadas no leito das águas rápidas, que correm em linha reta diante da casa, para suavizar o seu fluxo.

Esse conceito de flecha associa-se aos

estudos recentes da Geobiologia sobre as "ondas de forma" – o campo de atuação da forma física, que normalmente se expande muito além do seu limite visível.

A ORIENTAÇÃO DA CASA
um estudo das quatro direções

Uma casa orientada para o Norte (no hemisfério sul) será luminosa, ensolarada e alegre. Direcionada para o Sul, será sombreada, escura, fria e triste. Um edifício implantado no sentido do eixo Leste-Oeste (nascente-poente), com os espaços mais importantes voltados para o Norte (o sol), geralmente apresenta boa situação. A maior ou menor incidência de sol e luz na edificação influencia o corpo e a mente de forma diferenciada. Os vários aposentos da casa podem relacionar-se aos pontos cardeais com objetivos específicos:

• Leste: o sol nascente que entra pelas janelas abertas para o Leste favorece, segundo a medicina chinesa, em especial o fígado, que estimula a vitalidade do organismo. O fígado (Madeira) nutre os músculos, que fortalecem o coração (Fogo);

• Norte: as janelas abertas para o Norte recebem o calor do sol durante todo o dia, o que tonifica o coração e estimula a atividade. O coração (Fogo) nutre o sangue e o sangue dá vida ao estômago (Terra);

• Oeste: as janelas que se abrem para o Oeste recebem o sol poente, que traz consigo uma suave qualidade de concentração e reunião, tonificando os pulmões. Os pulmões (Metal) nutrem a epiderme, que fortalece os rins (Água);

• Sul: a luminosidade do Sul acalma, abastece e gera "forças de reserva", tonifica os rins. Os rins (Água) nutrem os ossos e a medula, que fortalecem o fígado (Madeira). Os aposentos da casa podem ser orientados tendo em vista essas indicações e o estímulo desejado para cada um.

A MEMÓRIA DA CASA
o *genius locci*, o espírito do lugar

Os mestres ensinam que todos os objetos físicos são passíveis de impregnação de "memória", pois tudo é permeado pelo mesmo "campo da matéria", pela mesma rede de informação vital. Os acontecimentos da vida diária na casa, bem como os pensamentos e sentimentos relacionados, se estabelecem entre suas paredes – especialmente os mais intensos – e essa memória, conforme o uso futuro dos lugares, pode ser reativada pela ressonância com as antigas condições.

Sugere-se pesquisar a história da casa (ou de um objeto antigo) antes de adquirí-la. É sempre recomendada uma "limpeza psíquica" do ambiente (ou objeto) já usado.

O CENTRO DA CASA
centro do mundo

É universal a idéia de centro e periferia na organização espacial. *"Em todos os lugares as pessoas tendem a estruturar o espaço – geográfico e cosmológico – com elas no centro e, a partir daí, criar zonas concêntricas, que diminuem rapidamente de valor longe do centro ou do self"* (TUAN, 1980).

Os seres humanos tendem a perceber o mundo a partir das referências do Eu, que se identifica com o centro do lugar.
Os elementos multivariados do Cosmo são mediados pelo centro. Aparentemente o efeito é somente geométrico. *"Mas talvez se relacione com o instinto mandala, que encontra em qualquer forma de simetria central um poderoso receptáculo para os sonhos, as imagens e as conjugações do Eu"* (ALEXANDER, 1980).

O centro da casa é comparado à coluna vertebral do homem, um eixo simbólico de sustentação da vida. Representa também o Ming Tang, o Palácio Brilhante onde se deposita toda a informação vital que, posteriormente, distribui-se pelos diferentes ambientes. É ainda associado ao Tai Chi, o centro cósmico distribuidor da energia primordial. Recomenda-se não sobrecarregá-lo com mobiliário pesado e, principalmente, não posicionar a caixa de escada, o banheiro, a caixa d'água, o fogão, a geladeira e o *freezer* neste local.

Talvez o centro da casa pudesse receber uma mesa sobre a qual se ordenasse algo da prioridade familiar, algo que representasse um *"receptáculo para os sonhos, as imagens e as conjugações do Eu"*: para quem deseja harmonia em casa, talvez uma ikebana; para os que almejam as boas relações familiares, fotos da família; para estimular o estudo, livros; para a aproximação dos deuses, um altar.

No centro da casa depositam-se as nossas propostas.

> "TUDO QUE É PERIFÉRICO É SUBORDINADO À ORDEM QUE PROVÉM DO CENTRO."
> CARL JUNG[62]

AS FORMAS ARQUITETÔNICAS
símbolos geométricos, imagens da estrutura do Cosmo

O estudo da geometria nasceu no Egito e a palavra significa "medida da Terra", sendo entendida como uma expressão contínua e atemporal do modo pelo qual o universo é ordenado e sustentado. O ângulo era o elemento responsável pela *"definição da substância"* e as formas despertavam *"o potencial velado"* (D'ASSUMPÇÃO, 1998).

À direita Pólen – Jardim Escola Nova Lima, MG. A forma hexagonal das salas de aula, além da relação imediata favo/pólen, evita o ângulo reto e cria um ambiente "redondo", "uterino", onde Yin e Yang estão em equilíbrio, um ambiente que protege e nutre a vida, compatível com as exigências da pedagogia Waldorf. Arquitetura: Carlos Solano. Colaboração: Adriana Assis, Camilo Lima, Celso Borges, Vania Mintz.

[62] JUNG, 1984.

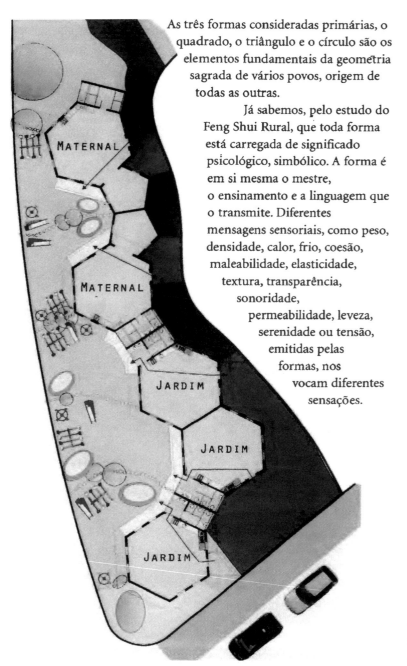

As três formas consideradas primárias, o quadrado, o triângulo e o círculo são os elementos fundamentais da geometria sagrada de vários povos, origem de todas as outras.

Já sabemos, pelo estudo do Feng Shui Rural, que toda forma está carregada de significado psicológico, simbólico. A forma é em si mesma o mestre, o ensinamento e a linguagem que o transmite. Diferentes mensagens sensoriais, como peso, densidade, calor, frio, coesão, maleabilidade, elasticidade, textura, transparência, sonoridade, permeabilidade, leveza, serenidade ou tensão, emitidas pelas formas, nos vocam diferentes sensações.

O arquiteto Louis Khan acredita que pelo sistema da forma, "*a arquitetura dá corpo ao incomensurável. A criação dos assentamentos humanos não é somente uma questão de técnica, um conjunto de meios e modos, mas tem profunda significação na existência do homem dando a ele identidade e orientação*" (CARSALADE, 1991).

A arquitetura, originalmente, associava-se às formas geométricas, intermediando o abstrato e o concreto e tornando-se a imagem da estrutura do Cosmo. Desde a pré-história a preferência dos chineses é pelas formas puras – retângulos, quadrados, círculos, octógonos, hexágonos – com exceção do triângulo. Triângulos e ângulos agudos, especialmente, são malvistos, por confinar os ambientes e gerar cantos não utilizáveis. "*Temos evidência que no passado, em diferentes épocas, o quadrado representou o Cosmos; pelo menos, foi aceito como a moldura apropriada à sociedade idealmente organizada. (...) É também tradicional a idéia de domínios retangulares sucessivos, centralizados, na China imperial*" (TUAN, 1980). A Terra era concebida como uma sucessão de zonas de importância decrescente, a partir da capital imperial: os domínios reais, os senhores feudais, a zona de pacificação, os bárbaros aliados, a zona de selvageria inculta.

Para o homem contemporâneo, o quadrado (ou o retângulo) não corresponde mais aos padrões de pensamento do mundo antigo, o qual possuía implicações cosmológicas. As formas retangulares para nós são banais, previsíveis e contêm menos informação. "*Os quadrados e retângulos, perfeitamente cristalinos, da arquitetura ultramoderna, não têm sentido algum, nem em termos humanos nem em termos estruturais. Expressam os rígidos desejos e fantasias de pessoas que preocupam-se apenas com os sistemas e meios de produção"* (ALEXANDER, 1980). As casas retangulares são muitas vezes simplificações produzidas em série, banalizadas pela abordagem técnico-funcionalista.

No mundo contemporâneo, a representação geométrica já não é capaz de lidar com uma realidade dialética, pois torna legível apenas um determinado aspecto dessa realidade. Atualmente, a engenharia tem forçado os espaços sociais a se encaixarem na estrutura geométrica do edifício, escolhida geralmente por razões técnicas e cria formas sem significado. *"A engenharia nunca deveria ditar a forma do edifício, mas sim colocar-se em função da vida social do mesmo"* (ALEXANDER, 1980).

Por isso, nas nossas cidades modernas vemos o uso extensivo da forma sem significado: edifícios despersonalizados ou mirabolantes expressam a mesma supervalorização do racionalismo, a preponderância do poder econômico com relação a outros valores, a separação da arquitetura do lugar. A forma vazia de significado não é outra coisa que a *"ideação alheia à vida"* (SALÓ E BARBUY, s.d.).

"Inundar o mundo de formas incoerentes é como fabricar pestes que destroem os frutos saudáveis e padecer a curto prazo de anemia global de símbolos vitais. Os produtos supérfluos ou fracassados, sem gestação vital coerente, são já, desde esse mesmo momento, lixo, um tipo especial de lixo, o lixo do novo, do que ainda não se usou.(...)

Quando o pensamento surge isolado, somente a violência fabrica formas, mas quando a matéria compromete a idéia, a mensagem brota como uma formosa flor, fresca, perfeita e necessária. Isolar a mente da matéria é viver na tática e na estratégia, no cálculo e na especulação, disfarces todos da violência" (SALÓ E BARBUY, s.d.).

A conformidade geométrica tornou-se também instrumento de manipulação: todo o absolutismo político geometriza e organiza o cenário urbano de acordo com eixos ortogonais, tendo por objetivo limitar a liberdade do indivíduo (COELHO NETTO, 1993).

Segundo a tradição chinesa, os três princípios que orientam a avaliação da forma edificada são:

- **estabilidade**: casas apoiadas em bases sólidas, não em pilares finos, pavimentos com a mesma dimensão ou pavimento inferior maior;
- **equilíbrio**: uso de formas regulares. As casas com formas irregulares e desconectadas, estreitas e compridas, paredes inclinadas, estrutura em forma de "A" (como os chalés), planta baixa em "L", "T", "U" ou "H" são consideradas desequilibradas, instáveis ou agressivas;
- **suavidade**: ausência de superfícies ásperas ou elementos protuberantes em revestimentos. Casas com aparência de prisão (cercadas por pilares e grades) ou caixa-forte são também indesejáveis.

Como complementação, citamos outras abordagens de avaliação da forma:

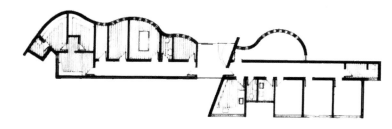

- a Arquitetura Antroposófica, que se fundamenta em um conhecimento profundo do ser humano, baseado em estudos do pensador austríaco Rudolf Steiner, sugere para os edifícios outras formas que não as quadradas ou retangulares, consideradas rígidas demais. Conforme essa linha de pensamento, o uso extensivo do ângulo reto empobrece a qualidade do espaço e define um indivíduo rígido e materialista na sua forma de pensar e ver o mundo preso a conceitos externos, incapaz de expressar os próprios desejos e necessidades. Para Steiner, as formas orgânicas seriam as mais indicadas para a criação de um ambiente "vivo", ligado a uma forma criativa de pensar (STEINER, 1999);
- para o matemático e físico Benoit Mandelbrot, criador do conceito da Geometria Fractal, as formas irregulares da natureza (como um litoral sinuoso, por exemplo) seguem um padrão constante, como se a irregularidade das formas orgânicas fosse uma *"irregularidade sempre sustentada por uma constante regular"* (D'ASSUMPÇÃO, 1998);
- de acordo com Christopher Alexander, quando consideramos a existência das "forças humanas" agindo em uma habitação, concluímos que elas exigem formas intermediárias entre os dois extremos: as cristalinas ou geométricas, e as biológicas ou orgânicas. Sem fazer uma apologia dos espaços simples, rígidos ou simétricos, a forma poligonal (pentagonal ou hexagonal), com paredes retas e ângulos obtusos (maiores do que 90º), é considerada por ele como a mais agradável ao uso humano (ALEXANDER, 1980);
- pela Psicologia Transpessoal, os símbolos geométricos são considerados estruturas energéticas vivas e poderosas, que ativam o potencial latente dos indivíduos, refletem arquétipos, transmitem informação. De acordo com a pesquisa da psicóloga Gislaine D'Assumpção, as formas que caracterizam uma edificação atuam sobre o psiquismo dos indivíduos, conforme descreve o seguinte sistema de referências (D'ASSUMPÇÃO, 1998);

Quadrado: representa a eqüidade e o equilíbrio. Acalma e estabiliza as energias pessoais. Um ambiente quadrado, com um ponto central definido, influencia o consciente direito do cérebro, o intuitivo.

Acima:
Clínica de Hidroterapia, Betim, MG – O corpo tende a moldar-se às influências que sofre, assim, a proposta para esta clínica é utilizar as formas e cores da Água, compondo um ambiente onde há diminuição da tensão e um convite à suavidade e ao repouso.
Arquitetura: Carlos Solano

À direita:
Capela – Mateus Leme, MG. As formas desta capela, sugeridas pelo I Ching, nos remetem à imagem de um barco, da travessia em direção a um outro porto, a atenção plena do espírito. A parede curva conforma o lugar.
Arquitetura: Carlos Solano

Com a cruz no centro, indica transformação;
Estrela: com cinco pontas, traduz firmeza e equilíbrio, ativa o predomínio do espírito, da razão pura sobre a matéria, ajuda a concentrar forças espirituais. Configurada no edifício, torna-se um portal para um estado de transcendência. As cinco pontas representam o quinto reino, o Reino do Espírito. A estrela de seis pontas surge da integração de dois triângulos: o primeiro, apoiado sobre a base, representa o espírito, e o outro, invertido, a matéria. O uso dessa forma arquitetônica pode propiciar criatividade, estimular o equilíbrio e a transcendência da energia sexual;
Círculo e Esfera: motivos recorrentes nas artes das antigas civilizações representam unidade e totalidade. Diagramas circulares representam a estrutura do universo, as quatro direções espaciais, as quatro estações. O círculo atua no cérebro, sobre o hemisfério direito, especialmente sobre o controle do ritmo e movimento. Localizado com o ponto central bem definido, atua na integração da personalidade em seus núcleos mais profundos. Fechado representa inteireza, aberto sugere expansão para o infinito.
O círculo unido ao quadrado torna-se o símbolo da perfeição, a união entre Terra e Céu;
Espiral e Labirinto: são vistos como um caminho sagrado de acesso ao nosso mundo interior. O centro representa um estado de consciência transpessoal, o encontro sagrado da psique com a alma, e o caminho representa a jornada em direção a si mesmo. O percurso em espiral é utilizado como instrumento de transformação em inúmeros rituais e danças

sagradas no Ocidente e no Oriente;
Pirâmide: figura como a imagem da unidade de consciência;
Triângulo: uma edificação em forma de triângulo eqüilátero (todos os ângulos iguais) promove equilíbrio e simboliza a união com a Divindade. O seu ponto central representa a onipresença, estimula a disposição de alcançar a realização espiritual.
O triângulo isósceles (dois ângulos e dois lados iguais) representa harmonia.

Capela, Mateus Leme, MG.

Casa da Árvore, Escarpas do Lago, MG.
O lugar ideal é aqui estilizado: Dragão e tigre contornam a grande árvore existente, *axis-mundi* que liga a Terra e o Céu. Arquitetura: Carlos Solano e Ulisses Lins.

Nos estudos da Geobiologia, o triângulo invertido é associado a sentimentos de depressão e possibilidade de suicídio;
Pentágono: representa ordem, verdade e discernimento, o homem pleno. O uso dessa forma na construção tem poder transformador, capaz de conduzir a consciência a dimensões mais elevadas;
Hexágono: origina-se do encontro de dois triângulos (o primeiro, Yang, apoiado sobre a base, e o segundo, Yin, invertido). Como a

O MÉTODO DA FORMA

Casa da Árvore
Escarpas do Lago, MG.

estrela de seis pontas, o uso dessa forma arquitetônica relaciona-se com criatividade e equilíbrio.

Nossa geometria há muito deixou de ser sagrada. Através das formas geométricas e dos padrões da natureza considerava-se que "o ilimitado emerge dos limites". Mas hoje, poucos podem vê-lo. Objetivando o retorno a uma compreensão mais abrangente do significado das formas poderíamos unir as pesquisas existentes (tomando o cuidado de não nos apegarmos a algum tipo de padrão), à nossa própria percepção do universo imaginário dos indivíduos, da cultura e da vocação do lugar, para enfim descobrir qual a forma que verdadeiramente lhes corresponde.

Talvez assim, a Arquitetura possa voltar a encenar o que a intenção exige.

SIMBOLOGIA DOS NÚMEROS
a expressão matemática da forma

Os números podem ser associados às formas geométricas, reforçando a compreensão do seu caráter simbólico. Concentram em um único signo reflexões, experiências e conjecturas. Assim o número 3 corresponde ao triângulo, o 4 ao quadrado, o 5 ao pentágono e à estrela de cinco pontas, o 6 ao hexágono e à estrela de seis pontas e assim por diante.

Veremos, a seguir, a interpretação chinesa dos números (SIMONS, 1996):
• **Número 1**: indica o começo e a unidade de todas as coisas, a manifestação do Ilimitado, a semente adormecida na Terra, sendo considerado o número mais concentrado, a expressão máxima da polaridade Yin.

Associa-se à individualidade, à autoconfiança, à totalidade e ao elemento Água;
• **Número 2**: simboliza o dualismo da existência, a relação dos opostos e, portanto, as qualidades de atração, combinação, criação e produtividade. Representa Yin e Yang, feminino e masculino, menos e mais, começo e término, Montanha e Vale, Terra e Céu. É considerado um número de muita sorte, expressa o momento em que a semente capta a água, cresce e prepara-se para brotar. Associa-se ao elemento Terra;
• **Número 3**: traduz pluralidade, expansão, abundância, versatilidade e sucesso, o desabrochar da semente, o elemento Madeira e a Primavera. Representa todas as tríades,

tais como Buda (a Divindade), Dharma (o dever) e Sangha (a comunidade); Terra, Céu e Homem; sol, lua e estrelas; água, fogo e vento; os três reinos da existência (o reino superior, o reino humano, o reino inferior); o passado, o presente, o futuro; a infância, a maturidade, a velhice; as três virtudes (gentileza, simplicidade e humildade); os "três amigos" que sobrevivem ao rigoroso inverno chinês (a ameixeira, o pinheiro e o bambu) e, também, os três estados da energia, na alquimia chinesa: Ching ou força criativa, Chi ou força vital, Shen ou espírito;

• **Número 4**: representa os pontos cardeais, o universo material, a realização e a estabilidade, as quatro estações e suas flores correspondentes (a peônia, o lótus, o crisântemo e a flor da ameixa). O número 4, associado ao 8 (48 ou 84) simboliza prosperidade, o desabrochar da semente e o elemento Madeira;

• **Número 5**: número central entre 1 e 9, o 5 significa equilíbrio, sustentação e transformação, é a imagem do Tai Chi (fundamento de todas as coisas), do elemento Terra. Representa as cinco cores (turquesa, vermelho, amarelo, branco e preto), as cinco direções cardeais (Norte, Sul, Leste, Oeste, Centro), os cinco sabores (doce, amargo, salgado, azedo, picante), e por evidenciar a reunião dos Cinco Elementos da teoria taoísta, traduz plenitude e abrangência. Corresponde ao estágio do ciclo natural em que a semente cria galhos e folhas;

• **Número 6**: é associado aos seis espíritos auspiciosos (o Sol, a Lua, o Relâmpago, o Vento, a Montanha, o Rio), os seis parentes (o pai, a mãe, o filho mais velho, o filho mais novo, a esposa e as crianças), as seis emoções (alegria, raiva, amor, ódio, deleite e tristeza). Figura como símbolo da interação entre espírito e matéria, da reciprocidade, da união sexual, da arte, da música e da dança. Representa o elemento Metal, o Outono, e o momento em que as raízes da planta se desenvolvem;

• **Número 7**: é o signo dos sete planetas, dos sete dias da semana. De acordo com conceitos budistas, acredita-se que 49 dias (7 vezes 7 dias) é o tempo que a alma leva para passar da morte ao renascimento. O 7 traduz, portanto, duração e término, renovação e imortalidade. Associa-se ao elemento Metal;

• **Número 8**: número de grande sorte e poder, representa as oito direções do espaço (Norte, Sul, Leste, Oeste, Nordeste, Sudeste, Noroeste, Sudoeste), os oito grandes dias do ciclo solar (as entradas das estações, os solstícios e os equinócios), os oito Trigramas do I Ching (O Incitar, A Suavidade, O Aderir, O Receptivo, A Alegria, O Criativo, O Abismal, A Quietude). É o momento em que as sementes se desenvolvem. É associado ao elemento Terra, à longa vida e à grande sabedoria;

• **Número 9**: imagem dos nove céus da tradição budista, da espiritualidade, dos sonhos proféticos, da percepção extra-sensorial, da vida longa e de grande força. É considerado o número de caráter mais Yang, associado à expansão máxima, ao Verão, ao elemento Fogo, à flor (a parte "fogo" da planta).

Lo Shu ou Quadrado Mágico, a base da numerologia chinesa e de um Feng Shui avançado, ou Yuan Kung, o Sistema das Estrelas Voadoras.

4	9	2
3	5	7
8	1	6

Formas Geométricas e Pedras Preciosas

A estrutura cristalina das gemas preciosas apresenta uma propriedade denominada pela Física de "piezelétrica", que caracteriza-se por captar e irradiar campos eletromagnéticos, sejam do cérebro ou do ambiente. O cristal é considerado um sistema ressonante, que vibra, absorve, acumula, amplia, gera, transmite e transforma energia, ativa-se e polariza-se como antena. Promove, sob pressão, *"polarizações elétricas segundo determinadas direções"* (ALMEIDA, s.d.).

As pedras podem associar-se à geometria, e conformar redes que fortalecem e ampliam a força da forma, podendo ser implantadas nos vértices de um triângulo, de um quadrado, de uma estrela de cinco pontas ou, ainda, em cinco pontos de um círculo. *"Apontando para fora do lugar, funcionam como elemento equilibrador e transmutador; com as pontas para dentro do lugar, mantêm um forte e contínuo campo energético"* (ALMEIDA, s.d.).

O médico Celso Fortes relaciona as pedras à freqüência vibratória medida em hertz, aos sons, às cores do espectro solar, aos órgãos ou glândulas do corpo, a atividades e qualidades psíquicas, conferindo às gemas uma ação terapêutica específica (ALMEIDA, s.d.):

- **quartzo cristalino**: 493,00 hertz, nota musical Si, cor violeta, cérebro, glândula pineal, meditação, purificação, equilíbrio entre matéria e espírito;
- **ametista**: 440 hertz, nota musical Lá, cor índigo, olhos e ouvidos, glândula pituitária, tranqüilidade, clareza e compreensão;
- **quartzo azul, ágata azul, água marinha**: 392,00 hertz, nota musical Sol, cor azul, glândulas tireóide e paratireóide, auto-estima;
- **quartzo rosa ou verde, kunzita, turmalina, citrino limão, prasiolita**: 349,2 hertz, nota musical Fá, cor verde, coração e pulmões, glândula timo (deficiências do sistema imunológico). O quartzo rosa atua no sentido de promover a pacificação e o tratamento das feridas emocionais, incentivando uma cura generalizada. A kunzita auxilia nas dificuldades de adaptação, favorece o desapego, cicatriza o "coração aberto", estimulando o equilíbrio das emoções. A turmalina rosa incentiva a expressão do altruísmo. Essas três pedras formam uma tríade indicada para os problemas do coração. Como complementação do processo de cura, citamos ainda a turmalina verde, considerada a pedra curativa por excelência, e a turmalina preta, que funciona como um escudo de proteção, fechando o campo energético pessoal, devendo ser sempre utilizada em associação ao quartzo cristalino, um contraponto que estimula a auto-expressão;
- **citrino amarelo**: 329,1 hertz, nota musical Mi, cor amarelo, auxilia todo o aparelho digestivo mas, em especial, o pâncreas, o fígado e os rins, atua sobre a memória e a

concentração, transforma tendências destrutivas em autoconfiança, alinha a mente com as emoções;
● **ágata laranja**: 292,2 hertz, nota musical Ré, cor laranja, baço e intestinos, prazer e criatividade;
● **quartzo fumê**: 261,2 hertz, nota musical Dó, cor vermelho, órgãos genitais e ânus, antidepressivo, favorece o desapego, a meditação e traz proteção.

PISCINAS E FONTES
pureza e purificação

A água é sempre preciosa. Sua presença na paisagem determina a escolha do lugar para viver. Aproximar-se da água é natural, ela exerce sobre todos uma forte atração.

A água limpa à frente da casa, na forma de uma fonte ou espelho d'água, cumpre a mesma função do rio sinuoso que atravessa o vale na área rural, fertilizando-o por meio dos depósitos de matéria orgânica. Purifica e reaviva as "velhas formas" do lugar, transformando-as. Segundo Bachelard, a água clara é o símbolo da pureza e cada homem descobre, sem guia, sem convenção social, essa imagem natural (BACHELARD, 1989).

Espelhos d'água, fontes e pequenos lagos artificiais à entrada constituem também um elemento de separação e transição entre a casa e a rua. Plantas aquáticas são indicadas para essas águas com o objetivo de absorver a força ali paralisada, eliminando-a através das suas folhas.

A piscina representa o sonho de

"TUDO O QUE O CORAÇÃO DESEJA PODE SEMPRE REDUZIR-SE À FIGURA DA ÁGUA."
PAUL CLAUDEL[63]

"FRESCA E CLARA É TAMBÉM A CANÇÃO DO RIO. REALMENTE O RUMOR DAS ÁGUAS ASSUME COM TODA NATURALIDADE AS METÁFORAS DO FRESCOR E DA CLARIDADE. AS ÁGUAS RISONHAS, OS RIACHOS IRÔNICOS, AS CASCATAS RUIDOSAMENTE ALEGRES ENCONTRAM-SE NAS MAIS VARIADAS PAISAGENS LITERÁRIAS. ESSES RISOS, ESSES CHILREIOS SÃO, AO QUE PARECE, A LINGUAGEM PUERIL DA NATUREZA. NO RIACHO QUEM FALA É A NATUREZA CRIANÇA."
G. BACHELARD[64]

"DE INÍCIO, É PRECISO COMPREENDER A UTILIDADE PSICOLÓGICA DO ESPELHO DAS ÁGUAS: A ÁGUA SERVE PARA NATURALIZAR A NOSSA IMAGEM, PARA DEVOLVER UM POUCO DE INOCÊNCIA E DE NATURALIDADE AO ORGULHO DA NOSSA CONTEMPLAÇÃO ÍNTIMA."
G. BACHELARD[65]

renovação sugerido pela água fresca. Mergulhamos em suas águas para renascermos renovados. Sugere-se o jardim frontal da casa para a localização ideal da piscina. Como nos vales protegidos por

---

[63]Claudel, P. in BACHELARD, 1989.
[64]BACHELARD, 1989.
[65]BACHELARD, 1989.

montanhas, a água reúne ali o princípio vital. Quando localizada por detrás da residência contrapõe-se ao conceito de Montanha, elimina o resguardo e o amparo e, nesse caso, a forma curva, abraçando a casa, é a mais indicada.

O desenho irregular, curvo e circular, é o preferido para a piscina ou espelho d'água. A forma mais natural integra-se melhor ao paisagismo. Quanto ao tamanho, não deve ultrapassar o da casa, a presença da água não pode dominar o lugar pois, quando excessiva, é associada à expressão máxima da polaridade Yin: ao Abismal, ao frio, à noite, à introspecção, à perda da consciência, ao medo e à depressão.

Se a piscina estiver localizada muito próxima à residência, as indicações são:
● criar um percurso sinuoso entre a água e a casa, aumentando visualmente a distância entre as duas;
● introduzir um novo elemento próximo à edificação (uma árvore, escultura ou poste de iluminação), para equilibrar visualmente a presença excessiva da água.

Com relação à piscina, sugere-se ainda evitar que o trampolim aponte, como uma flecha, para a casa. Outra sugestão é a de não localizar piscinas, ou reservatórios de água, sobre áreas de permanência prolongada, especialmente dormitórios, por considerar que as águas exercem efeito opressor sobre esses ambientes. Neste caso, o recurso apresentado por essa Escola é o de afastar o mobiliário nobre do alinhamento vertical com a água.

Para Bachelard, a contemplação da água acrescenta à nossa vida valores de sonho, oferece imagens para um devaneio que só a poesia pode acabar e perfazer. Ele pergunta: *"Onde está o real: no céu ou no fundo das águas? O infinito, em nossos sonhos, é tão profundo no firmamento quanto sob as ondas. (...) Assim, às vezes, a água assume o céu. E o sonho dá à água o sentido da mais longínqua pátria, a pátria celeste"* (BACHELARD, 1989).

A ÁGUA CORRENTE
referências técnicas

O movimento da água corrente é considerado "ionizante", ou seja, produz íons ou "ar vitaminado". Definidos pela Física e pela Química como "átomos ou grupamentos de átomos com excesso ou falta de carga elétrica negativa" (FERREIRA, s.d.), os íons são classificados em opositivos, neutros e positivos. Os positivos atuam como radicais livres nocivos ao corpo (como, por exemplo, o caso do ar condicionado), os neutros são inofensivos, e os opositivos são biologicamente proveitosos e renovadores.

Em avaliação efetuada pelo pesquisador russo Dr. Brunowski, sobre ambiente e saúde, no fim do século passado, as comunidades que apresentaram altos índices de longevidade estão implantadas em locais onde a concentração de íons opositivos no ar é maior, por volta de 10.000 por cm³. Estes lugares situavam-se próximos às cascatas e cachoeiras, cujas águas, atritando-se contra as pedras, liberavam íons opositivos nos vapores (GLÓRIA, 1991). Nas grandes cidades, o índice de concentração de íons opositivos cai bastante, aproximando-se de 500/cm³, podendo chegar até a 50/cm³ no interior dos edifícios com ar condicionado. Em conseqüência, nas cidades, envelhece-se e morre-se mais cedo.

A ÁGUA TRATADA

A água, o *container* da vida, quando canalizada, tem seu potencial empobrecido. Além disso, existe atualmente a possibilidade de contaminação da água tratada, pelo excesso de aditivos químicos. Há estudos científicos sobre a qualidade dessa água e sua relação com as enfermidades de nossa época. O motivo do estudo é justamente o cloro, o desinfetante utilizado nas estações de tratamento, pois sabe-se que ele reage com a matéria orgânica contida na água bruta gerando subprodutos (denominados THM ou trihalometanos), considerados cancerígenos. Como a função do cloro é justamente a de destruir microorganismos causadores de doenças, sendo por isso imprescindível o seu uso, a solução é lavar a caixa d'água pelo menos duas vezes ao ano, e o filtro caseiro semanalmente.

O nível máximo permitido de THM na água tratada, nos Estados Unidos, é de 100 microgramas por litro, embora a tendência atual seja de limitá-lo a 50.

Atualmente existem diferentes aparelhos para uso doméstico com a função de ionizar o ar por meio da água corrente. A fonte é um deles, muito recomendada pelo Feng Shui contemporâneo. Entretanto, a função ionizante depende da correta relação entre a sua dimensão e a do ambiente.

Em São Paulo, foram encontrados de 23 a 76 microgramas por litro de água, dependendo da estação de tratamento. Em Belo Horizonte, 10, no Rio de Janeiro, 25 e em Porto Alegre, 50 (MONTENEGRO, 1998).

As águas minerais podem ser uma boa alternativa para o uso cotidiano ou, de acordo com o médico Celso Fortes, podemos nos valer das drusas (aglomerados de cristais) para magnetizar a água, melhorando sua qualidade. Pode-se deixá-las imersas no filtro caseiro, por no mínimo 30 minutos, e tomar um pouco dessa água, especialmente em jejum (ALMEIDA, s.d.).

Beber muita água fresca, purificada ou mineral é essencial para a saúde física e espiritual. Através dos rins, toxinas são eliminadas, e além disso, segundo Barbara Marciniak, a água como elemento condutor de eletricidade, *"torna a nossa natureza mais permeável às intuições e percepções"* (MARCINIAK, 1996).

Capitólio, MG.

GRADES E MUROS
exposição x reclusão

Um lugar aberto, sem nenhum tipo de vedação ao redor torna-se tão exposto que ninguém pode sentir-se verdadeiramente confortável ali. É por demais vulnerável. As pessoas sentem-se resguardadas somente quando há um maior grau de fechamento, seja através de um muro (cego ou vazado), de uma colunata, de uma varanda ou de vegetação (ALEXANDER, 1980). Quando completamente fechado, o ambiente representa o outro extremo da situação, igualmente desconfortável. O ponto ideal é sempre o equilíbrio entre exposição e reclusão. Uma outra recomendação é que os muros, Yang, sempre sejam acompanhados de vegetação, Yin.

CAMINHOS

O traçado do caminho só será confortável se for compatível com o processo de caminhar. É importante situar metas, ou pontos de interesse, e conectá-las formando veredas e trilhas, que devem ser suavemente curvas.

Os caminhos cimentados ou asfaltados são práticos de limpar, porém não nos beneficiam, nem às plantas, nem à água da chuva (ALEXANDER, 1980). Por que não utilizar pedras em vez de cimento, permitindo que o musgo e as plantas cresçam ao redor, facilitando o contato com a terra e a conexão com o entorno?

MATERIAIS DE CONSTRUÇÃO
afetam o corpo

O intercâmbio entre a estrutura externa e a interna do edifício é considerado fundamental, já que o ar nutre o organismo através da inalação e do contato com a superfície da pele.

Os materiais de construção considerados mais adequados são aqueles permeáveis, ecologicamente convenientes, biodegradáveis, de baixo consumo energético e fáceis de manipular.

A madeira, o barro, a pedra, a argamassa de cal e areia, o ladrilho e o gesso natural permitem, por serem porosos, que a casa "respire", que se faça a difusão natural do ar, bem como a liberação da umidade interior, quando excessiva.

A madeira deveria ser isenta dos produtos de tratamento, muitas vezes tóxicos, como o pentaclorofenol, o lindano ou o formaldeído; o ideal é tratá-la com ceras naturais e essências de plantas. É bom lembrar que o seu uso na construção não apresenta risco para o equilíbrio das matas, o que ocorre com a fabricação de carvão ou com o desmatamento para criação de campos de pastagem e mineração.

O uso da terra crua, barro ou argila, material de grande inércia térmica (ou seja, que mantém uma boa temperatura no interior da casa, independente das variações do meio externo), é tradicional na arquitetura vernacular, a arquitetura autêntica dos povos nativos. Na forma de adobe (ou, atualmente, tijolo de solo-cimento), taipa de sebe (ou pau-a-pique) e taipa de pilão, o seu uso contemporâneo não constitui um retorno tecnológico, mas sim uma nova opção construtiva de baixo custo, denominada Arquitetura de Terra.

Para o Feng Shui, do ponto de vista técnico, usar terra crua na construção é levar a força de vida do solo para a edificação. Os microcristais ("ovos do Dragão", elementos que guardam a vida da Terra), mantêm-se, neste caso, intactos, o que não acontece durante a queima do tijolo, quando são, então, destruídos. O uso do tijolo de barro comum é preferível ao de materiais sintéticos, ou mesmo ao tijolo de concreto, exatamente pela questão da possível toxicidade, radioatividade ou impermeabilidade desses produtos.

As estruturas metálicas, incluindo os laminados, funcionam como condensadores de eletricidade e podem alterar o campo elétrico ambiental, o que pode provocar nos indivíduos desde superexcitação e nervosismo até depressão e desvitalização, caso não sejam corretamente aterradas (BUENO, 1995).

Os isolantes acústicos e térmicos, tais como espumas de poliuretano (que impedem a respiração das paredes), lã de vidro e isopor ou poliestireno expandido (que acumulam eletricidade estática), são os menos recomendados. O gesso produzido artificialmente é considerado tóxico e radioativo (BUENO, 1995).

Capela – Mateus Leme, MG.

As tintas sintéticas liberam freqüentemente compostos químicos tóxicos (benzeno, cádmio, formol, lindano, cetonas e outros). O ideal seria utilizar pigmentos naturais ou tintas de baixa toxicidade, o que no Brasil dificilmente se encontra. Uma opção interessante é a cal (material de uso milenar, que proporciona alto índice de salubridade) tingida por pigmentos naturais.

UM LUGAR SECRETO

"Um lugar que possa ser utilizado de uma forma muito particular e em momentos muito especiais, difícil de ser descoberto, a não ser que seja revelado, de pequena dimensão, para guardar os segredos e tesouros, a história da casa ou da família, para refugiar-se do mundo ou para aquietar-se no silêncio é uma necessidade freqüentemente ignorada" (ALEXANDER, 1980).

A CASA DO PONTO DE VISTA DA TEORIA DAS POLARIDADES

Já nos familiarizamos com os conceitos básicos da Teoria das Polaridades, apresentados para avaliação da paisagem rural. No estudo da casa, todos os eixos de oposições, organizadores do espaço arquitetural, podem ser pesquisados do ponto de vista dessa teoria. Veremos, a seguir, quais são os limites de cada polaridade (COELHO NETTO, 1993):

- **Espaço Interior x Espaço Exterior:** o dentro e o fora devem, como já foi dito, dialogar através da transição de entrada, um elemento intermediário entre a casa e a rua, que pode ser representado por um percurso, um jardim, uma varanda ou um vestíbulo;
- **Espaço Privado x Espaço Comum:** a privacidade é uma questão básica a ser solucionada nas pequenas casas e apartamentos. É importante valorizar o recolhimento individual, evitando-se a convivência forçada. Torna-se difícil viver bem com o outro sem a garantia de que se possa também estar só e desfrutar da própria intimidade;
- **Espaço Construído x Espaço Não-Construído:** as paredes e os muros podem representar cerceamento excessivo, transformar a arquitetura em prisão. Por isso, devem estar sempre associados a áreas livres contíguas e desobstruídas, como terraços e jardins, que possibilitem o contato com o sol e o vento, com o céu e a paisagem;
- **Espaço Artificial x Espaço Natural:** é impossível habitar o espaço natural em seu estado bruto, mas podemos criar um pátio, um quintal, um jardim, um parque ou uma praça sem "desnaturalizar", indicando a presença pacífica do homem, como acontece no paisagismo chinês;
- **Espaço Restrito x Espaço Amplo:** o espaço restrito e fechado lembra a segurança do útero materno, e garante a privacidade, que possibilita a vida biológica. O restrito é o íntimo, o secreto, o misterioso e às vezes atemoriza, porque confina, ou, ainda, nos aproxima de nós mesmos. O espaço amplo e aberto significa liberdade, promessa de aventura, luz, domínio. A imensidão é o vazio, e também pode nos atemorizar, pois nos torna vulneráveis e nos trás a consciência da solidão;
- **Espaço Horizontal x Espaço Vertical:** os planos do percurso humano são sempre dois: o horizontal, a Terra e o vertical, o Céu. Representam a antítese entre imanência e transcendência, entre vida terrena e espiritualidade. Para criar um espaço a ser vivido em todas as suas possibilidades necessitamos explorar esses dois eixos na habitação;
- **Espaço Não-geométrico x Espaço Geométrico:** o orgânico (o não-geométrico) liberta e a geometria delimita, duas condições fundamentais à existência humana.

Tratando-se de oposições é importante ressaltar a relação dialética entre Yin Chi e Yang Chi, que devem finalmente encontrar uma resolução, por intermédio da casa.

O Yin Chi é a sombra, a morte, sendo

caracterizado por ambientes escuros, frios, úmidos, pequenos, baixos, entulhados, rebuscados, excessivamente ornamentados, localizados abaixo do nível da rua, com janelas que se abrem para prédios vizinhos ou muros. Também representado por formas curvas, jardins densos, pelos bosques e matas fechados.

O Yang Chi é a luz, a vida, sendo associado aos ambientes claros, quentes e secos, com sol e vento, despojados, vazios e amplos, com teto alto. Também às formas geométricas, às residências situadas ao nível da rua ou acima, com vistas panorâmicas do entorno.

No momento da escolha de um lugar para viver, a preferência deve ser, evidentemente, pelo Yang, a vida, ou por uma situação intermediária.

É bom lembrar que todo excesso (tanto Yin quanto Yang) pode ser atenuado mediante a inserção, no lugar, de elementos que representem a polaridade oposta. Uma casa, em que a característica é Yin, pode receber então cores vibrantes, lareira ou fogão a lenha, teto de luz, grandes aberturas e melhor iluminação artificial, insolação e ventilação (no percurso de chegada, principalmente), bem como a redução da vegetação do entorno. A casa que possui característica Yang pode adotar cores escuras, cortinas e tapetes, vegetação densa (tanto no ambiente interno quanto no externo), um espelho d'água, muros e cercas elevados.

O ENTULHO, OS EFEITOS DO ACÚMULO E DA DESORDEM

O Feng Shui considera a casa um sistema vivo, que respira e permuta com o ambiente do entorno, através de portas e janelas, corredores e escadas, quartos e salas. Quando esse fluxo é desobstruído, a sensação é de bem-estar, e quando bloqueado por excesso de mobiliário e adornos acontece o oposto, desconforto e incômodo.

Considera-se que o acúmulo de coisas, característico da polaridade Yin, vem de um sentimento de insegurança, de um instinto de autoproteção. É possível que a pessoa que acumula sinta-se carente.

O entulho corresponde à qualidade de "armazenamento" do elemento Terra, que quando excessiva, provoca peso e inércia na vida, mas quando adequada, nutre.

A porta de entrada obstruída pode evidenciar uma dificuldade em sair para o mundo, em lidar com a vida prática do mundo.

"LIXO: PARA DEMONSTRAR O QUE NÃO É DESEJADO POR ALGUMAS PESSOAS. NUM DETERMINADO MOMENTO, MAS CERTAMENTE SERÁ DESEJADO POR OUTRAS NUM DETERMINADO MOMENTO. SE ESSES MOMENTOS E ESSAS PESSOAS PUDESSEM SER COORDENADOS — NÃO HAVERIA RAZÃO PARA QUE O LIXO EXISTISSE."
PETER GREENAWAY[66]

---

[66] Trecho da Ópera-prop de Peter Greenaway, *100 objetos para representar o mundo*, São Paulo, 1998.

> "O QUE É O ESSENCIAL? OS FILÓSOFOS ANTIGOS REDUZIAM O ESSENCIAL AOS (...) ELEMENTOS FUNDAMENTAIS (...). PENSAVAM ESTAR FAZENDO COSMOLOGIA, MAS ESTAVAM FAZENDO POESIA. SABIAM DOS SEGREDOS DA ALMA. POIS É DISTO QUE SOMOS FEITOS."
> RUBEM ALVES[68]

A sugestão é dispor dos objetos que não são utilizados (ou apreciados), reorganizar gavetas, armários e estantes, e deixar livres a entrada da casa e toda circulação.

É necessário reservar um lugar para funcionar como depósito da casa, para que outros espaços não se transformem em receptáculo de todos os objetos marginais.

"A higiene, a ordem e a harmonia em si próprio e no ambiente são mais importantes do que se pensa, pois evitam o ingresso em estados de caos. Mantê-las é uma espécie de medida preventiva, profilática, que não deve faltar, dado que as forças conflituosas dos níveis psíquicos se sustentam com essas desarmonias."[67]

É importante lembrar que existe uma diferença entre lugar desordenado e lugar habitado, *"vivo"*. Os ambientes hiperorganizados, onde nada está fora do lugar, podem tornar-se muito impessoais, sem a marca da vida e do uso humano – o que, diferentemente da desordem, deve sempre se fazer presente.

A CASA DO PONTO DE VISTA DA TEORIA DOS CINCO ELEMENTOS

No estudo da casa, os Cinco Elementos constituem uma linguagem de padrões do lugar, estão nas formas, símbolos e cores dos ambientes, mobiliário, material de revestimento, objetos utilitários e de adorno.

Recapitulando, a Teoria dos Cinco Elementos fala da existência de uma relação entre certas formas físicas e sentimentos humanos, implícita nas seguintes associações, amplamente compartilhadas, de acordo com o geógrafo Yi-fu Tuan: os elementos verticais evocam um sentido de esforço (Madeira) e às vezes arrebatamento (Fogo, quando pontiagudos), os horizontais lembram aceitação (Água, quando irregulares) e descanso (Terra); os sólidos fechados associam-se a sentimentos de fixação e inibição (Metal); os pavilhões abertos e de plasticidade profunda à flexibilidade e expansão (também Madeira), (TUAN, 1980).

Veremos, a seguir, a representação formal de cada elemento no interior da casa, *"material básico para a impressão de um caráter e de uma personalidade"*[69]. Ressaltamos não ser necessário utilizar todas as referências apresentadas na composição de um ambiente, apenas uma pode bastar.

---

[67] Conforme o *Boletim de Sinais*, nº 1, jan. a mar., 1999.
[68] ALVES, 1994.
[69] Trecho da Ópera-prop de Peter Greenaway, *100 objetos para representar o mundo*, São Paulo, 1998.

MADEIRA	FOGO	TERRA	METAL	ÁGUA
ESTAÇÃO/ATRIBUTOS				
Primavera, renascimento, expansão, crescimento, esperança	Verão, calor, exuberância, movimento, tensão	Meio do Verão, centro, estabilidade, peso, inércia, equilíbrio	Outono, friagem, impessoalidade, vazio, solidão	Inverno, recolhimento, escuridão, descanso, relaxamento
FORMA DO AMBIENTE E MOBILIÁRIO				
retangular, alongada	triangular, piramidal, cônica, angulosa, pontiaguda	quadrada, superfícies planas	circular ou oval, paredes curvas e arcos	orgânicas (assimétricas e sinuosas)
CARACTERÍSTICAS DO LUGAR				
densidade e saturação (com excesso de objetos e móveis), rebuscado, ornamentado	movimento e tensão, representados pela disposição diagonal do mobiliário, verticalidade (teto alto), ângulos agudos, planos inclinados (também teto inclinado), circulação de pessoas e/ou animais, choque/contraste na escolha do mobiliário (moderno/antigo, madeira/metal, e outros)	ordem, tradição, segurança, pela distribuição simétrica do mobiliário e uso de móveis pesados e massudos	assepsia, limpeza, vazio, pouca informação, centralização na organização do espaço, disposição circular (ou semicircular) do mobiliário, cúpulas e abóbadas	calma e introspecção, pelo uso de disposição assimétrica do mobiliário; uso de formas sinuosas no tapete, objetos e forro; fontes, piscinas, espelho d'água, aquário, superfícies refletoras, tais como vidro, espelho, cristais lapidados
REVESTIMENTOS, MATÉRIA-PRIMA				
todos os tipos de madeira, materiais de origem vegetal (vime, sisal, juta, cana-da-índia, bambu e outros), tecidos de origem vegetal (algodão, linho, cânhamo e outros), estampas florais ou listradas	de origem animal (que tiveram vida, energia ou Fogo) como couro, lã, peles, ossos, penas, seda; materiais sintéticos (que passaram pelo fogo) em geral	cerâmicos (desde que os tons e a textura da terra sejam visíveis), arquitetura de terra (adobe, pau-a-pique ou taipa de pilão), areia e concreto, pedras	todos os metais (alumínio, prata, aço, ferro e outros), presentes em mobiliário e acessórios (luminárias, persianas, esculturas), portas e janelas	vidros, espelhos, materiais escuros
ILUMINAÇÃO				
foco de luz ascendente	dramática, cenográfica	ponto de luz central	fria, luz fluorescente	indireta, difusa
OBJETOS, QUADROS, ESCULTURAS				
representações de matas ou flores, colunas e pedestais	representações de figura humana e/ou animal (de preferência em atividade), imagens do fogo, da luz e do sol, objetos em grande escala, velas e incensos, lareira e churrasqueira, mesmo quando não utilizadas	representações de casario, de campos ou desertos	representações de "natureza morta", relógios e sinos de vento em metal, pedras preciosas ou semipreciosas	marinhas e paisagens que incluem a água, ou as suas cores; conchas, corais
CORES				
azul e verde-claros, turquesa	vibrantes (principalmente o vermelho), diversidade de cores	tons de terra em geral, especialmente o amarelo, o ocre, o marrom, o cerâmica	claras em geral (principalmente o branco, o gelo, o areia e o prata) e tons pastéis	escuras, principalmente o preto e o azul-escuro

Se a forma do objeto corresponde a um elemento, e a cor a outro, ele traduz a mensagem de ambos. Não se trata aqui de efetuar uma leitura analítica, quando então o objeto é fragmentado, na tentativa de pesar e medir cada um de seus componentes.

A proposta é a busca da impressão geral, o arquétipo.

A água parada, por exemplo, é diferente da água corrente, apesar de ser o mesmo elemento. A primeira traduz calma, sua natureza essencial, a segunda indica a expansão característica da Madeira, traduzindo nesse caso a união de dois movimentos. Às vezes uma forma redonda (que traduz a força contrativa do Metal) traz também uma impressão de irradiação (ou Fogo) devido à sua cor, como no caso de um tapete redondo e vermelho. Provavelmente, o tapete condicionará uma organização circular do ambiente (Metal), criando neste espaço de convívio o temperamento vibrante característico do Fogo.

Em caso de dúvida, deve-se retornar sempre aos arquétipos:
- na Madeira, o Chi brota e expande;
- no Fogo, inflama-se e irradia;
- na Terra se acumula;
- no Metal, se contrai;
- na Água se recolhe.

O AMBIENTE, A REPRESENTAÇÃO DO COSMO

"A polarização que exerce um tom único, sobretudo se for intenso, tornar-se-á agressiva ou desequilibradora a longo prazo" (BUENO, 1995). O excesso de Madeira ataca o estômago (Terra), o excesso de Terra ataca os rins (Água), o excesso de Água ataca o coração (Fogo), o excesso de Fogo ataca os pulmões (Metal) e o excesso de Metal ataca o fígado (Madeira). Por isso sugere-se envolver na composição de um ambiente todos os elementos em diferentes proporções, criando uma interação dinâmica entre eles, a própria representação do Cosmo. O resultado final é uma diversidade de informações e diversidade é vida.

Apresentamos, a seguir, três roteiros básicos para composição de ambiente, de acordo com a Teoria dos Cinco Elementos.

Inicialmente devemos identificar qual o elemento apropriado para o lugar. Considera-se como elemento apropriado aquele correspondente à "vontade de ser" de um indivíduo, de um lugar ou de uma instituição, seus desejos e necessidades[70]. Este será denominado o Elemento Predominante. Queremos um ambiente formal? Usamos as referências da Terra. Calmo, introspectivo? Da Água. Vibrante? Fogo. Impessoal? Metal. Queremos flexibilidade, diversidade? Madeira. As referências desse elemento principal irão fornecer um tom básico ao lugar e

---

[70] Outra forma de caracterizar o ambiente é aplicar as referências do Método da Bússola, a serem apresentadas posteriormente.

devem predominar, evitando-se o excesso.

Vamos tomar como exemplo o ambiente de uma sala de convívio, que será organizado, passo a passo, a partir de cada abordagem: suponhamos que o Elemento Predominante escolhido seja o Metal, que pode ser representado por paredes brancas, piso de mármore branco, sofás claros, luminárias e persianas metálicas.

De acordo com a primeira opção, para que este elemento não se torne excessivo, valemo-nos do seu Antagonista (do Ciclo de Dominação[71]), que é introduzido em menor escala. O Antagonista do Metal é o Fogo (Fogo derrete Metal), que pode estar representado no lugar por um grande tapete vermelho.

O Antagonista desgasta-se neste processo, sendo indicado o uso de um terceiro elemento, auxiliar ou de suporte, com a função de fortalecê-lo, ainda que em menor escala do que o segundo. Valemo-nos agora do Ciclo de Criação. Na sala Metal, fortalecemos o Antagonista (o Fogo) com o Elemento de Suporte, a Madeira (Madeira alimenta Fogo), que pode estar representada por um móvel de madeira ou vegetação. Finalmente, representamos em acessórios os dois elementos restantes, aqueles que ainda não foram utilizados. No caso, pontuamos o lugar com Terra (objetos de cerâmica) e Água (objetos de vidro).

Uma segunda opção de composição é aquela em que o Elemento Predominante é controlado adotando-se a seqüência do Ciclo de Dominação.

Tomemos como exemplo a sala Metal, cujas características devem ainda predominar. Pelo Ciclo de Dominação, Metal corta Madeira e as referências deste segundo elemento devem ser utilizadas em grande escala, objetivando o desgaste do elemento principal. Em seqüência, introduzimos no lugar, em ordem decrescente de quantidade, os elementos subseqüentes do Ciclo: Terra, Água e Fogo.

Uma contraposição mais suave ao Elemento Predominante constitui-se uma terceira forma de se criar um lugar, sendo principalmente utilizada com a Água, a Terra, a Madeira e o Metal, pois o poder do Fogo exige sempre uma intervenção mais incisiva, o Antagonista.

Utilizamos, nesta terceira opção, como elemento de desgaste do Metal, o seu filho no Ciclo de Criação, no caso, a Água (uma mesa com tampo de vidro, sofás escuros e iluminação difusa). Devemos, ainda, completar o ambiente com a representação dos elementos restantes, adotando a seqüência do Ciclo de Criação: Madeira, Fogo e Terra, em escala decrescente de quantidade.

A primeira opção vale-se de relações dinâmicas e vibrantes. A segunda alternativa nos apresenta uma forma moderada de intervenção. A terceira constitui-se, dentre as três, a mais suave. Assim, buscamos criar uma igualdade entre forças opostas, uma estabilidade mental e emocional, um caráter,

---

[71] O Antagonista é o adversário, o opositor, aquele que trabalha no sentido contrário ao elemento escolhido, pelo Ciclo de Dominação.

uma personalidade, uma alma para o lugar.
Esta alma, cuja natureza é sempre ambígua, *"é uma parte permissível do Céu"*[72]. O pensador austríaco Rudolf Steiner imaginou, no início do século, a emergência de uma nova arquitetura na virada do milênio. São estas as suas palavras:
"No futuro, as pessoas serão tocadas por uma nova forma de expressão artística ao entrarem em um edifício. (...) Essa nova linguagem irá ensiná-las a amar.

Este tipo de edifício e suas formas atingirão o que as leis e medidas externas jamais conseguirão. A paz nunca será alcançada por meio de congressos. Só será alcançada quando os deuses conseguirem se comunicar conosco. E quando serão os deuses capazes de se comunicar conosco? Quando criarmos os órgãos necessários à sua expressão.
A Arte é a criação de um órgão através do qual os deuses serão capazes de falar com a humanidade" (STEINER, 1999).

3.5 A ESCOLHA DE UM BOM LUGAR PARA RESIDIR EM UMA GRANDE CIDADE

A QUESTÃO DOS EDIFÍCIOS DE APARTAMENTOS

"NÃO SEI O QUE VAMOS FAZER AGORA. ESTAMOS CONSTRUINDO CASAS QUADRADAS, TODAS EM FILA, E TEMOS RUAS RETAS, SEM ÁRVORES. NÃO HÁ MAIS RUAS TORTAS, NEM CASAS VELHAS, NEM POÇOS NOS JARDINS, E O RARO JARDIM PARTICULAR NÃO PASSA DE UMA CARICATURA. CHEGAMOS A SEPARAR A NATUREZA DE NOSSAS VIDAS, E VIVEMOS EM CASAS SEM TELHADOS, POIS O TELHADO É O QUE HÁ DE MAIS DESCUIDADO NUM EDIFÍCIO MODERNO."
LIN YUTANG[73]

A arquitetura das cidades é geralmente criada para ser vista e não para ser vivida, é uma arquitetura de fachada, publicitária.

A especulação imobiliária ignora as necessidades mais simples do homem, como a coexistência de espaço construído e natural, a necessidade do sol, da luz, da privacidade e do vento. Considera desperdício manter áreas verdes e livres. O seu interesse é apenas o da exploração do espaço, tanto horizontal quanto vertical.

Segundo Christopher Alexander, *"existem provas abundantes de que os altos edifícios desequilibram as pessoas"* (ALEXANDER, 1980). Para ele, os prédios elevados não apresentam realmente nenhuma vantagem, a não ser para as construtoras e imobiliárias, pois:
• são construções de maior custo;

---

[72] Trecho da Ópera-prop de Peter Greenaway, *100 objetos para representar o mundo*, São Paulo, 1998.
[73] YUTANG, 1997.

Hong Kong, China. Existem provas abundantes de que os altos edifícios desequilibram as pessoas.

- destroem a paisagem urbana;
- aniquilam a vida social, pois estimulam o isolamento dentro de casa, o que provoca alienação;
- incentivam o crime (a taxa de criminalidade é maior em torno de conjuntos de grande altura);
- debilitam a conexão com o solo e com o tecido urbano;
- dificultam a vida das crianças (que passam a sofrer de privação cinética, considerada a pior das privações perceptivas e exploratórias, podendo causar introversão, despersonalização e psicopatias variadas);
- induzem ao aumento da contemplação da TV (principalmente nos pisos mais elevados);
- são de cara manutenção;
- arruínam os espaços abertos contíguos;
- promovem o adensamento populacional das áreas residenciais (com consequências visíveis nos setores de trânsito e telefonia);
- reduzem a visibilidade, o sol e a ventilação das moradias.

Alexander busca comprovar suas afirmações citando experimentos e pesquisas de diversos profissionais, inclusive médicos e psicólogos. De acordo com os seus estudos, e sem querer impor um limite demasiadamente rigoroso, o edifício ideal deveria possuir no máximo quatro andares, o que ainda possibilita um certo contato com o meio social externo e com a paisagem.

As pessoas necessitam aproximar-se do solo e dos vizinhos, desejam um jardim ou um pátio privativo ao ar livre, necessitam de sol e intimidade, desejam identidade ou um caráter único para sua habitação – possibilidades todas inviabilizadas pelos altos edifícios de apartamentos, produzidos em série, anônimos e destituídos de um caráter personalizado (ALEXANDER, 1980).

> "A MAIORIA DOS PRÉDIOS QUE SÃO CONSTRUÍDOS NO MUNDO NÃO SÃO ARQUITETURA, SÃO APENAS PRÉDIOS, CRIADOS COMO DISPUTA DE FORÇAS ECONÔMICAS, DECISÕES EMPRESARIAIS E DE *MARKETING*, E NÃO COMO UMA ELEVAÇÃO DO ESPÍRITO."
> FRANK GEHRY
> ARQUITETO[74]

Atualmente, a maioria dos edifícios de apartamentos assume a forma de uma grande caixa ou caixote, árida e estéril, reflexo de sua natureza materialista, da falta de imaginação e do erro de se deixar o funcionalismo suplantar a arte. Um edifício deve ser a manifestação visível e física de um grupo social ou de uma instituição, quanto mais monolítico e indiferenciado, mais se configura como um objeto impessoal, mecânico e desumano. Devemos evitar os grandes edifícios e preferir aqueles com altura e densidade mais baixa.

"*Existe nas cidades uma mitologia do fechado, da restrição do espaço, não apenas como sinônimo de intimidade, mas, principalmente, de segurança. Os apartamentos tornam-se, na maioria das vezes, gaiolas sufocantes cuja área média por indivíduo é claramente insatisfatória. Além disso, contribuem para criar um isolamento cada vez maior entre as pessoas, apesar da aproximação forçada e excessiva com os vizinhos, e mesmo por causa disso. Por razões indesculpáveis, ditas econômicas, não há o isolamento acústico, e cada vizinho invade o espaço do outro com o ruído, o que reforça o desejo de afastamento*" (COELHO NETTO, 1993).

O fato de viver em apartamento significa literalmente desconectar-se da Terra, incluindo todas as suas implicações físicas e psicológicas. Significa colocar-se fora do seu campo vital, que, como um escudo protetor, envolve naturalmente a vida biológica num raio de três a cinco metros de altura (POGACNICK, 1997).

"*Não há dúvida que muito se perde na passagem da casa para o apartamento, envolvendo, inclusive, a perda do espírito comunitário, a identificação com um grupo e com um lugar*" (INN, 1950).

É da responsabilidade de quem trabalha o espaço urbano não colaborar com soluções que se contraponham às necessidades espaciais e existenciais do homem, buscando projetar criativamente e não apenas comercialmente.

Um texto interessante sobre a cidade e a vida mental afirma que existe, nas grandes metrópoles, um tipo de retrocesso "*na cultura do indivíduo com relação à espiritualidade, delicadeza e idealismo. A crescente padronização e massificação das moradias, o ritmo extenuante de trabalho, a carência de vivências de lazer e prazer realmente satisfatórios, a necessidade de especialização e a divisão de trabalho, o aperfeiçoamento unilateral representam na maioria das vezes uma espécie de morte da personalidade dos indivíduos, um amortecimento das genuínas colorações e das características da incomparabilidade pessoal*" (SIMMEL, 1967).

Nas grandes cidades o homem é esmagado pela verticalidade das construções e pelo caos urbano, e nem mesmo sabe que tem o direito de viver criativa e prazerosamente, de modelar a sua habitação de acordo com os seus desejos. Uma pequena

---

[74] FIORAVANTE, 1997.

história, aqui adaptada, ilustra bem a qualidade de vida oferecida pela grande cidade (YUTANG, 1997):

    Um dia o homem foi até Deus, queixou-se de que este planeta não era bastante bom para ele e disse que queria um "Paraíso com portas de pérolas". Deus, então, lhe apontou, na sua infinita paciência, a lua no céu, as montanhas azuladas a distância, as flores perfumadas, as árvores e o vento (ordenando nesse momento que soprasse uma brisa suave), os lagos e o reflexo da luz na água, as cordilheiras, os desertos, as geleiras, as cataratas e as florestas. Mas nada adiantou, o homem insistia na idéia de um Paraíso com portas de pérolas.

– Com que então este planeta não é bom para ti?, retrucou Deus.

– Mandar-te-ei, pois, para o Inferno, onde não mais verás a passagem das nuvens, nem as flores e as árvores, nem escutarás o canto das fontes...

E Deus o mandou morar em um apartamento da cidade.

O LUGAR IDEAL DE SE VIVER NA GRANDE CIDADE

Recomenda-se:

- proximidade de praças, parques (com vegetação exuberante e água limpa) e de ruas arborizadas. Nas cidades, muitas vezes as árvores tornam-se a única fonte de força vital telúrica que, como vimos, é fundamental à saúde do homem. Muitas vezes os parques possibilitam ainda a convivência com os animais e pássaros, considerada tão importante quanto a convivência com as árvores, as plantas e as flores – especialmente para a nossa saúde emocional;
- proximidade da água. Considera-se que a água atua positivamente sobre o nosso psiquismo, especialmente sobre as emoções e os sonhos (ALEXANDER, 1980). A água limpa em forma de rios, lagos, córregos e fontes próximos da casa são bem-vindos, especialmente as águas calmas com percurso sinuoso. A proximidade excessiva da água não é desejável, pelo perigo de enchente e pela questão da umidade;
- atenção para com a qualidade da vizinhança. O contato entre pessoas é uma função vital e desejável nas grandes cidades. A proximidade de escolas, *playgrounds*, lugares de encontro e convivência (centros comunitários, restaurantes, praças) e locais de oração e meditação é positiva, desde que não seja excessivamente ruidosa (ALEXANDER, 1980);
- apartamentos com varandas e terraços: muitas vezes, os apartamentos se configuram como lugares excessivamente confinados (Yin). As varandas compõem uma alternativa para usufruir-se do meio externo, do ar livre (Yang), guardam em escala reduzida a memória dos antigos quintais, principalmente quando cheios de plantas. Devemos, no entanto, preferir terraços que sejam realmente utilizáveis, que recebam sol,

que tenham privacidade e que a largura mínima possibilite incluir vegetação e um mobiliário de estar;
• atenção para a localização do apartamento no corpo do prédio. Recomenda-se apartamentos distantes da caixa de escada ou do elevador, do ruído de máquinas e da circulação, evitando-se também aqueles cuja porta principal posicione-se em final de corredor, devido ao impacto provocado pela movimentação de todo pavimento. A escada de acesso aos apartamentos deve ser ampla e espaçosa;
• preferir os andares intermediários na escolha de um apartamento. Os mais baixos ficam freqüentemente expostos ao barulho e poluição das ruas, outras vezes, falta-lhes sol suficiente. Nos andares superiores, a incidência dos ventos costuma ser muito forte, o que pode transformar os terraços e varandas em lugares inviáveis, desconfortáveis e expostos;

• preferir terreno situado acima da confluência de duas ou mais ruas, pois fica resguardado do ruído, poluição e possíveis acidentes. Outras boas indicações de localização são: vias locais menos freqüentadas, com desenho sinuoso e retorcido, que sugerem um tráfego lento e calmo; em ruas que abraçam o lugar sem confiná-lo; em ruas pavimentadas ou de terra batida (o cimento e o asfalto têm um efeito nocivo sobre o microclima);
• boa insolação: a face norte da edificação (no Hemisfério Sul) deve estar desobstruída, para que receba boa quantidade de sol. As pessoas em geral preferem as áreas ensolaradas, exceto em climas muito quentes. A face sul da habitação, sempre sombreada, é geralmente lúgubre e triste;
• preferir residências localizadas abaixo do cume de uma montanha, tendo por detrás uma encosta ou um edifício protetor. Como no Feng Shui rural, os espaços urbanos resguardados são considerados os mais confortáveis e agradáveis para viver;
• materiais naturais: valoriza-se na casa a presença de madeira, bambu, barro, pedra, plantas, areia e água. Como sabemos, de acordo com a abordagem taoísta, a saúde do homem depende do contato com esses elementos;
• casa com quintal. Tanto o quintal, aos fundos e mais largo, quanto o jardim, à frente e mais estreito, indicam a necessária separação do entorno;
• o caminho de acesso do carro ou de pedestres em linha curva ou sinuosa, estreitando-se em direção à porta, com piso preferencialmente de terra, saibro ou pedras.

Rio Li, Yangshuo, China. Recomenda-se, na cidade, a proximidade de parques, praças, vegetação exuberante e água limpa.

O QUE EVITAR
soluções técnicas

As situações desfavoráveis de habitabilidade de um lugar serão significativas somente se estiverem inseridas em um raio de trinta metros ao redor da casa, apontando diretamente para a porta de entrada ou para as janelas. Devem, ainda, ser interpretadas de um ponto de vista relativo, de acordo com o imaginário pessoal. Por exemplo, para alguns, viver próximo a um cemitério-parque (condição teoricamente desfavorável) pode ser visualmente agradável e trazer a lembrança positiva da transitoriedade da vida. Importante é não transformar indicações em dogmas, e levar em conta as próprias impressões pessoais de bem ou mal-estar com relação a um determinado lugar.

Contra obstáculos visuais e auditivos, sugere-se o fechamento por meio de cercas, muros e vegetação, mobiliário, cortinas e persianas. Se o lugar caracteriza-se como excessivamente Yin, devemos torná-lo um pouco mais Yang e vice-versa. Esse é o processo de trabalho da Escola da Forma.

Problemas que afetam o psiquismo da casa exigem soluções correspondentes, para os quais propõe-se a utilização das Escolas da Bússola e Americana (o uso de talismãs e de símbolos).

Situações problema e soluções técnicas:

- casas ou prédios "sufocados" por grandes edifícios, paredões e barrancos proporcionam aos usuários uma sensação incômoda de opressão. Se a grande estrutura for redonda ou coberta por domo, isso faz com que a pressão fique minimizada. A solução é sempre valer-se da arquitetura ou paisagismo para criar uma barreira visual;
- casas ou prédios situados em topo de morro (e/ou próximos a declives acentuados) são expostos e vulneráveis, apesar da vista ampla, e devem ser protegidos. Muros e cercas vivas ao redor são indicados;
- casas implantadas em nível mais baixo que o da rua ficam sujeitas a sombreamento e umidade. Além disso, o acesso de entrada, semelhante à descida para um porão, cria uma imagem de lugar introspectivo e fechado. As sugestões existentes são: melhorar a iluminação do percurso, pintar a casa de cores vibrantes, ou até incluir um teto de vidro, que permita a passagem da luz;
- terrenos com declive em direção ao fundo não são valorizados. Torna-se necessário estabelecer uma divisa composta de massa de vegetação, ou muro, para resguardar a residência. Outro recurso é reorientar a entrada, valorizando-se a idéia da "proteção por detrás";
- localização em fim de rua sem saída, ou estreita, pode configurar-se como claustrofóbica. Fontes e espelho d'água com peixes em movimento trazem vida a esse tipo de local. Deve ser evitada a proximidade de rotatória, trevo rodoviário ou avenidas muito amplas com tráfego intenso, de grande comércio, bares e boates, pontes, viadutos e elevados, o que não conforma o caráter protetor desejado para o lugar da moradia.

Uma residência situada em rua de grande movimento pode utilizar, na composição de seu jardim, pedras, muros e cercas como elementos de proteção. Pode-se ainda criar um vestíbulo de entrada com duas portas, uma de acesso à rua, outra de acesso à casa. Assentar a porta de entrada em diagonal também é solução indicada. Casas de esquina, ou com localização na confluência de duas ou mais ruas (confluência em "T", "V" ou "Y"), recebem o impacto direto do barulho, poluição e movimento. O mesmo acontece quando a edificação está do lado externo da curva da rua. Os acidentes de tráfego são muito mais freqüentes nessas situações. Terreno com saídas para ruas paralelas, com dois acessos de entrada, torna-se muito vulnerável. Ruas íngremes são evitadas. Casa sobre ou próxima de linha de metrô será afetada pelo som e pela vibração;

• solos erodidos, degradados ou aterros, secos ou muito úmidos, devem ser evitados;

• terrenos em forma de "L" podem subdividir-se em dois retângulos, liberando o canto menor para um jardim e o maior para a edificação. Em forma triangular podem ser transformados em trapézios, liberando uma das quinas para área verde;

• configura-se como grave a proximidade física ou visual de hospitais, construções abandonadas ou em ruínas, árvores mortas, cemitérios, matadouros, açougues, delegacias, hospícios, depósitos de lixo, funerárias. Já sabemos que interagimos constantemente com o entorno, que a nossa saúde é influenciada pelas condições existentes ao redor. Nessa hipótese, a solução é sempre a mesma: para interceptar a visão indesejável, as janelas devem receber algum tipo de vedação ou, ainda, criar um novo foco de atenção no ambiente. É erro grave, também, construir ou reformar casas nos lugares utilizados para os fins mencionados, sendo que o único recurso recomendado é a limpeza psíquica dos ambientes;

• a existência de fluxo (rios, ruas e avenidas, linhas de trem) ou piscina por detrás da casa, tornam o lugar vulnerável. Para supri-lo de elemento de proteção é indicada a construção de uma barreira, por meio do paisagismo ou da arquitetura;

• rachaduras nos muros, paredes e telhados enfraquecem o local e devem ser corrigidas;

• uma família pequena em uma casa muito grande pode experimentar a sensação de vazio e frieza.

Outras recomendações:

• vasos de plantas podem ser colocados sobre ralos e drenos, impedindo exalação indesejável;

• pátio central estreito, em uma residência, pode tornar-se a imagem do confinamento. Duas das soluções possíveis são pintá-lo de cor vibrante ou introduzir melhor iluminação;

• elevadores que se abrem diretamente para o apartamento criam "efeito sucção". Pode-se elevar o piso da entrada da casa alguns centímetros ou posicionar o mobiliário da sala de maneira a isolar a entrada;

• *Stress* eletromagnético: casas próximas a subestações elétricas, transformadores, redes de alta tensão, torres de transmissão e cercas eletrificadas estão em situação de risco. A ciência da Geobiologia estuda com detalhes a influência dos campos eletromagnéticos sobre a saúde. O uso cada vez maior de computadores, máquinas de fax, TVs, fotocopiadoras, luz fluorescente, telefones celulares e inúmeros outros equipamentos elétricos tem criado uma complexa rede eletromagnética em todos os edifícios. Os campos eletromagnéticos são regiões do espaço onde a eletricidade e o magnetismo estão vibrando. Existem campos distintos, o elétrico, o magnético e o eletromagnético, que são usualmente agrupados pelo termo campos eletromagnéticos.

O efeito deste novo e complexo meio ambiente sobre a saúde não é ainda totalmente conhecido, embora seja alvo de interesse e estudo cada vez maiores, principalmente em países da Europa.

"*A eletricidade que utilizamos, e o magnetismo por ela gerado, vibra em uma freqüência (um vórtice de sentido anti-horário), que é transferida para a água presente em nosso ambiente imediato; daí, transfere-se para a água presente em nosso corpo. Ela gera um padrão de vibração antinatural, que interfere nos processos de funcionamento do corpo cuja freqüência vibra em sentido horário.*"[75] Do conflito entre as duas forças rotacionais, surge o *stress* eletromagnético, que torna o homem vulnerável a uma série imensa de distúrbios. Os sintomas geralmente incluem fadiga, dificuldade de concentração, suscetibilidade a infecções, depressão, irritabilidade, dificuldade de aprendizado, perturbações no sono, efeitos sobre a gravidez (incluindo riscos de aborto) e certos tipos de câncer.

Redes de alta voltagem, subestações elétricas e transformadores constituem os maiores problemas no entorno de uma casa. O afastamento mínimo aceitável das redes de alta voltagem é de um metro para cada 1000 volts. Como geralmente elas transportam, em média, 150.000 volts, o afastamento de segurança deve ser de 150 metros. Para os transformadores, a distância mínima sugerida é de 50 metros.

Dentro da casa os problemas estão principalmente na rede elétrica, motores (geladeira, aquecimento central), luz fluorescente, antenas receptoras de TV e cobertores elétricos. Sistemas de aquecimento central são especialmente problemáticos, pois transmitem vibrações através da água de todo o sistema radiador.

Os campos eletromagnéticos atravessam paredes, sendo portanto fundamental verificar o que existe do outro lado da cabeceira da cama ou da mesa de trabalho.

Outros aparelhos domésticos, como aspiradores de pó, máquinas de lavar e liqüidificadores são utilizados apenas por breve período de tempo, não constituindo problema. O sistema de telefonia utiliza baixa voltagem e não é considerado fonte de distúrbios. Entretanto, embora não seja ainda cientificamente comprovado, a influência dos telefones celulares parece indicar risco para a saúde e, por isso,

---

[75] Apostila *Eletromagnetic stress, how to deal with it*. The Live Water Trust, Inglaterra, 1997.

não devem ser transportados junto ao corpo.

Algumas referências sobre o uso dos computadores:
• os fundos do computador, área mais carregada magneticamente, não deve ficar voltada para uma pessoa e, sim, para uma janela;
• deve-se trabalhar em uma sala bem ventilada, o que ajuda a descarregar o eletromagnetismo do ar;
• utilizar a tela anti-radiação (ou escolher uma máquina com tela de cristal líquido);
• desligar o sistema de cores quando trabalhar apenas com texto;
• quanto maior o aparelho, maior é a radiação por ele emitida;
• não se alimentar diante do computador, pois a radiação também é absorvida pelo alimento;
• fazer pausa durante o trabalho. O efeito hipnótico do computador pode envolver o indivíduo por horas, aumentando seu nível de *stress*.

De acordo com a abordagem médica chinesa, o excesso de radiação eletromagnética é considerado excesso de polaridade Yang, o que afeta diretamente a nossa contraparte Yin (líquidos, sangue, olhos). O recurso é acrescentar ao ambiente, próximo ao computador, plantas, pedras e água (sem peixes), que minimizam a influência do eletromagnetismo sobre o corpo. O clorófito (*Chlorophytum comosum vittatum*) é a planta indicada, bem como as pedras ametista, quartzo e turmalina negra (CRAIGHTMORE, 1997).

Não é mais possível escapar desse novo meio ambiente e seus efeitos. Podemos, contudo, minimizá-los reduzindo o uso de determinadas máquinas como a televisão e o telefone celular, por exemplo.

Existe, atualmente, um pequeno aparelho, denominado *Vortex Unit* [76] que, embora ligado ao sistema elétrico da casa, não consome energia. Emprega uma tecnologia à base de sílica. Esse aparelho propaga pelo sistema elétrico da casa um vórtice contrário àquele gerado pelos campos eletromagnéticos nocivos, eliminando-os num raio de aproximadamente 45 metros.

3.6 LUZ E CORES, ESTADOS DE ESPÍRITO

> "UMA OCASIÃO
> MEU PAI PINTOU A CASA TODA DE ALARANJADO BRILHANTE.
> POR MUITO TEMPO MORAMOS NUMA CASA,
> COMO ELE MESMO DIZIA:
> CONSTANTEMENTE AMANHECENDO."
> ADÉLIA PRADO

---
[76] Ver como obtê-lo no item Endereços Úteis, ao final do livro.
[77] TOLENTINO, 1999.

As cores são como a linguagem dos deuses, algo difícil de assimilar por meio de raciocínios e interpretações. Os deuses falam um outro idioma. Devemos "escutar" as cores, nos libertando das imagens conhecidas, nos entregando ao seu chamado. Temos de nos submergir na sua "força elemental"[78], no seu "espírito", até que se tornem completamente vivas.

Cada um de nós deve encontrar o seu caminho próprio de percepção e entendimento das cores, evitando as especificações estéticas ou simbólicas quando estereotipadas ou meramente intelectuais.

O IMPACTO DAS CORES

As cores atraem o nosso olhar, mas ao perceber o seu contexto emocional, lembramos que o seu impacto é determinado também culturalmente. Não podemos evitar, para efeito de estudo, as interpretações culturais dessas experiências emocionais. O preto, por exemplo, cor que absorve todas as outras, representa o peso da morte no Ocidente. Talvez devido à crença, presente em certas religiões, de que o momento da morte é o momento do julgamento, quando somos, então, recompensados ou castigados pelas virtudes ou transgressões cometidas durante a vida. Na cultura chinesa, o branco, que não absorve nenhuma cor mas reflete todas as outras, simboliza a morte. A leveza do branco associa-se à morte enquanto momento de passagem para um estado de libertação, marcando o início de um novo período de crescimento. Evita-se, por isso, dormir com cobertores brancos (que recordam a mortalha do sepultamento), bem como utilizar essa cor na porta de entrada das casas (TUAN, 1980).

Algumas referências possuem um apelo universal, como cores claras são mais leves e informais e cores escuras são mais sóbrias, cores quentes tornam os ambientes vibrantes e cores frias acalmam.

Segundo o geógrafo chinês Yi-fu Tuan, em qualquer lugar do mundo, três cores simbolizam princípios universais: o preto, o branco e o vermelho. O preto e o branco são os opostos complementares, escuridão e claridade, morte e vida. Ficam associados a atos fisiológicos, de significado universal: o branco representa sêmen (união sexual) e leite (união mãe e filho), e o preto, excreções (dissolução, morte) e terra fértil. O vermelho, no seu significado primordial, fica ligado a experiências orgânicas, corporais, como derramamento de sangue, caça e obtenção do alimento (TUAN, 1980).

O Feng Shui moderno apóia-se na tradição e apresenta uma interpretação especial das cores, considerando que afetam, de maneira diferenciada, a disposição dos indivíduos (ROSSBACH, 1994). A seguir, apresentamos as principais referências:

[78]Elemental = relativo aos elementos, à essência, à origem.

- **Vermelho:** representa o princípio Yang, a luz, a vida, a ação, o calor, a força e o poder, sendo por isso considerada a cor mais auspiciosa ou favorável, conotando também felicidade, paixão, festividade, alegria, fama, realização, sorte e prazer. Não é por acaso que os portões dos templos e estabelecimentos comerciais da China são muitas vezes pintados de vermelho. Não é por acaso que a noiva chinesa tradicional usa um traje escarlate, o pai de um filho recém-nascido distribui ovos vermelhos, e gorjetas são colocadas dentro de envelopes vermelhos contendo "dinheiro da sorte" no dia do Ano Novo. O vermelho é *"um sol que nasce no oriente, é a fonte de energia do universo"* (ROSSBACH, 1994). Detalhes vermelhos em um ambiente irão, com certeza, torná-lo mais caloroso. Associado ao elemento Fogo, do ponto de vista simbólico é utilizado em adereços, roupas e mesmo em detalhes arquitetônicos representando proteção psíquica. O vermelho puro é muito utilizado nos santuários taoístas, por representar Fogo e Luz, a natureza essencial da Divindade;
- **Púrpura:** o púrpura, um vermelho profundo ou ameixa, é considerado igualmente uma cor benéfica. Diz-se que inspira respeito. Um ditado chinês afirma: "é tão vermelho que é púrpura", significando "o melhor que pode ser" (ROSSBACH, 1994). Conotação de dignidade e respeito, está associado à alta nobreza, à espiritualidade, ao indivíduo poderoso, rico e afortunado, sendo utilizado, também, no manto dos monges budistas;
- **Rosa:** variação do vermelho, representa o princípio Yang de forma mais suave: jovialidade, alegria, pureza de intenções, afetividade e romantismo;
- **Pêssego:** outra variação do vermelho, essa é uma cor de duplo significado: afetividade e atração sexual, casamento e adultério;
- **Verde:** é associado ao elemento Madeira, à Primavera. Evoca qualidades como renascimento, renovação, tranqüilidade, esperança, expansão, frescor, juventude e longevidade. Estimulante do potencial criativo, da inteligência e clareza, no Feng Shui moderno o verde é utilizado especialmente nas portas e paredes de consultórios, hospitais e ateliês;
- **Amarelo (ou dourado):** cor do sol, é indicada para locais escuros por ser a de maior brilho. É a cor da realização espiritual, representa a realeza, traduz longevidade e o domínio das emoções, pensamentos e ações. O dourado se fez presente nas roupas da família imperial e dos monges taoístas. Associado ao elemento Terra, ao ponto cardeal central (reforçando aqui as qualidades de dignidade e poder), o amarelo é também relacionado à paciência, tolerância, sabedoria e lealdade. No Feng Shui moderno é indicado para espaços que lidam com atividades burocráticas ou repetitivas;
- **Branco:** considerado frio demais, e endurecedor dos sentidos, o branco nos remete à neve do inverno, a um estado de dormência da natureza. O branco amarelado ou "sujo" fica associado ao luto e à tristeza. Já o branco neve indica pureza, luz, espiritualidade, representando o elemento Metal, o Outono;
- **Preto:** com relação ao preto, são dois

os aspectos considerados: associa-se ao elemento Água e, como tal, à sabedoria, ao potencial, ao germinal, à profundidade psicológica, intelectual e ampla visão espiritual. Relaciona-se também ao princípio Yin, evoca sombra ou falta de luz e, conseqüentemente, má sorte, calamidades, falta de esperança e sentimentos depressivos;

● **Cinza**: cor ambígua, seu impacto depende de associações individuais. Para alguns, o cinza é como um dia nublado e sombrio, sugere frustração e desesperança, indecisão e incerteza. Para outros, a cor é positiva, representando o equilíbrio, o casamento de opostos (preto e branco) significando, assim, a solução de conflitos, o meio-termo. Pode ser associado ao elemento Metal, ao temperamento angustiado e melancólico;

● **Azul**: o azul-escuro é o representante do elemento Água (das águas profundas), do inconsciente, da sabedoria e considera-se que nos remete ao conhecimento intuitivo.

O azul-claro inspira o desejo de alcançar a realização espiritual. O azul esverdeado figura como imagem do elemento Madeira, das árvores, da Primavera, do crescimento, da esperança, da juventude. O azul é também uma cor fria, eventualmente associada ao luto, sendo pouco utilizado na arquitetura;

● **Laranja**: traduz vigor, produtividade e entusiasmo, felicidade e poder. Pode ser também associado ao elemento Terra;

● **Marrom**: imagem das raízes profundas, da austeridade e sobriedade, o marrom transmite uma sensação de peso e representa o elemento Terra. O uso do marrom é associado à respeitabilidade e tradição. Transmite também a sensação de passagem do tempo, remete-nos ao Outono – quando as folhas morrem e caem;

● **Violeta**: representa um campo de influência sutil e espiritual, o silêncio das orações, a profundeza das meditações. Pode ser relacionado ao elemento Fogo.

"A COR É A ALMA DA NATUREZA, A ALMA DE TODO O COSMO. NOS TORNAMOS PARTE DESTA ALMA, QUANDO EXPERIENCIAMOS A COR."
RUDOLF STEINER[79]

AS CORES NA CASA

O método de aplicação das cores, de acordo com o Feng Shui, varia em função da Escola adotada. Para as Escolas da Bússola e Americana (apresentadas adiante), o uso das cores adquire conotações terapêuticas, mágicas e simbólicas. Para a Escola da Forma, a casa é como um corpo e cada ambiente é considerado um órgão, separado mas inter-relacionado – parte de um todo, mas com funções primárias próprias –, existindo, então, uma série de referências associando cor e lugar.

Uma das indicações mais simples é relacionar as cores às qualidades desejadas para o lugar, de acordo com a Teoria dos Cinco Elementos:

● ativação, tensão, movimento: Fogo (vermelho);
● suavidade, calma, introspecção: Água (cores escuras);

[79] STEINER, 1999.

- estabilidade, segurança, tradição, rotina: Terra (amarelo);
- assepsia, limpeza, impessoalidade: Metal (branco, gelo e cores claras em geral);
- criatividade, expansão, esperança: Madeira (verde azulado).

Apresentamos, a seguir, outras indicações mais específicas, adaptadas pelo Feng Shui moderno (ROSSBACH, 1994):

- **Entrada:** a primeira impressão que se tem de uma lugar deve "expandir os sentimentos", representando, muito delicadamente, as boas-vindas que irão conduzir o visitante ao interior da casa. A preferência é para as cores luminosas ou vibrantes. O amarelo é indicado para vestíbulos escuros, sem iluminação suficiente;
- **Sala do convívio:** a sala pode ser colorida com amarelo, ocre ou tijolo, tons de Terra que nos falam da sua posição central, principal. Ou, ainda, com azuis e verdes que nos remetem ao crescimento, jovialidade e expansão, ao elemento Madeira;
- **Sala de refeições:** para as refeições, cores que estimulam o metabolismo e o apetite: o laranja/cerâmica é especialmente indicado. O rosa, o verde ou o azul claros favorecem a afetividade e, portanto, o encontro;
- **Cozinha:** sugere-se aqui o uso do branco, associado à pureza, limpeza e assepsia, característicos do Metal. Outras cores em tons pastéis são também indicadas. O amarelo, na cozinha, representa os frutos da terra e a atividade prática;
- **Banheiros:** os banheiros podem ser revestidos de cores escuras (representando o elemento Água, predominante no lugar) ou claras (representando o Metal, a higiene) ou, ainda, de uma mistura de ambas;
- **Dormitórios:** o quarto de dormir deve ser o lugar das cores suaves: o azulado ou esverdeado são aí indicados. Para o casal, um branco "aquecido" pelo vermelho; para crianças, o verde azulado incentiva, especialmente, crescimento e expansão (porém, para as crianças muito ativas, as cores sóbrias e frias são mais apropriadas);
- **Escritório:** no escritório, ou sala de estudos, tons escuros facilitam a concentração, embora sejam considerados muito introspectivos e o seu uso exigir moderação;
- **Capela ou sala para meditação:** a sugestão oriental, taoísta ou budista, é a criação de um espaço iluminado e luminoso, com velas, flores, amarelo, dourado e muito vermelho.

No comércio: em geral deve valer-se de cores mais vivas e quentes, do princípio Yang. Cores escuras e frias não atraem freguesia. As cores, o brilho e os anúncios luminosos remetem-nos à atividade e prosperidade.

À direita: Peixe, Sumiê. As carpas vermelhas representam o movimento ativo do princípio Yang.

Foto: Célio Firmo

Cores e Geobiologia

Julgamos conveniente mencionar também as influências atribuídas às cores pela Geobiologia, por tratar-se de assunto pertinente ao aqui abordado. Vejamos, pois, como elas são classificadas no âmbito dessa ciência (BUENO, 1995):
- **Vermelho**: é considerado estimulante, especialmente para o fígado e a bexiga, indicado para as pessoas apáticas e para as carentes de apetite. Lâmpadas vermelhas podem ser utilizadas como recurso auxiliar no tratamento de enfermidades virais, pois intensificam as funções do sistema imunológico;
- **Magenta**: é ativante cardíaco, diurético e organiza as emoções;
- **Vermelho-escarlate**: é considerado afrodisíaco, estimulante renal e arterial, e vasoconstritor (estimula a redução do calibre dos vasos sangüíneos);
- **Verde**: é sedante, relaxante, desintoxicante, anti-séptico, bactericida e ativante da glândula pituitária. O verde-limão é considerado estimulante cerebral, laxante, expectorante e remineralizante. O verde-turquesa é tranqüilizante e beneficia a pele;
- **Amarelo**: é regenerador celular, tônico nervoso, mental e motor, favorece a assimilação e a digestão de alimentos;
- **Laranja**: possui ação antiespasmódica, é estimulante do metabolismo (especialmente do apetite) e do sistema respiratório, sendo indicado para restaurantes e salas de refeições;
- **Branco**: é considerado neutro, pois reflete todas as freqüências cromáticas, sem polarizar-se em nenhuma;
- **Azul**: relaxa, é sedativo, antidolor, hemostático, depressor tireoidiano e respiratório (azul índigo), febrífugo e estimulante da vitalidade. Os azuis e verdes em tons pastéis são indicados para dormitórios;
- **Violeta**: é calmante geral, estimula o baço e o aumento do número de leucócitos no sangue, é anti-hipertensivo e antilinfático.

Visão espiritual das cores

Como complementação deste breve estudo, consideramos também oportuno citar o pensador austríaco Rudolf Steiner, fundador da Antroposofia (*antropos* = homem, *sofia* = conhecimento), ciência que se aprofunda na compreensão do ser humano. Para Steiner, em seu livro *Architecture as a synthesis of the arts* (STEINER, 1999), a cor modifica a forma, tornando-a viva, infundindo-lhe alma. "*A partir do momento em que colorimos uma forma o movimento intrínseco da cor a retira de sua condição estática, de maneira que a vida do mundo e do espírito começa a vibrar por seu intermédio. Assim que você colore uma forma você a permeia com a alma cósmica.*" A atuação da cor sobre o psiquismo humano é considerada, por ele, muito significativa.

Para que possamos realmente compreendê-la deveríamos evitar qualquer tipo de interpretação e experimentar uma imersão na sua essência, nas suas qualidades inatas. Deveríamos aprender a entregar toda a nossa alma para o que a cor nos diz, buscar o seu espírito, viver na cor como se fosse o nosso próprio elemento natural. Assim, transcendemos a dimensão humana e nos imbuímos de uma vida cósmica, pertinente à expressão das cores. Por exemplo, perceberíamos que no vermelho existe uma qualidade inata de agressão, que nos afronta. Através do azul, por outro lado, teríamos a impressão de sermos levados a grandes profundidades, de sermos absorvidos por distâncias remotas e infinitas; o azul nos transmite um sentimento de nostalgia, saudade ou aspiração.

Já os animais, segundo Steiner, possuem uma outra visão da realidade, muito diferente da nossa. Devido à sua consciência de grupo (ou da espécie), vivem imersos em um fluido mar de cores. Vivem abaixo da superfície destas águas, identificam-se com a criatividade e com a essência viva desse luminoso oceano. Não enxergam, como imaginamos, os seres humanos como criaturas de carne e osso mas, sim, como seres espirituais, como anjos feitos de luz e cor. Até a coloração de pêlos e penas acontece como uma resposta (ou um desejo) da alma animal às condições da paisagem que a cerca. Um urso polar "clareia" a si mesmo, torna-se branco, como uma forma de satisfazer a um desejo com relação ao ambiente do qual faz parte, um desejo semelhante àquele de alguém que vê uma rosa e a recolhe.

Os seres humanos elevaram-se sobre esse oceano de cores quando desenvolveram a sua autoconsciência ou ego. A percepção instintiva se alterou, a humanidade começou a absorver e a introjetar a cor, transformando-a em sentimento. O azul, por exemplo, é recebido como a expressão do descanso, o vermelho, da paixão, e assim por diante. Imagina-se, muitas vezes, que a cor é um elemento supérfluo, ou até mesmo decorativo. Entretanto, não deveríamos desconsiderar o poder dos conteúdos espirituais, quando se expressam adequadamente pelas formas e cores.

3.7 O JARDIM, SÍMBOLOS E IMAGENS DO PARAÍSO

O jardim chinês desenvolveu-se em antítese à vida da cidade. Contrapondo linhas orgânicas à geometria retilínea urbana, o jardim é a expressão do espírito de comunhão com o meio natural, fala da grandeza da natureza e do espírito humano que não a domina nem é por ela dominado. A casa chinesa tradicional comunicava-se com o jardim ou pátio central diretamente. As portas simplesmente não existiam ou permaneciam abertas e, muitas vezes, constituíam apenas um meio de enquadrar uma vista especial. Henry Inn, em seu livro *Chinese houses and gardens*, considera o jardim chinês propício ao encontro, ao retiro e à meditação (INN, 1950). Nele, o homem torna-se mais sincero, vive no reino ideal da existência, em um cenário que favorece a expressão espontânea do espírito.

Toda a formação religiosa dos chineses estimula a aproximação pacífica com a paisagem. Os taoístas sugerem que o homem seja um companheiro da natureza. Os confucionistas, que ele busque satisfação nas colinas e nos rios e os budistas relacionam as grandes montanhas com a paz e a serenidade.

É um engano considerar o jardim chinês meramente decorativo. Trata-se de um lugar onde os padrões geométricos, de pensamento e de vida, são evitados por limitarem a liberdade do espírito. Substituindo a linha reta pela curva, eliminando o peso da matéria por meio de uma estrutura arquitetônica simples e leve, esculpindo a pedra bruta aproximando-a da textura e forma da madeira, criando aberturas nos muros e evitando-se árvores densas, o jardim torna-se a metáfora da insubstancialidade do ser. Montanha e água coexistem, as flores das quatro estações estão presentes, as cercas são irregulares e a grama não é cortada. As plantas selvagens misturam-se às ornamentais, o musgo cobre a pedra, proporcionando uma experiência mais profunda do que aquela dos jardins artificiais. Restabelecendo a ordem natural no jardim, o homem recria a natureza.

Para o oriental, a concepção de um espaço arquitetônico natural deve constituir-se não apenas pela natureza livre, mas também por elementos dispostos pela mão do homem, já que é impossível (e mesmo indesejável) conviver com a natureza absoluta, em seu estado selvagem. O jardim é geralmente cercado por muros brancos – o Vazio, o Absoluto, o Tao – e composto de pátios e corredores. Se não está bem protegido, não é completamente útil, no sentido psicológico de proporcionar um contato mais profundo com as plantas, a água e as árvores.

O paisagismo chinês trabalha com o elemento surpresa. Muitas vezes os corredores e pátios preparam o visitante para uma visão inesperada. Essas aberturas, em cercas ou muros, muitas vezes assumem a forma de uma das fases da lua, da pétala de uma flor, ou de um vaso, desenhos de formas fortes e simples. O piso do jardim é normalmente composto de fragmentos de tijolo, porcelana, pedra ou seixos e traduz despojamento.

O jardim chinês nunca é monumental, e mesmo nos palácios jamais perde sua qualidade intimista. Os corredores e as passagens estreitas, os caminhos sinuosos, pontes e escadas não são desenhados para recreação ou para multidões, são lugares de contemplação e de solidão, despojados de qualquer artifício. Através do seu planejamento pretende envolver o visitante, à medida que o percorre e desvenda seus segredos.

As pedras, elementos importantes de composição, muitas vezes são retiradas do

"A TRILHA E O BAMBÚ CONVIDAM PARA O LUGAR ONDE VIVE O MISTÉRIO."
HENRY INN[80]

"O CAMINHO DO JARDIM! LONGE DO FLUIR DO MUNDO ESTE CAMINHO PERMANECE PARA NÓS. POR QUE NÃO SACUDIR LOGO AQUI A POEIRA DE NOSSOS CORAÇÕES?"
H. HAMMITZSCH[81]

---

[80] INN, 1950.
[81] HAMMITZSCH, 1993.

> "UMA ROSA
> É UMA ROSA
> É UMA ROSA."
> GERTRUD STEIN[82]

fundo dos lagos onde permaneceram por séculos, e registram nas suas formas o movimento e o fluxo das águas. Existem muitas teorias sobre o uso das pedras: uma delas é a de que são representações de picos, vales e grutas e sua função é interligar a vegetação e a água com as edificações.

A vegetação, utilizada para proteger a intimidade das edificações, é escolhida por seu valor simbólico ou poético. A casa não deve ficar totalmente envolvida pela vegetação, o que pode conformar um ambiente úmido, sombrio, frio e depressivo. O ideal é localizar as árvores mais altas ao fundo, correspondendo às referências da Tartaruga Negra. À frente da casa, as árvores nunca devem ultrapassar a altura do telhado, valendo lembrar que não devem, ainda, cortar a vista da paisagem nem dificultar o acesso à entrada. Para que as plantas possam guardar sua força original, sugere-se evitar podá-las ou, então, fazê-lo cuidadosa e criteriosamente.

No paisagismo, os chineses valorizam mais a qualidade do que a quantidade de plantas. O jardim não é visto como uma coletânea de espécimes botânicas, privilegia-se a flora local criando-se, juntamente com pedras e água, um ambiente onde a obra do homem confunde-se com a paisagem natural.

A COMPOSIÇÃO DO JARDIM

Seguir padrões existentes no mundo natural, recriando-os: este é o objetivo do jardineiro chinês. Dissimular e esconder, sugerir e surpreender são os princípios que regem a composição paisagística.

Criar um jardim é como criar uma pintura. Quando observado sempre do mesmo ponto de vista é denominado estático. E' um grande cenário, normalmente arranjado contra uma parede de fundo branco, que realça a silhueta dos seus elementos. É um quadro vivo, que muitas vezes valoriza apenas a base ou a copa das plantas, a Terra ou o Céu, dependendo do efeito desejado. Quando é apreciado à medida que é percorrido, sendo composto de vários cenários em miniatura, é denominado móvel. "*Aqui o que importa não é o início nem o fim, mas a travessia. O andar, o que se dá entre. Não vai a lugar algum, refaz-se sempre no meio do caminho*" (BRISSAC, 1996).

O jardim é imaginado em função do diálogo que pode estabelecer com elementos da paisagem, com animais e insetos: flores atraem borboletas; pinheiros, o vento; sementes e frutas, os pássaros; o lago atrai as nuvens e o céu; salgueiros atraem cigarras.

O uso do ritmo é característico e entendido como elemento-base de toda a criação universal. O princípio Yin e o princípio Yang representam um movimento espiritual, rítmico, subjacente a todos os aspectos da existência. Assim, o jardim pode

---

[82] STEIN, G. in COELHO NETTO, 1993.

Buda no jardim, Londres, Inglaterra. O paisagismo chinês revela uma atitude existencial, a humildade e o respeito pelas forças da natureza e do céu.

configurar-se das seguintes maneiras:
• em lugar plano (Yang), a sugestão é utilizar pedras grandes (Yin), lagos, ilhas, pontes em curva;
• em lugar acidentado (Yin), pode-se criar uma cascata (Yang), ou a impressão de cascateamento (com o uso de pequenas pedras), cujo percurso é cuidadosamente trabalhado como se fosse o leito de um rio;
• em lugar seco (Yang), utiliza-se a água ou grandes pedras (Yin);
• em lugar úmido (Yin), pedras pequenas transmitem a sensação de movimento (Yang).

"Em algum lugar do jardim, deve haver um ponto tranqüilo onde uma ou duas pessoas possam estar a sós, em contato consigo mesmas, sem outra presença a não ser a da natureza" (ALEXANDER, 1980).

Os dias de hoje são tão agitados que raramente as pessoas de uma grande cidade possuem um ritmo de atividade e passividade, calma, repouso e silêncio. Muitos não suportam viver um minuto sequer sem receber algum tipo de estímulo. O jardim chinês oferece a possibilidade do silêncio e da pausa. No caso dos espaços reduzidos, o jardim em miniatura (o bonsai) recria em pequenos vasos toda uma paisagem, com velhas árvores, montanhas e rios.

Procura-se, na elaboração de um jardim, um efeito refrescante sobre a mente e os sentimentos. Este era o local escolhido para compor música e poesia, para a pintura, a prática da caligrafia, para discutir filosofia ou, simplesmente, para reunir os amigos em torno de um bule de chá ou de uma garrafa de vinho. Normalmente, os jardins possuem nomes, conceitos que representam a sua função e idéia original: a Contemplação da Lua, a Fragrância do Lótus, a Bem-vinda Primavera, as Nuvens Secretas, o Arco-íris Brilhante. Com o seu significado intrínseco percebido, a beleza do jardim será melhor apreciada (COOPER, 1985).

A topografia natural do terreno é sempre valorizada. Esta solução exige o uso das pontes que, ao cruzarem a água, transformam-se em elementos simbólicos, de transição, de comunicação entre duas realidades. É famosa, pela beleza e simbolismo, a Ponte da Lua, um semicírculo que, quando refletido na água, forma o círculo perfeito da lua cheia, imagem perfeita do Tao.

A MONTANHA E A ÁGUA

A Montanha e a Água são os elementos básicos na composição de um jardim, representam o dualismo universal, a interação entre duas realidades, o Céu (Yang) e a Terra (Yin).

A Montanha representa simbolicamente o eixo do mundo, sendo elemento de primordial importância na definição de áreas residenciais na paisagem. Ela pode expressar, no jardim chinês, o princípio Yin (a quietude) em relação às águas rápidas, Yang. Ou ainda, pode representar o princípio Yang em relação às águas calmas, Yin. A Montanha, uma grande pedra situada no centro do pátio ou de um pequeno lago, evoca a permanência e a eternidade.

A Água, fluida e corrente, representa o transitório, o temporal (COOPER, 1985). É grande a importância da Água em um jardim chinês: as águas calmas e as fluentes representam os opostos Yin e Yang. Os seixos dentro d'água também simbolizam essa interação.

A ÁRVORE

As árvores guardam um significado profundo e crucial para os seres humanos. O significado das velhas árvores é arquetípico: de acordo com a psicologia junguiana, em nossos sonhos podem representar a totalidade de nossa personalidade. Para os chineses, a árvore é um símbolo da Primavera, da juventude, da longevidade, da riqueza. Juntamente com a casa e as pessoas, ela é um dos componentes mais essenciais do entorno humano (ALEXANDER, 1980).

As árvores podem, e devem, criar verdadeiros espaços sociais:
• uma frondosa árvore conforma um lugar de estar;
• duas árvores alinhadas sugerem um portal ou uma passagem;
• em fila, indicam um caminho;
• em círculo, definem uma praça.
"*Somente quando se realiza o potencial da árvore para conformar lugares é que se percebe sua presença e seu significado*" (ALEXANDER, 1980). "*Nas cidades, as árvores são plantadas aleatoriamente, não*

constituem lugares, e por isso nada significam para as pessoas. São numeradas em série, desinfetadas, cortadas e podadas para que assumam uma forma que os humanos considerem suficientemente bela.(...) O espírito da natureza abandonou o moderno homem civilizado" (YUTANG, 1997).

A árvore, presente tanto nos jardins domésticos quanto nos templos, é um elemento considerado essencialmente feminino, ou Yin, embora encontremos exceções, como no caso do pinheiro ou do cedro, cuja rigidez e força expressam melhor a polaridade Yang ou masculina.

Na China, algumas árvores assumem especial valor simbólico:
- a amendoeira, que floresce durante o Inverno, representa a coragem;
- a cerejeira, a delicadeza de sentimentos;
- a ameixeira é também o símbolo do Inverno representando força, longevidade e o eremita. Suas flores, mesmo quando artificiais, são utilizadas dentro de casa, para estimular relacionamentos cordiais e fortuna;
- o pessegueiro recebe um destaque especial dos sábios taoístas: é imagem da Árvore da Vida, existente no centro do Paraíso, ícone da Imortalidade. Suas flores são utilizadas para expressar relações cordiais. São também colocadas dentro de casa, no quarto de uma pessoa doente;
- o salgueiro figura como símbolo da graciosidade (pelo movimento suave dos galhos) e da misericórdia e pureza. Kwan Yin, a deusa budista da compaixão, utiliza os ramos de um salgueiro para aspergir a "água da vida" sobre os moribundos. O salgueiro é entregue aos amigos que partem;
- o pinheiro é a imagem da firmeza, dignidade, majestade e sabedoria de um ancião, pois ensina a envelhecer com dignidade, e a suportar com firmeza as adversidades;
- o bambu torna-se mais forte com o passar dos anos e, por isso, traduz vida longa e saudável. Simboliza virtudes tais como fidelidade, constância, humildade, sabedoria e suavidade.

O pinheiro, a ameixeira e o bambu são denominados "os três amigos do Inverno". Nos climas tropicais, as árvores frutíferas podem conferir uma qualidade quase mágica aos jardins. A experiência do crescimento dos frutos, a colheita, é algo quase perdido na vida de uma grande cidade.

Abaixo: Flor – Sumiê, desenho de Marília Paletta. Jardinagem e paisagismo são uma extensão do Shan Shui, a arte chinesa da pintura de paisagens. Shan significa montanha e Shui, água.

JARDIM DAS ROCHAS

Amadas pelos chineses, as rochas são associadas à força de caráter dos heróis. Silenciosas e imóveis, falam da eternidade. Do ponto de vista artístico, suas linhas têm originalidade. As preferidas são aquelas não lavradas. "*Não nos intrometamos com a natureza. O gosto consiste na beleza da irregularidade, das linhas que sugerem ritmos, movimentos e atitudes*" (YUTANG, 1997).

Como não é possível visitar a montanha todos os dias, as rochas são trazidas para a casa, compondo jardins de pedras que sugerem as linhas majestosas dos picos e cumeadas.

Luz e sombra

A luz e a sombra são importantes elementos de composição: enquanto a luz associa-se à forma visível, a sombra representa aquilo que se oculta, o elemento espiritual.

Os lugares de luz só podem estar definidos pelo contraste com os lugares de sombra. Sugere-se que as pessoas possam ser estimuladas a caminhar em direção à luz, aos lugares mais importantes, um ponto de descanso ou contemplação, um jardim especial, uma passagem, uma ponte ou uma escada (ALEXANDER, 1980). Nas cidades, pela falta de espaço, os muros podem transformar-se em jardins verticais recriando, com o jogo de luz e sombras, a interação dos princípios Yang e Yin. O jardim busca, às vezes, captar de modo especial a luz da lua, nova ou cheia, momentos de importância na vida religiosa dos chineses.

Pequeno glossário simbólico

Segundo registra Henry Inn, o jardim chinês permanece altamente semiótico até fins do século XIX, quando então os valores tradicionais sofrem rápida degeneração. "*É por meio de símbolos que o homem, consciente ou inconscientemente, transita sobre a Terra*" (INN, 1950):

- **as aberturas, os vãos de passagem**: em forma de lua cheia sugerem a idéia de perfeição. Em forma de vaso traduzem a idéia de paz, pois para os chineses ambas as palavras (vaso e paz) possuem o mesmo som (*ping*). Ao transpor essa passagem o visitante seria envolvido pela tranqüilidade e o sossego;
- **os animais**: são representados nas grades de portas e janelas, em colunas, telhados, balaustradas e paredes que circundam o jardim. O Dragão representa o poder. É considerado uma criatura capaz de criar as nuvens e trazer a chuva para a população. O Pássaro do Paraíso, ou Fênix, possui atributos divinos: virtude, benevolência, justiça, confiança e sabedoria. O veado é a imagem da abundância e longa vida, pois na sua boca está o fungo sagrado da imortalidade. O grou, ave pernalta, é representado sob o pinheiro ou nos ramos de uma ameixeira e, por viver muito, associa-se à longevidade. O morcego é considerado uma benção, por eliminar insetos nocivos, transmissores de pestes;
- **plantas e flores**: as mais utilizadas no paisagismo, com os respectivos significados, são:
- a macieira, paz e prosperidade;
- a azaléa, a graça, o feminino;
- o bambu, vida longa e juventude;
- a cerejeira, a beleza e o feminino;
- o crisântemo, alegria e vida longa;
- o cipreste, nobreza;
- o jasmim, amizade, doçura e amor;
- o lótus, fertilidade;
- a magnólia, doçura, o feminino;
- a laranjeira, felicidade e prosperidade;
- a orquídea, amor, beleza, fertilidade, força e graça;

- o pessegueiro, amizade, casamento e imortalidade;
- a pereira, pureza e vida longa;
- a peônia, amor, riqueza e nobreza;
- o pinheiro, longevidade;
- a ameixeira, vida longa, juventude, beleza e espírito;
- a rosa, beleza e amor;
- a tangerina, prosperidade;
- o salgueiro, suavidade e graça feminina;
- o carvalho, força masculina e virilidade;
- o narciso, boa fortuna e juventude.

Flores frescas são sinônimo de vida, e as artificiais (com exceção das desidratadas, que simbolizam morte), são também utilizadas. Em forma de taça tornam-se a imagem do princípio Yin, receptivo, feminino. Em forma de sol (um centro e pétalas-raios), do princípio Yang, ativo, masculino. O conhecido Sermão da Flor, em que Buda não diz uma só palavra, mas simplesmente mostra uma flor à multidão, confirma o valor do idioma silencioso das flores (DOCZI, 1990). O amor às flores ou o gozo das flores fica evidente nas condições citadas pelo chinês Yaun Chunglang, em seu *Tratado sobre as Flores*:

"**Condições que agradam as flores:**
uma janela clara;
um quarto limpo;
rumor do rio;
o dono da casa que gosta de passa tempos e poesia;
um monge em visita e que compreende o chá;
um nativo de Chichow chega com vinho;
os convidados são distintos;
muitas flores abertas;
acaba de chegar um amigo despreocupado;
copiar livros sobre floricultura;
canta a chaleira noite a dentro;
a esposa e as concubinas que copiam histórias de flores.

Condições humilhantes para as flores:
o senhor que recebe visitas constantemente;
um servente estúpido que coloca ramos em demasia e transtorna a decoração;
monges ordinários que falam Zen;
cães que brigam ante a janela;
meninos cantores;
mulheres feias que colhem flores e adornam o cabelo com elas;
discutir promoções e baixas oficiais;
falsas expressões de amor;
poemas escritos por cortesia;
a família que faz contas;
escrever poemas consultando dicionários de rimas;
livros em mau estado largados à toa;
excrementos de rato. (...)

As colinas, as águas, as flores e os bambus estão felizmente fora do alcance dos que lutam pela fama e pelo poder, pessoas ocupadas em suas empresas e que não têm tempo. (...) Não obstante, não se deve considerar normal o apreço das flores em vasos, mas unicamente como um substituto temporal para a gente que vive nas cidades, e seu gozo não deve fazer-nos esquecer a felicidade maior, o gozo das colinas e dos lagos" (YUTANG, 1997).

Paisagismo e os Cinco Elementos

Os Cinco Elementos são caracterizados, no paisagismo, pelo seguinte critério:
- **Madeira**: folhagens em geral e árvores cuja copa sugere um retângulo, palmeiras e trepadeiras, bosques e matas;
- **Fogo**: mistura de flores, cactos e bromeliáceas, árvores do tipo conífera;
- **Terra**: colinas e ilhas, árvores cuja copa sugere um quadrado, bulbos;
- **Metal**: gramados, árvores de copa redonda;
- **Água**: lagos e fontes, plantas aquáticas e de forma sinuosa.

As plantas ditas "choronas" (tais como samambaias, o salgueiro-chorão, o aspargo ornamental e outras) pertencem a uma categoria especial, que não está ligada a nenhum elemento em particular, mas sim a uma idéia de aterrar, ancorar. Imitam o movimento da força gravitacional, a conecção com a Mãe-Terra (WYDRA, 1997).

O jardim, expressando qualidades relacionadas com a matriz dos Cinco Elementos, pode interferir no espaço criado pela arquitetura. Uma casa modernista, de telhado plano, caracterizada como elemento Terra, pode ser valorizada pelo contraste formado por um jardim Fogo de plantas pontiagudas, pois o Fogo gera a Terra. O caráter sagrado de um templo com torres pontiagudas, característico do elemento Fogo, pode ser acentuado utilizando-se no paisagismo as referências do elemento Madeira (Madeira gera Fogo).

Sabedoria Nativa

"*Ao colocarmos uma planta dentro de casa, trazemos junto os seus pensamentos e sentimentos*", afirma o índio txucarramãe Kaká Werá. E continua: "*As plantas são consideradas como tendo a capacidade de ancorar na terra qualidades espirituais. Aparentemente imóveis, na realidade, estariam interagindo com o entorno, no nível da sensibilidade, continuamente*" (JECUPÉ, 1998).

Pela tradição indígena do Brasil, cada planta fala de um dos elementos fundamentais, Terra, Água, Ar ou Fogo, o que é evidenciado pela forma, aroma e sabor, potencializando no homem as mesmas qualidades. Silenciosamente, através dos princípios e temperamentos das plantas, podemos reconfigurar um lugar.

A fim de complementar o estudo do paisagismo chinês e de aproximá-lo da nossa realidade, apresentamos o uso terapêutico de algumas plantas, segundo Kaká Werá (JECUPÉ, 1998):
- urucum: estimula a coragem, o "amor como ação", rompe traumas, auxilia em problemas emocionais;
- lírio do brejo: quebra a energia negativa e fortalece a essência;
- jasmim: estimula qualidades femininas;
- camélia, cravo branco e rosa branca:

apaziguam o coração, auxiliam a cura de traumas emocionais. Pode-se colocar as flores em lugares de muito conflito ou sofrimento;
- lírio da paz: utilizada para proteção psíquica;
- espada-de-são-jorge: recomendada para proteção e limpeza psíquica;
- rosa vermelha: auxilia a liberação de padrões de insegurança e medo, ajuda na síndrome do pânico. Pode ser associada ao mulungu;
- mil-folhas: promove a expansão de consciência;
- alecrim do campo: vitaliza e revigora, estimula a organização, a concentração e a disciplina;
- melissa: ameniza a tristeza;
- amora: para purificação das emoções (especialmente a vaidade);
- camará: pacifica o lugar;
- fortuna: limpa e regenera a alma;
- pitanga: para limpeza psíquica e revitalização;
- sálvia: purifica, limpa, protege e pacifica;
- boldo: sugere eliminação da raiva;
- manjericão: estimula a meiguice;
- orégano: vitaliza os sentimentos e emoções;
- limão: purifica o sangue e a alma;
- guaco: para cicatrização das feridas emocionais e reforço da auto-estima;
- mirra: libera mágoas antigas, cura a tristeza e a nostalgia das origens espirituais;
- insulina: para pessoas amarguradas, que não se amam;
- tabaco: planta de grande poder, pode ser queimada para limpeza psíquica de ambiente. Em escalda-pés, libera sentimentos pesados. A sua fumaça é utilizada para dissolução das construções mentais e emocionais negativas. O uso cotidiano e a inalação ou ingestão constante dessa fumaça alteram a qualidade positiva da planta, que se torna nociva e pode comprometer a saúde do indivíduo. O mesmo acontece com relação aos outros tipos de fumo, como a maconha (ou *Cannabis*). O campo da vitalidade pessoal, assim alterado, sujeita-se à entrada de energias psíquicas não qualificadas, segundo Kaká Werá.

Apresentamos, também, um outro estudo da influência das plantas – de acordo com a sabedoria popular brasileira –, fundamentado na pesquisa de Magdala Ferreira Guedes (Magui) de Minas Gerais (GUEDES, s.d.), que possui grande experiência na área das ervas medicinais:
- alecrim: estimula a alegria de viver, a amorosidade e pode ser utilizado debaixo do travesseiro para afastar os maus sonhos;
- alfazema ou lavanda: representa pureza e castidade. Dormir com alguns ramos sob o travesseiro ajuda nos casos de depressão. O banho de suas flores e folhas é considerado o purificador ideal, limpando o corpo e levando serenidade ao espírito;
- artemísia: simboliza proteção, fortalece os relacionamentos familiares e profissionais;
- mil-folhas ou mil-em-rama: muito utilizada como proteção da saúde e do amor, possui a capacidade de limpar a alma;
- arruda: utilizada em banhos de limpeza psíquica;
- alevante: junto com o alecrim e a manjerona, reforça o aspecto proteção;

- babosa: para proteção;
- cavalinha: utilizada para espantar serpentes;
- camomila: atrai prosperidade;
- cebolinha: para exorcismo;
- confrei: para proteção, especialmente segurança nas viagens;
- erva-cidreira: estimula o sucesso dos empreendimentos;
- hortelã: para prosperidade e proteção (junto com alecrim e manjerona). Também indicada para exorcismo e para melhoria das condições gerais de saúde;
- manjerona: contra tristeza e depressão, atrai pensamentos positivos;
- manjericão: proporciona mente alerta, traz serenidade e simboliza prosperidade;
- poejo: sugere proteção;
- salsa: para purificação;
- sálvia: purifica a alma e estimula os poderes mentais;
- tomilho: infunde coragem.

As plantas podem ser utilizadas na forma de:
- chás, quando se usufrui também das suas propriedades medicinais;
- banhos, que imprimem no campo magnético pessoal as suas qualidades (em geral os banhos utilizam o chá da planta, jogado sobre o corpo, dos ombros para baixo);
- escalda-pés, que possuem ação eletromagnética, evitando-se a ação bioquímica, com tempo médio de duração de 20 minutos;
- nos jardins ou em vasos dentro da casa, onde exalam o aroma que estimula a alma;
- em ramos colocados sob o travesseiro ou junto ao corpo.

PLANTAS QUE PURIFICAM O AR

Recentemente, *"a NASA publicou uma pesquisa sobre o efeito descontaminante e purificador que algumas plantas podem exercer nos ambientes fechados"* (BUENO, 1995):
- o *Aloe vera*, ou babosa, bem como o filodendro e o crisântemo têm ação rápida contra o formaldeído (encontrado em produtos de limpeza, isolantes, compensados, roupas, carpetes, móveis, artigos de papel);
- a margarida, a hera inglesa, o crisântemo e o lírio mostram-se eficazes contra o benzeno (presente na fumaça do cigarro, na gasolina, em fibras sintéticas, plásticos, tintas, óleos e detergentes);
- o crisântemo e o lírio são indicados contra o tricloroetileno, presente nas tintas, vernizes e colas;
- o *Syngonium* é recomendado para limpeza de ambientes fechados e sujeitos ao ar condicionado.

Os poluentes domésticos podem causar desde dores de cabeça, sonolência, irritação dos olhos, garganta e pele, até câncer e enfermidades do sangue, nos casos mais graves.

"Os produtos químicos são absorvidos por microporos das folhas, metabolizados pelas raízes e integrados nos processos alimentares das plantas" (BUENO, 1995). Mais uma boa razão para se ter plantas dentro de casa.

Oito Trigramas

III

A ESCOLA AMERICANA E O MÉTODO DA BÚSSOLA

1 Introdução

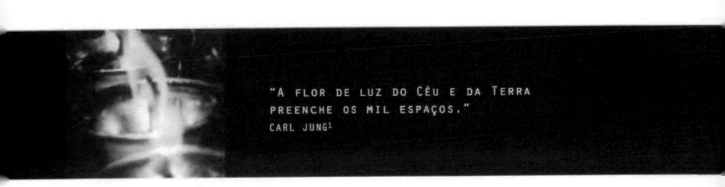

"A FLOR DE LUZ DO CÉU E DA TERRA PREENCHE OS MIL ESPAÇOS."
CARL JUNG[1]

Como introdução a outras Escolas de Feng Shui, como a Escola do Chapéu Negro (a Escola Americana) e a Escola Chinesa da Bússola, apresentamos a seguir o conceito dos "Oito Pilares do Mundo", oito diagramas que representam, para os chineses taoístas, o funcionamento do cosmo. A natureza, rica em símbolos, estimulava a linguagem ritual do homem pré-moderno. Seus elementos e fenômenos podiam ser interpretados em diversos níveis, ao contrário da ciência ocidental, que evita as múltiplas interpretações.

[1] JUNG, 1984.

2 O Sistema dos Oito Diagramas, o Signo dos Quatro Momentos do Sol, Holograma Universal

O I Ching e o movimento circular da luz

O movimento circular da luz, o movimento do sol refletido na seqüência das estações, representa, na realidade, o movimento das forças criativas naturais. A luz e a vida nascem com a Primavera, alcançam o apogeu no Verão, declinam no Outono e adormecem no Inverno.
No decorrer do ciclo sazonal, a luz e a vida, retornam a si mesmas.

A trajetória do Sol marca o calendário agrícola e cerimonial, e os seres humanos, obedecendo a esse calendário, tendem a segmentar, com ritos e festividades, o *continuum* da natureza. A vida na Terra depende dos acontecimentos do Céu, ela é governada pelos ritmos sazonais (as estações) que ficam relacionados às mutáveis alturas do Sol.

O *I Ching*, clássico da literatura chinesa, traz uma compreensão profunda dos processos da vida, simbolizados pelo movimento circular do Sol em torno de um centro, a Terra. É instrumento fundamental para aqueles que se interessam em aprofundar-se no estudo do Feng Shui.

O ideograma *I* é composto dos signos Sol e Lua, ou seja, os aspectos antagônicos e complementares da criação, significando portanto, mudança e movimento, momento e circunstância. *Ching* é normalmente traduzido como Tratado ou Livro de Grande Importância, composto de textos sagrados que tratam da Razão do Universo e do Caminho do Homem. Pode também ser entendido como Atalho, ou Caminho que leva ao Vazio, à Universalização, à Consciência Pura, ao Absoluto. Nessa acepção, *ser vazio é ter o Universo inteiro dentro de si. (...) I Ching pode ser traduzido como Livro das Mutações, onde pode-se avaliar as potencialidades das circunstâncias passadas, presentes e futuras"* (CHERNG, 1993).

Acima, à esquerda: detalhe de altar, Templo Jokhang, Lhasa, Tibete, e à direita: Bússolas Lo Pan.

Fotos: Célio Fitmo

denominadas Yang ou masculinas e as partidas, Yin ou femininas. Os Trigramas que possuem a linha cheia na base são considerados mais estáveis. A primeira linha é denominada Linha da Terra, a segunda, Linha do Homem e a terceira, Linha do Céu, representando respectivamente esses três campos de influência: o Céu que cria a Terra, a Terra que cria o Homem.

São oito os Trigramas básicos, os quais são ordenados em duas seqüências diferentes. A primeira, chamada a Seqüência do Céu Anterior ou Seqüência Primordial, descreve a Ordem Absoluta, infinita, utilizada em talismãs. O Céu está acima e a Terra abaixo, os opostos se cancelam,

Provavelmente elaborado entre 5.000 a.C. e 479 a.C., é o resultado do trabalho de quatro sábios: Fu Xi, Rei Wen, Duque de Chou e Confúcio. Fundamenta-se nos chamados Oito Trigramas, códigos primários do universo, cujo repertório de significados emerge de experiências profundas acumuladas ao longo dos tempos (CHERNG, 1993).

"Sempre que os místicos orientais expressam em palavras seu conhecimento (seja através de mitos, de símbolos, de imagens poéticas ou de afirmações paradoxais), estão muito conscientes das limitações impostas pela linguagem e pelo pensamento linear" (TSÉ, 1997).

O Trigrama é um sinal formado por três linhas (cheias e partidas) e sua leitura inicia-se da base para cima. As linhas cheias são

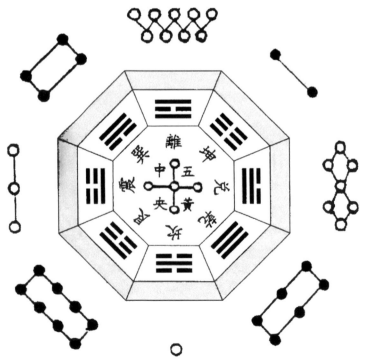

Ao lado, à esquerda: Ba Gua do Céu Anterior ou *Xian Tian Ba Gua*, que significa "o original, nascido com, concebido naturalmente"; à direita: Ba Gua do Céu Posterior ou *Hou Tian Ba Gua*, que significa "adquirido após o nascimento ou assimilado artificialmente."

não há movimento nem mudança neste mundo absoluto.

A segunda, denominada Seqüência do Céu Posterior ou da Ordem Interna do Mundo, simboliza o mundo manifestado. Os Trigramas são apresentados de acordo com uma seqüência temporal, que leva o indivíduo da Terra, para o Céu (sua realização espiritual), sendo por isso utilizada para avaliação das residências. Nesta seqüência o movimento é diferente.

Os Oito Trigramas serão aqui apresentados de acordo com a Seqüência do Céu Posterior (CHERNG, 1993).

CHÊN, Trovão (O Incitar)

O Trovão, ou o movimento do Céu, desce à Terra e desperta a natureza. Chên indica o início da Primavera, da estação chuvosa e do ciclo de crescimento das sementes. Indica também o Leste (onde nasce o Sol), a potencialidade latente em todos os seres, a jovialidade, a iniciativa, a atividade, a velocidade, a agilidade e a força que irrompe das profundezas da Terra. Por representar o princípio da criação, Chên corresponde à primeira camada de ancestralidade da nossa linhagem familiar (ao Pai e à Mãe), sendo por isso traduzido como Família ou Passado no Feng Shui contemporâneo. Relaciona-se ao filho mais velho, ao número 3 e ao elemento Madeira.

SUN, Vento (A Suavidade)

Após o Trovão e a chuva de Primavera, sopram os ventos suaves, a terra abre-se para a brisa quente, que favorece os plantios, o que é representado pela linha Yin na parte inferior do conjunto Yang. Por isso, o Trigrama é considerado o portento da prosperidade, ou seja, "comida sobre a mesa". Sun significa a dissolução do gelo do Inverno, o crescimento das plantas, a flexibilidade, o vento que transmite os aromas pelo ar, o poder de penetração e comunicação, o afluxo de novas idéias. Refere-se ao comércio (que depende da comunicação), ao Sudeste, à filha mais velha, ao número 4, ao elemento Madeira. Localizado entre a Aurora (Chên) e o Meio-Dia (Li), corresponde a um período de luminosidade suave. Traduzido como Prosperidade no Feng Shui moderno.

LI, Fogo (O Aderir)

Li é a culminância do calor, da seca e do esplendor, nesta religião da luz. No Verão, estação do Fogo, o Sol (as duas linhas Yang) abraça a Terra (a linha Yin central) e favorece o "esvaziamento do centro", a desidratação de tudo que é fértil. Simboliza também expansividade, agressividade (ou insegurança interior, como representado pela linha partida no centro do Trigrama), ansiedade, excitação mental, "olhar consciente sobre a vida", aceitação de nossa condição partícipe da ordem universal.

Refere-se ao Meio Dia, ao ponto cardeal Sul, à filha do meio, ao número 9 e, atualmente, no Feng Shui moderno, ao Sucesso e à Fama: o Fogo brilha em torno daquele que realiza sua missão, atraindo sobre si o reconhecimento e a realização.

K'UN, Terra (O Receptivo)
Ao Verão segue-se o amadurecimento dos frutos no campo, a época de colheita e do trabalho em parceria. Composto de três linhas partidas, esse Trigrama é, de todos, o mais Yin, feminino, receptivo, aberto, suave e lento, sempre associado à Mãe, ao sustento e alimento, à conservação da vida, ao princípio da intuição. O centro do Trigrama é vazio, para receber e absorver, como o nosso sistema digestivo, a semente do Céu. Refere-se ao Sudoeste, à Mãe, ao número 2 e ao elemento Terra: "*A Terra é abrangente, nela criam-se todos os seres, é a mãe que preserva a vida*" (CHERNG, 1993).

No estudo do Feng Shui moderno, K'un, pela sua condição receptiva, é traduzido como Relacionamentos e Parcerias, ou Casamento.

TUI, Lago (A Alegria)
Tui é uma fase mais introspectiva, conclusiva ou madura do ciclo anual, é o Outono, o período da colheita, a deterioração, a queda e quebra dos frutos, o momento em que a força da natureza recolhe-se para as raízes da planta. Relaciona-se à Terceira Idade, período em que as pessoas contraem e enrijecem fisicamente, tornando-se, porém, mais receptivas ao Céu, ao seu potencial intuitivo e criativo, que é representado pela linha partida.

A água é fonte de vida, por isso o Lago conduz à Alegria. Por refletir o Céu, fica associado à comunicação, aqui baseada na fidelidade aos valores internos. Refere-se também ao Oeste, à filha mais jovem, ao número 7, ao elemento Metal. No Feng Shui moderno, fica denominado Criatividade, Futuro ou Filhos.

CH'IEN, Céu (O Criativo)
Composto de três linhas cheias, representa o mais Yang, ativo e forte dos Trigramas, o Pai, o criativo, o masculino, a autoridade, a atividade, a liderança, a "constância do ser" e do Céu, o Solstício de Inverno (o momento em que o Sol está mais distante da Terra). Somente no silêncio do frio invernal, nas profundezas do ciclo anual, nos confrontamos com o Céu, o nosso fogo interno, aquele que viabiliza a atividade, a realização de todas as coisas em um ciclo futuro. Representa um momento de luta (talvez o último) entre a Luz e a Sombra, a força Yang do Trigrama e o momento Yin do Inverno. Refere-se ao Noroeste, ao elemento Metal, ao número 6. Interpretado como Benfeitores ou Ajuda dos amigos, no Feng Shui moderno.

K'AN, Água (O Abismal)
Inverno, momento de guardar a colheita no celeiro, de dirigir-se, como a água, para os lugares mais profundos, o abismo que remete-nos ao perigo, ao medo, ao desconhecido, ao auge da obscuridade (O Abismal). K'an relaciona-se aos rins, o "aquecedor inferior do corpo", responsável pela vitalidade básica do organismo. Refere-se à Meia Noite, ao Norte, ao filho do meio, ao número 1 e ao próprio elemento Água, cuja movimentação incessante significa também "exaurir".

A tradução moderna Carreira, mais associada ao que a sociedade espera de cada um de nós, parece insuficiente para expressar o simbolismo desse Trigrama: a Jornada, a Missão, os nossos desejos e anseios mais profundos.

 KÊN, **Montanha** (A Quietude)
Aqui a semente, no mais profundo recolhimento e silêncio, aguarda um novo começo, o início de um novo ciclo, quando então vida e morte se tocam e acontece a transformação. O Trigrama assemelha-se à imagem de uma montanha cujo interior é composto de elementos variados (as linhas partidas) que se condensam lentamente (a linha cheia).
A quietude da montanha torna-se a imagem da meditação. Remete-nos ao retiro.
A montanha exige esforço para atravessá-la e uma pausa no processo da vida, para avaliação da caminhada. Por isso, lembra a evolução do espírito humano. Representa também o impedimento ou obstáculo, o bloqueio, o complexo, o trauma, a rigidez.

Kên é associado ao Nordeste, ao filho mais jovem, ao elemento Terra, ao número 8 e à fase final de qualquer situação. Traduzido como Autoconhecimento pelo Feng Shui Moderno.

O movimento que conduz do nascimento à plenitude das coisas, representado pelo caminho do Sol e da Luz, pode ser sintetizado pela seguinte descrição do I Ching (WILHELM, 1995):

A Divindade *"se manifesta no signo do Incitar; faz com que todas as coisas se completem no signo da Suavidade; leva as criaturas a se perceberem umas às outras no signo do Aderir (a luz); faz com que elas se ajudem no signo do Receptivo. Infunde-lhes contentamento no signo da Alegria; luta no signo do Criativo, se esforça no signo do Abismal e conduz à plenitude no signo da Quietude".*

Céu (Ch'ien) e Terra (K'un) são denominados opostos universais. *"Céu é espacial, invisível e ilimitado. Terra é formal, visível e limitada. Determinar as posições do Céu e da Terra significa determinar a relação entre o visível e o invisível"* (CHERNG, 1993).

Montanha (Kên) e Lago (Tui) são os opostos naturais. *"Montanha é a acumulação de uma forma sólida, cujo movimento é ascendente; Lago é a acumulação de uma forma líquida, cuja forma é descendente. Montanha simboliza o concreto da existência, enquanto o Lago simboliza o Incógnito"* (CHERNG,1993).

Trovão (Chên) e Vento (Sun) são os opostos impulsivos. *"Trovão é o despertar do movimento do mundo interior; Vento é o despertar do movimento do mundo exterior. Todo despertar interior provoca uma conseqüência externa, e todo despertar exterior provoca uma conseqüência interna"* (CHERNG, 1993).

Fogo (Li) e Água (K'an) são denominados opostos orgânicos. *"O movimento natural do Fogo é ascendente; o impulso da Água é descendente"* (CHERNG, 1993). Fogo e Água associam-se sempre ao processo de transformação.

Os Oito Diagramas, Símbolo Mandálico

Mandala significa círculo, particularmente "círculo mágico". Trata-se *"de uma suma de sabedoria secreta. A maioria das mandalas tem a forma de uma flor, de uma cruz ou roda, tendendo nitidamente para o quaternário"* (JUNG, 1984), para o número 4.

A Mandala, também denominada "espaço do céu primeiro", "passagem primordial" e "altar da consciência e vida", não está presente apenas no Oriente. Pode ser encontrada na cultura cristã da Idade Média, entre os povos nativos, como os índios Pueblo, que a desenham na areia para uso ritual. Seus significados jazem na escuridão do inconsciente (JUNG, 1984).

O Sistema dos Oito Diagramas, ordenado geometricamente em forma octogonal, conforma um símbolo mandálico, podendo associar-se ao conceito budista da Roda da Existência ou a Roda do Devir, ao funcionamento do cosmo, entendido como cíclico ou circular. *"O movimento circular também tem o significado moral da vivificação de todas as forças luminosas e obscuras da natureza humana. (...)*

De acordo com a concepção oriental, o símbolo mandálico não é apenas uma expressão, mas também atuação. Ela atua sobre seu próprio autor.(...) A meta evidente é traçar um sulcus primigenius, um sulco mágico em redor do centro, que é o templo ou temenos (área sagrada) da personalidade mais íntima, a fim de (...) preservá-la (...)" (JUNG, 1984).

O "aproximar-se circundado", para o psicanalista Carl Jung, significa a delimitação de uma área sagrada, por um lado, e por outro traz a idéia de fixação e concentração: *"Tudo que é periférico, é subordinado à ordem que provém do centro."* E ele completa: *"psicologicamente, a circulação seria o ato de 'mover-se em círculo em torno de si mesmo', de modo que todos os lados da personalidade sejam envolvidos. Os pólos luz e sombra entram no movimento circular (...)".*

A Casa e o Sistema dos Oito Diagramas

"Transformo-me em parte da edificação, através da minha presença humana, da minha atuação, do meu intercâmbio com outras pessoas.".
C. Alexander[2]

A Arquitetura é o campo da presença humana, é a materialização de novos lugares, tendo, como meta as necessidades humanas. Em todos os setores, não se pode ignorar o papel das pessoas, pois seus conteúdos lutam por se corporificar artisticamente, trazendo identidade às "coisas refletidas", aos "lugares materializados" (ALEXANDER, 1980).

O primeiro momento da observação de um lugar constitui, também, a transformação das suas propriedades materiais em reflexão psíquica. Surge uma correspondência imediata entre o lugar e a dinâmica do psiquismo, o que origina continuamente novos lugares cuja característica é a de serem "internos", não em relação aos edifícios, mas aos acontecimentos, à presença humana. É o ser humano, com sua presença concreta, real e ativa, que interioriza a espacialidade.

Os primeiros chineses contemplam o mundo através do Sistema dos Oito Diagramas. Este sistema de símbolos revela que, assim como no ciclo do ano, também na vida humana existem linhas de força (ascendentes e retroativas, apogeu e declínio, expansão e recolhimento) que indicam como os lugares devem ser configurados. Os Oito Diagramas aplicados ao estudo da casa, conformam ideais da existência do mundo objetivo, significados esses que os sinais e as imagens da casa corporificam.

Os Oito Trigramas orientados no tempo-espaço transformam-se em um holograma universal, uma bússola cósmica, onde cada trigrama corresponde a um princípio constituinte do universo.

A seguir, oferecemos uma introdução às Escolas Americana e Chinesa da Bússola e um comentário sobre a Escola do Hemisfério Sul, todas pautadas no sistema de símbolos, no Sistema dos Oito Diagramas, acima apresentado.

[2]ALEXANDER, 1980.

3 A Escola Americana a Escola do Chapéu Negro, a Escola do Budismo Tântrico do professor Lin Yun

"É nos símbolos e através dos símbolos que o homem, consciente ou inconscientemente, vive, move, trabalha e tem o seu ser..."
Henry Inn[3]

"Não temos vida simbólica. Onde vivemos simbolicamente? Em parte alguma, exceto quando participamos do ritual da vida. Mas quem, entre muitos, de fato participa do ritual da vida?
Bem poucos...
Temos um canto em algum lugar da nossa casa em que realizamos ritos, como vemos na Índia? Mesmo as casas mais simples têm pelo menos um canto cortinado onde os membros da família podem levar uma vida simbólica, onde podem fazer novos votos ou meditar. Nós não temos isso. Não temos um canto assim... Só a vida simbólica pode exprimir a necessidade da alma - imagine você, a necessidade cotidiana da alma! E como não têm algo assim, as pessoas não podem sair da esfera da sua experiência - essa vida terrível, opressiva, banal, em que não são 'nada senão'... e é por isso que as pessoas são neuróticas... A vida é muito racional, não há nenhuma existência simbólica em que eu seja alguma outra coisa, em que eu cumpra o meu papel como um dos atores no divino drama da existência."
Carl G. Jung[4]

INTRODUÇÃO

A Escola Americana é, no momento, a mais difundida no Ocidente, por intermédio dos Estados Unidos. Seu fundador, o professor Thomas Lin Yun, nascido em Pequim, iniciou seus estudos de Budismo Tântrico aos seis anos de idade, e há mais de trinta tem ensinado no Ocidente. O seu Sistema, denominado Black Hat Sect Tantric Buddhism (a Escola do Chapéu Negro, a Escola do Budismo Tântrico ou, popularmente, Escola Americana), incorpora a essência do Confucionismo, Taoísmo, filosofia Yin-Yang, I Ching, Feng Shui, Medicina Oriental e Budismo. Empregando novos conceitos, facilitou e adaptou o uso do Feng Shui aos tempos atuais e à cultura ocidental, sendo considerado aquele que introduziu o método no Ocidente. É uma autoridade em Budismo e Cultura Chinesa, sendo tanto respeitado e admirado por muitos, quanto também criticado por não se ater ao conhecimento tradicional.

O seu método tem sido extensivamente explorado pela mídia, infelizmente de uma forma muito superficial, o que deu origem a uma grande massificação e comercialização do Feng Shui – totalmente contrários à proposta original da abordagem chinesa, de sua consistência e fidelidade a si mesma. Alguns dos praticantes apresentam-no como infalível, capaz de resolver num passe de mágica todos os problemas humanos. Deve-se dizer, contudo, que os chineses e o próprio professor Lin pensam diferente.

O professor afirma que *"existem cinco fatores chave que influenciam a nossa vida, que em ordem decrescente de importância são: destino, sorte, feng shui, fazer boas ações anonimamente e educação.*

. Portanto, temos de ter em mente que o Feng Shui é apenas um elemento de uma vida de sucesso; os outros deveriam ser igualmente compreendidos, elaborados ou praticados. Entretanto, se focarmos apenas nos outros elementos e negligenciarmos ou abandonarmos o Feng Shui, então será igualmente difícil alcançar a realização ou sucesso" (ROSSBACH, 1998).

Complementando as proposições do professor Lin, citamos o provérbio chinês, apresentado pelo psicanalista suíço Carl Jung no seu livro O Segredo da Flor de Ouro: *"Se um homem errado usar o meio correto, o meio correto atuará de modo errado"* (JUNG, 1984). Jung, que investigou profundamente a cultura chinesa, comenta o provérbio acima:

"Este provérbio chinês, infelizmente muito verdadeiro, se contrapõe drasticamente à nossa crença no método 'correto', independentemente do homem que o emprega. No tocante a isso, tudo depende do homem e pouco ou nada do método. Este último representa apenas (...) o modo pelo qual o indivíduo atua nesse caminho que exprime verdadeiramente o seu ser. Caso contrário, o

---

[3]INN, 1950.
[4]JUNG, 1984.

método não passaria de uma afetação, de algo construído artificialmente, sem raiz e sem seiva, servindo apenas à meta ilegítima do auto-engano" (JUNG, 1984).

Essa compreensão torna-se fundamental em uma época de popularização do Feng Shui no Ocidente, quando um número crescente de pessoas ensina e aplica o método "profissionalmente", sem que se exija, para tanto, uma formação específica – ou mesmo um tempo adequado de assimilação dos seus conteúdos.

FUNDAMENTAÇÃO

A filosofia dessa Escola baseia-se na compreensão de que o meio ambiente construído é uma das influências principais que atuam sobre o destino dos indivíduos. A sua proposta de trabalho é avaliar os lugares do ponto de vista do Sistema dos Oito Diagramas cuja simbologia, sobreposta aos espaços da casa, relaciona-os a oito aspectos básicos da vida humana. Essa nova leitura dos trigramas evidencia uma tentativa do professor Lin de aproximar-se dos valores do homem médio norte-americano.

Apresentamos novamente os oito trigramas básicos, oito imagens de diferentes momentos dos ciclos naturais:

- CHÊN: **Trovão**;
- SUN: **Vento**;
- LI: **Fogo**;
- K'UN: **Terra**;
- TUI: **Lago**;
- CH'IEN: **Céu**;
- K'AN: **Água**;
- KÊN: **Montanha**.

A seguir, as associações feitas pelo professor:

TROVÃO: **Família e Saúde**;
VENTO: **Riqueza**;
FOGO: **Fama**;
TERRA: **Casamento**;
LAGO: **Filhos**;
CÉU: **Benfeitores**;
ÁGUA: **Carreira**;
MONTANHA: **Conhecimento**.

Estes oito aspectos do psiquismo humano interligam-se através de uma seqüência pré-determinada. Tudo se inicia no setor Família com o nascimento do indivíduo, cuja vida desenvolve-se pelos territórios seguintes, onde alcança maturidade (Fama), experimenta o Casamento e Filhos, expressa-se na Carreira e obtém Conhecimento, que significa sabedoria e experiência da vida.

A Escola do Chapéu Negro parece ter sido fundamentada na Escola das Aspirações da Vida (*Life Aspirations School*), que se originou em Hong Kong, com o objetivo de tornar o Feng Shui acessível ao grande público. Esta Escola chinesa considera a casa comparável a um grande corpo, onde os lugares assumem distintas funções

A ESCOLA AMERICANA E O MÉTODO DA BÚSSOLA

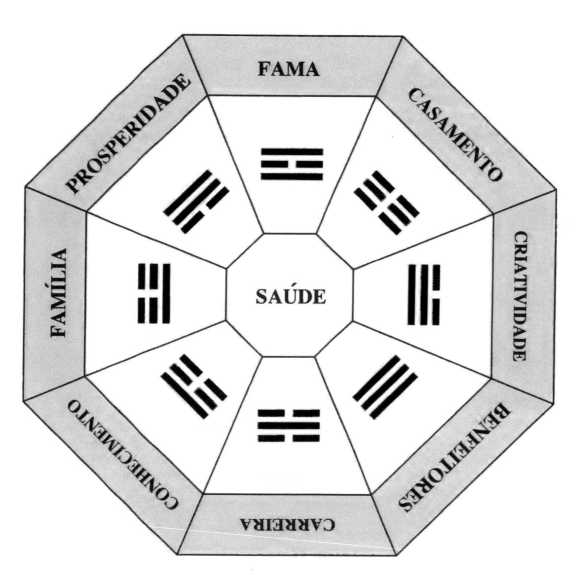

Ba Gua proposto pela Escola Americana

simbólicas, demonstrando analogia aos trigramas e aos pontos cardeais correspondentes. Dividindo a casa em oito setores, de acordo com as orientações cardeais, pode-se então definir as oito aspirações da vida: Posição social (Norte), Intelecto (Nordeste), Família (Leste), Riqueza (Sudeste), Fama (Sul), Romance e Casamento (Sudoeste), Fertilidade (Oeste), Benfeitores (Noroeste).

Na realidade, o campo de ação dos oito setores (ou trigramas) apresenta vários níveis de interpretação, o que permite complementar a sua leitura, por intermédio dos nossos próprios pontos de vista[5]. Apresentamos, a seguir, uma reelaboração dos mesmos conceitos, ordenados de uma forma diferente, mas ainda caracterizando a idéia budista da Roda da Existência Humana:

MISSÃO, DESTINO OU CARREIRA

A Missão, Destino ou Carreira, o Trigrama K'an, significa "águas profundas".

"O ser humano tem o destino da água que corre. A água é realmente um elemento transitório e sob as imagens superficiais da água, existe uma série de imagens cada vez mais profundas. A água convida ao mergulho, ao aprofundamento, sugere 'um tipo de intimidade', um 'tipo de destino', um destino essencial que metamorfoseia incessantemente a substância do ser" (BACHELARD, 1989).

Assim entendemos a Missão: uma metamorfose da "substância do ser", a potencialização de um destino. Mais do que a relação com a Carreira, indica a aceitação de si. Compreender e aceitar a si próprio é o mesmo que revelar a Missão, a vida verdadeira, o destino. *"Vida verdadeira é como a água: em silêncio se adapta ao nível inferior que os homens desprezam. Não se opõe a nada, serve a tudo. Não exige nada, porque sua origem é da Fonte Imortal"*, escreveu Lao Tsé (TSÉ, 1997).

Evidentemente, um bloqueio no âmbito desse setor ou campo de ação afeta todos os demais. Para o pensador chinês Lin Yutang, o problema da realização e da felicidade relaciona-se com a coragem de ser natural, de aceitar a si mesmo:

"Representamos perante o público um papel e um estilo aprovado por esse público.(...) Todos temos medo do próximo (...) e a maior vantagem que obtemos desse comportamento é o 'aplauso do auditório', esquecemos que temos vidas verdadeiras para viver fora do cenário. E por isso lutamos e suamos e atravessamos a vida, e não vivemos para nós mesmos, de acordo com os nossos instintos, mas para aprovação da sociedade, como solteironas que com suas agulhas trabalham para fazer vestidos de bodas que usarão outras mulheres" (YUTANG, 1997).

A Missão (K'an, a Água) poderia também representar o momento da entrada do indivíduo na Roda da Existência Humana com todo o seu potencial: *"a água é uma imagem do inconsciente; ela é amorfa mas fertilizadora, uma fonte potencial de força"*

---

[5]Interpretação do autor.

(TUAN, 1980). A Missão sugere uma transmutação dos elementos "normais" da personalidade (dos seus padrões de comportamento social usuais e limitados) em valores de vida acima daqueles que interessam à maior parte dos homens. Algo de mais profundo, mais verdadeiro, mais autêntico, que ainda não tem fisionomia definida, exige ser reconhecido.

A Missão aciona o movimento da Roda da Existência, *a experiência*, e automaticamente coloca o indivíduo no setor seguinte, o Conhecimento (ou Autoconhecimento), representado pelo Trigrama Kên, Quietude, Montanha ou Contemplação.

CONHECIMENTO

Sentar-se como uma montanha é contemplar e meditar.

A Montanha, o Trigrama Kên, marca uma pausa na jornada, um incentivo para contemplarmos ou avaliarmos nossas experiências e integrá-las. Contemplando, aprendemos. Aprendemos desde o momento em que nascemos até o fim da vida. Aprendemos a "ser como somos".

"Para o homem que sabe ler, tudo se converte em livro, aonde quer que vá: as montanhas e os arroios são livros também, como o xadrez e o vinho, como a água e as flores" (YUTANG, 1997).

ANCESTRAIS, PASSADO, FAMÍLIA

O processo de aquisição de conhecimento não é isento de crises de maturação, distúrbios psicológicos inerentes ao impulso de realização do ser, representadas pelo Trigrama Chên ou a "estrondosa influência do Trovão" e das tempestades.

"Crise", em chinês, é definida por dois ideogramas: Perigo e Oportunidade. É a manifestação do conflito entre duas tendências: o passado e o futuro, a estabilização (o Perigo) e a evolução (a Oportunidade). A crise é um fato benéfico, incita à evolução, e sofrem aqueles que a ela se opõem.

Lembramos que o Trovão representa também o despertar das forças criativas naturais durante as chuvas de Primavera, dando *origem* ao Ciclo Sazonal. Por isso figura como imagem da Origem, do Passado, dos Ancestrais, bem como do elemento Madeira. Entende-se por "Ancestrais" a nossa origem ou *família* espiritual. Nesse sentido, "espiritual" refere-se a todos os estados de consciência, funções e atividades, às quais tem como denominador comum a posse de valores superiores à média – valores tais como a ética, o estético, o heróico, o humanitário e o altruísta. Relaciona-se, portanto, "espiritual" com níveis supraconscientes do ser humano que, quando buscam expandir-se, conformam uma situação de crise, exigindo aceitação.

A estabilidade emocional, proporcionada pelo apoio oferecido pela família humana ou espiritual, é também suporte e antídoto para os períodos críticos da vida.

Apenas atravessando-se a crise alcançamos um momento de expansão das nossas possibilidades de realização, denominado Prosperidade ou Poder.

PROSPERIDADE, PODER

Essa próxima etapa, o Trigrama Sun, o Vento, sugere uma tendência expansionista do ser, o desenvolvimento de suas possibilidades de atuação que " penetram todos os espaços" e conduzem a "Realização". O indivíduo encontra finalmente seu lugar no mundo.

Prosperidade relaciona-se ao Poder e à Boa Fortuna (Bons Ventos). O Poder não é aqui definido como exercício de soberania, domínio ou influência sobre o outro, mas significa dispor de força ou capacidade para revelar a si próprio.

REALIZAÇÃO, FAMA

A Realização remete-nos ao Trigrama Li, o Fogo, que *"comanda as crenças, as paixões, o ideal, a filosofia de toda uma vida. (...) Respalda as convicções do coração pelas instruções da realidade que, vice-versa, faz compreender a vida do universo pela vida do nosso coração"* (BACHELARD, 1994).

Também denominado Sucesso ou Fama, esse quadrante é normalmente interpretado do ponto de vista do *success* norte-americano, ou seja, da tríade "fama, riqueza e poder" – o que não faz nenhum sentido do ponto de vista budista. *"Fama, riqueza e poder são nomes eufemísticos dos temores de fracasso, pobreza e obscuridade"* (YUTANG, 1997), temores que dominam e escravizam a vida de muitos.

O sucesso ou a realização, de um ponto de vista mais abrangente, não é definitivamente distinguir-se dos demais. *"É o desabrochar, o emergir e o expandir de nossa mais profunda liberdade, de nossa verdadeira identidade"* (Merton, citado por GRUPO DE ESTUDOS), é a realização do ser, a identificação do pequeno ego com os valores mais autênticos. Não é por acaso que Realização (expressão) e Missão (potencial) encontram-se em posições opostas no diagrama.

RELACIONAMENTOS, ASSOCIAÇÕES

Estamos prontos, agora, para o encontro com o outro, a diferença, a diversidade. Seguros e fiéis aos nossos próprios valores, podemos olhar o mundo do lugar ocupado por um outro. A conexão a pessoas e às oportunidades por elas proporcionadas é então denominada Relacionamentos.

Relacionar-se não significa aqui depender de estima e ajuda exteriores mas, sim, saber converter a experiência de um outro em entendimento de si, da vida e do mundo.

Associa-se ao Trigrama K'un, o Abranger, a receptividade, a adaptabilidade, o apoio, próprios do elemento Terra, da Mãe Terra.

"Quando uma nuvem reflete os raios do sol, converte-se em hsia (nuvem colorida) e quando uma corrente d'água se derrama por um rochedo, converte-se em catarata. Por meio de uma associação diferente adquire um novo nome. Por isso é tão valiosa a

amizade" (YUTANG, 1997).

CRIATIVIDADE, FILHOS, FUTURO

Esta etapa, denominada de Criatividade (também Filhos ou Crianças, além de Futuro), representa os frutos (os "filhos") do encontro com a diversidade, a variedade, o divergente e o desigual e proporciona invariavelmente um alargamento das possibilidades de atuação no mundo, enriquecidas pela visão e pela experiência do outro.

Este setor é ligado ao elemento Metal, ao Trigrama Tui, "alegre passeio pelo lago" e também às qualidades de prazer, generosidade, auto-estima e autoconfiança. Aponta para o Futuro, para a possibilidade da expressão pessoal em nível mais amplo, criativo, o que é determinante para abrir os caminhos em direção à Ajuda do Céu.

AJUDA DO CÉU, BENFEITORES

Nesse momento da jornada abrem-se "as Portas do Céu", o Trigrama Ch'ien, o Pai, o Criativo, simbolizando os Benfeitores, a boa sorte.

Pequenos ou grandes "milagres" de sincronicidade e sorte começam a tornar-se acessíveis para o indivíduo. Lugares (Viagens) e pessoas (Benfeitores) influenciam-no constantemente, levando-o a compreender melhor o seu destino.

É importante ressaltar que foi necessário "preparar o terreno", "fazer a sua parte", realizar o esforço de ir em direção a si mesmo. Agora, *"tudo flui..."* como disse o grego Heráclito[6].

O Trigrama Ch'ien, que significa Paraíso, é o mais Yang e ativo de todos, traduz poder e confiança. A Ajuda do Céu manifesta-se por meio da sincronicidade e inspiração, que estariam ao alcance do indivíduo nesse ponto da sua existência, potencializando a Missão, o Destino e fechando a Roda da Existência, que se repete muitas e muitas vezes.

"Não devemos perder a percepção das inspirações: devemos estar sempre em condições de responder ao menor chamado que nos fale, como por um secreto instinto, das profundezas da alma, que é espiritualmente viva" (Merton, citado por GRUPO DE ESTUDOS).

Olhos do Buda Primordial ou "Adi Buddha" – Kathmandu, Nepal.

---

[6]Citação de Heráclito, inscrita nos muros dos jardins da Cerâmica Brennand, Recife, PE.

A CASA, A VIDA E OS TRIGRAMAS

Os Oito Trigramas, ordenados em forma octogonal, constituem um símbolo mandálico. A Mandala é um diagrama geométrico representado por círculos e quadrados concêntricos. De acordo com o professor Lin, a mandala chinesa denominada Ba Gua (Ba = oito, Gua = trigrama) "*é um símbolo da energia cósmica e da totalidade*" (ROSSBACH, 1998). O antigo Diagrama chinês, foi por essa Escola adaptado e conforma um sistema de nove padrões fixos (o nono é o centro), que é sobreposto à planta baixa da casa. A face do Diagrama correspondente à Missão, ao Trigrama K'an, tangencia a parede da porta de entrada.

"*Este é um instrumento básico para se analisar um ambiente e prescrever curas com o sentido de melhorar a vida humana. Ele é utilizado tanto como talismã para afastar a má sorte e atrair boa fortuna, quanto como uma bússola mística para colocar o cliente sintonizado com um curso de vida bem traçado*" (ROSSBACH, 1998).

Na concepção oriental, o símbolo mandálico não é apenas uma expressão, mas também atuação. "*Ele atua sobre seu próprio autor*" (JUNG, 1984).

O psicanalista Carl Jung escreveu: "*podemos vislumbrar a volta ao originário, ao verdadeiro, ritualisticamente realizado através da casa. Podemos então compreender por que se recorre ao 'círculo protetor'. Este deve proteger a unidade da consciência, o Eu, representado no centro do lugar, contra a fragmentação provocada pelo inconsciente*" (JUNG, 1984).

Os oito símbolos chineses, os trigramas, organizam no ambiente a expressão do Eu, do universo imaginário do indivíduo, proporcionando identidade ao lugar.

A forma de aplicação do Diagrama é uma inovação do professor Lin, uma vez que no Feng Shui Clássico isso é feito de acordo com a orientação da bússola, onde cada Trigrama é voltado para a direção cardeal correspondente. Apesar disso, seus objetivos são os mesmos do tradicional: avaliar a qualidade de vida das pessoas que habitam a casa, buscando aprimorá-la.

Originalmente essa Mandala chinesa representava o Cosmo e seus ciclos naturais, o "mundo externo", mas diferentemente da tradição, o professor Lin define o Ba Gua como um Diagrama "internalizado" (ROSSBACH, 1998) que traduz aspectos do mundo psíquico dos indivíduos. Essa nova versão reflete a mudança ocorrida na relação do homem com o universo. O homem não se localiza mais no centro do Cosmo (ou do Diagrama Ba Gua, sujeito às influências do Ciclo Sazonal), mas situa-se agora "à entrada da sua casa", volta-se para o espaço interior, olha para dentro de si mesmo.

> "COMO UM JUNGIANO PODERIA DIZER, TODO EDIFÍCIO (...) É A PROJEÇÃO DE UM ARQUÉTIPO PROVINDO DO SUBCONSCIENTE HUMANO PARA O MUNDO EXTERIOR. AS CIDADES, OS TEMPLOS, OU MESMO AS HABITAÇÕES PODEM SE TORNAR UM SÍMBOLO DA TOTALIDADE PSÍQUICA, UM MICROCOSMO CAPAZ DE EXERCER UMA INFLUÊNCIA BENÉFICA SOBRE OS SERES HUMANOS QUE ENTRAM NO LUGAR OU QUE AÍ VIVEM."
> Y.F. TUAN[7]

[7] TUAN, 1980.

O DIAGNÓSTICO TÉCNICO DE UM LUGAR, ATRAVÉS DO SISTEMA DOS OITO DIAGRAMAS

Uma metodologia básica pode auxiliar o processo de avaliação dos lugares, envolvendo invariavelmente um cuidadoso respeito, à delicada moda oriental, para com a intimidade do outro:

1. Levantar informações a respeito do lugar:
- histórico: a vida dos antigos moradores;
- heformas: avaliar as alterações no desenho original da casa, relacionando-as à história de vida do grupo ou família;
- obsrevar as condições da vizinhança.

2. Levantar informações sobre a experiência de vida dos moradores desde que se mudaram para a casa (como funcionam as áreas básicas da vida?).

3. Levantar expectativas, considerações e desejos dos moradores sobre o tempo que pretendem ainda permanecer na casa e o quanto desejam investir nas correções.

4. Aplicar o Sistema dos Oito Diagramas sobre a planta do edifício:
- primeiramente a planta da casa deve ser inserida em uma forma regular, preferivelmente retangular. A razão disto, a nosso ver, parece ser uma transformação da casa em um "padrão-mandala". A inserção da forma do edifício neste padrão transforma-o imediatamente num arquétipo do subconsciente humano, símbolo da totalidade psíquica.

Assim, as projeções do edifício inferiores a 50% do tamanho lateral são excluídas da forma retangular, as superiores a 50% são incluídas. Ver desenho anterior.

Provavelmente, a forma final irá determinar "vazios" ou áreas não edificadas, denominadas faltantes, bem como áreas construídas que se projetam para além do retângulo, denominadas excedentes.

Caso a planta baixa da edificação seja excessivamente irregular, sendo difícil inserí-la no retângulo, pode-se trabalhar apenas nos ambientes de uso prolongado como salas, quartos e escritório.

- O Diagrama Ba Gua é então sobreposto ao desenho da planta baixa da edificação. A face do octógono correspondente à Missão, Destino ou Carreira, apoia-se sobre a parede da porta de entrada. A casa imediatamente fica dividida em nove setores, correspondentes aos padrões básicos da vida humana. O Centro, ou nono setor, fica relacionado com a Saúde, pois corresponde, no Diagrama, à Raiz da Terra e do Céu, ao Mar de Energia, ao Tai Chi. A seguir, é elaborado um diagnóstico de cada área ou aspecto da vida humana correspondente, e sugerem-se intervenções para o lugar.

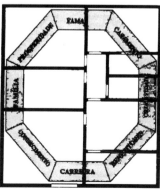

Abaixo:
inserção da casa no "padrão mandala" e localização do centro.

Ao lado:
transformação da casa em arquétipo da totalidade psíquica.

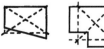

Casos especiais:
Quando a porta principal está assentada em posição inclinada considera-se como referência, para a aplicação do Diagrama, a parede da casa paralela à rua. O Diagrama nunca é aplicado em diagonal.

Para a casa de esquina, cuja porta abre-se para a confluência de duas ruas, considera-se a parede paralela à rua de maior fluxo como referência.

No caso de edifícios, com um único apartamento por andar e cujos elevadores e escada ocupam posição central, considera-se um Diagrama principal aplicado a partir da parede da porta de entrada do apartamento, que pode até ser a porta do elevador, no caso deste ser o único acesso.

O restante é considerado como "área de projeção", na qual diagramas secundários podem ser utilizados em cada um dos cômodos excedentes.

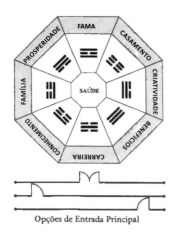

Opções de Entrada Principal

As três únicas opções de localização da porta principal no Diagrama são: Kên (Conhecimento), K'an (Missão ou Carreira) ou Ch'ien (Benfeitores). São denominados "os três portões do Chi". Mesmo que a entrada principal seja utilizada apenas uma vez ao ano, ela é que deve ser considerada para efeito da aplicação do método. Somente no caso de nunca, definitivamente, ser utilizada, é que deve ser desconsiderada, optando-se por uma entrada secundária.

O Diagrama pode ser também sobreposto ao terreno como um todo. Neste caso, traz indicações sobre a forma como se mostram, à primeira vista, os oito aspectos da vida, como se apresentam para o mundo externo. Aqui, o Diagrama fala do disfarce social, da aparência que nem sempre corresponde à realidade. Aplicado sobre a planta baixa da casa, o Diagrama define a verdadeira realidade de cada situação (JAY, 1998).

Do ponto de vista desta Escola, a organização dos Oito Diagramas é universal e não deve ser alterada em nenhuma parte do mundo. Os Oito Diagramas conformam, dentro da casa, setores, campos ou esferas de ação.

5. Efetuar na casa a leitura dos Oito Diagramas:
• Iniciar primeiramente a interpretação dos aspectos gerais, para chegar posteriormente aos detalhes, ao particular. Verificar:
- áreas inexistentes (ou vazios) e/ou áreas de projeção (ou excedentes) que, respectivamente, subestimam e

À esquerda, abaixo: as três opções de localização da porta principal, com relação à aplicação do Diagrama Ba Gua.

superestimulam o aspecto correspondente do Diagrama, assim caracterizando a situação de vida dos moradores;
- áreas problemáticas, ou a correspondência dos setores/aspectos da vida com banheiros e lavanderia (áreas de drenagem), escadas e garagem (circulação, movimento instável), fogão (queima e transformação) e depósitos (lugares onde o ar encontra-se normalmente parado, viciado). Esses lugares necessitam invariavelmente de um cuidado especial pois afetam o setor correspondente da Mandala.
- a arquitetura de interiores e sua mensagem subliminar: verificar os objetos, cores e texturas presentes em cada setor do Diagrama, observando o seu conteúdo simbólico.

6. Elaborar proposta de intervenção no lugar:
- Traçar objetivos para intervenção nos espaços da edificação. É fundamental apresentar soluções apenas para os setores solicitados pela pessoa. Interferir em aspectos da vida de outro, ou em seu destino, é considerado exercício de poder, incompatível com a proposta original do método. É "interferência cármica"[8], que pode repercutir sobre a vida do próprio praticante.
- É importante definir as prioridades, trabalhar apenas com as questões maiores apresentando soluções passíveis de serem executadas no momento, bem como escolher uma estratégia que seja adequada à pessoa. Não é indicado listar inúmeras pequenas soluções, o que muitas vezes dispersa a atenção do foco central.

O projeto de intervenção deve ser implantado dentro de um prazo máximo de seis meses (considera-se como ideal um prazo de três dias), pois à medida que o tempo passa, a avaliação do ambiente perde a sua força de sugestão. Aqueles que implementam as soluções mais rapidamente são os que obtêm os melhores resultados. Se a correção do espaço não surte efeito em um período de seis meses, considera-se que as soluções e/ou sua aplicação não foram satisfatórias.

INTERVENÇÃO ATRAVÉS DE ELEMENTOS SIMBÓLICOS

"A tua vida é forjada pela finalidade para a qual tu vives. És feito à imagem do que desejas" (Merton, citado por GRUPO DE ESTUDOS).

A escritora Alice Howell esclarece que a palavra "símbolo" origina-se do grego *sym-bolos*, que significa reunir ou juntar.

Seu antônimo é *dia-bolos*, que significa afastar ou separar (HOWELL, 1987). *Diabolos*, evidentemente, é a origem da palavra diabo, da sua versão inglesa *devil*, cognato do francês *diable*. O significado arquetípico do vocábulo *dia-bolos* é separação, é negação do simbólico,

---

[8] "Carma", do sânscrito *karmam*, significa, na filosofia budista, o conjunto das ações dos homens e suas conseqüências.

é a anulação do poder mediador do símbolo entre os níveis da consciência.

"A conseqüência disso é o literalismo, o pensamento fundamentalista e toda inflexibilidade dogmática, provavelmente um dos maiores males e perigos da nossa época.(...)

Milhões de pessoas em toda a história foram mortas por essa razão. Isso pode acontecer sempre que o potencial simbólico dos dogmas religiosos é negado. O efeito do dia-bolos assume instantaneamente o comando quando um grupo afirma ser possuidor da única verdade, e nega qualquer outra versão. Compreendidos simbolicamente, ambas as partes poderiam conter a mesma verdade" (HOWELL, 1987).

Os padrões do Diagrama chinês aplicados à casa podem ser acionados por meio de símbolos, pois o pensamento segue a força do símbolo. Uma intervenção desse tipo reestrutura a percepção de um determinado espaço, devido à capacidade que cada novo objeto possui de organizar o entorno de si próprio. A emergência de novas relações entre as coisas num contexto específico – mais que a qualidade intrínseca à própria peça – engendra sempre novas significações e novos modos de ver.

O objeto simbólico, filtrado pelo nosso olhar, é libertado da banalidade do cotidiano e recupera a dignidade de sua linguagem plástica. Adquire autonomia e consistência, fala por si.

De modo geral, é preferível que os símbolos sejam encontrados no imaginário de cada indivíduo, porque assim falarão uma voz autêntica, serão vivos e sua presença no ambiente será significativa. É fundamental também saber distinguir os símbolos culturais dos universais. Devemos recuperar o instinto do que deve ser feito em cada lugar, evitando o apego às regras. Aplicar mecanicamente símbolos chineses, ou de qualquer outra origem, pode não trazer o resultado esperado. Devemos aprender a adaptar o referencial simbólico chinês à cultura local, mantendo-se uma correspondência com a idéia original.

"Desconfio de todas as fórmulas mortas e mecânicas para expressar qualquer coisa relacionada com assuntos e personalidades humanas. Sujeitar os assuntos humanos a fórmulas exatas demonstra falta do senso de humor e, portanto, falta de sabedoria", afirma o chinês Lin Yutang (YUTANG, 1997).

A seguir apresentamos a proposta de intervenção simbólica da Escola Americana nos nove setores da casa, a qual transforma as suas propriedades materiais em reflexão psíquica. Fica evidente que a proposta é que a arquitetura seja gerada pelas necessidades humanas mais fundamentais e torne-se um ramo artístico da presença humana. *"A arte é uma mentira que nos faz compreender a verdade"*, afirmou Pablo Picasso[9]. O objeto de arte tem a função de criar uma certa disposição de ânimo e revelar aspectos da realidade da qual não somos completamente conscientes. Se possui apenas um valor

---

[9]Exposição "Picasso, os anos da guerra", 1999, São Paulo.

ornamental, ou se é utilizado para cumprir uma regra de composição (seja chinesa, seja ocidental), ele deixa de realizar sua mais elevada função, a de conduzir a alma humana à territórios psicológicos e espirituais ainda inexplorados.

A proposta é, então, inserir objetos de arte nos setores cuja expressão encontra-se deficiente. *"O mundo interior é o mundo das exigências, das suas energias, da sua estrutura, das suas possibilidades, que vão ao encontro do mundo exterior. E o mundo exterior é o campo da sua encarnação. É aí que você está. É preciso manter os dois, interior e exterior, em movimento. (...) O pouso da alma é aquele lugar onde o mundo interior e exterior se encontram. (...) O tema básico de toda mitologia é de que existe um plano invisível sustentando o visível. (...) A metáfora é a máscara de Deus, através da qual a eternidade pode ser vivenciada"* (CAMPBELL, 1998).

1. K'AN, **Missão, Destino, Carreira:**
- referências ao elemento Água (ou Metal);
- objetos que representem os valores pessoais mais profundos;
- imagens e símbolos do próprio trabalho;
- plantas com movimento ascendente e luzes projetadas para cima;
- do ponto de vista tradicional, toda intervenção relacionada com a Missão deve iniciar-se no quarto de dormir. Certifique-se de que a cama localiza-se em posição favorável, de acordo com o Método da Forma, e implemente os símbolos na área correspondente. Em seguida, sugere-se aplicar as soluções no local de trabalho.

2. KÊN, **Conhecimento:**
- referências ao elemento Terra (ou Fogo);
- cores preto, azul e verde;
- altar, capela, sala de meditação ou de estudos;
- livros, material de reflexão e estudo;
- representação de paisagens ou montanhas.

3. CHÊN, **Ancestrais, Família, Passado:**
- referências ao elemento Madeira (e Água);
- objetos que nos remetam à "origem", aos nossos anseios mais legítimos, à nossa ancestralidade;
- objetos herdados, presentes e fotos de amigos e familiares (as fotos de pessoas falecidas não são recomendadas se a questão da morte não foi suficientemente resolvida).

4. SUN, **Prosperidade, Poder:**
- referências ao elemento Madeira (e Água);
- cores azul esverdeado, lilás e vermelho;
- representação dos objetivos e metas de vida;
- objetos de valor e representação dos objetos de desejo.

5. LI, **Realização:**
- referências ao elemento Fogo (ou Madeira);
- representação formal da filosofia de vida e dos valores que reforçam a própria identidade;
- diplomas e prêmios.

6. K'UN, **Relacionamentos:**
- referências ao elemento Terra (e Fogo);
- cores rosa, vermelho e branco;
- objetos em pares (associados

simbolicamente ao outro);
- imagens de bons relacionamentos.

7. TUI, **Criatividade, Filhos e Futuro**:
- referências ao elemento Metal (ou Terra);
- representação formal dos anseios para o futuro;
- memórias da infância;
- fotos dos filhos;
- objetos confeccionados por ou para crianças.

8. CH'IEN, **Ajuda do Céu, Benfeitores**:
- referências ao elemento Metal (ou Terra);
- cores branco, cinza e preto;
- altar, representação de Divindades, Guias espirituais, Mestres, mentores; objetos das próprias crenças espirituais ou que tragam um sentido de "proteção";
- fotos de amigos e benfeitores em potencial;
- paisagens e lugares que "foram mestres" e proporcionaram experiências marcantes ou, ainda, lugares que se almeja conhecer (e que, provavelmente, nos reservam ensinamentos).

9. **O Centro, a Saúde**:
Considerado o lugar onde Yin e Yang estão em equilíbrio, o centro do Diagrama, ou da casa, não se relaciona a nenhum Trigrama em especial. É um Ming Tang – o captador e distribuidor da energia, o guardião da energia, a Raiz do Céu e da Terra, o Tai Chi – e refere-se à estabilidade, à saúde física e mental dos moradores.

O conceito de Ming Tang ou Palácio Brilhante, já definido durante o estudo do Feng Shui Rural, representa também o lugar onde o Homem e o Céu se conectam e se comunicam.

Como já mencionado, banheiro, cozinha e serviços, circulação e depósito, configuram uma situação problemática, especialmente em posição central. Como correção, sugere-se utilizar uma das nove soluções, que serão apresentadas adiante.

Quando nenhum problema específico é encontrado em outras áreas da casa, trabalha-se o centro do lugar.

Intervenções sugeridas:
- referências ao elemento Terra (ou Fogo);
- objetos que possam trazer vida, movimento e vibração ao ambiente, tais como iluminação, móbiles, plantas e fontes;
- jardim interno;
- quadros ou esculturas representando o corpo ideal ou as condições ideais da saúde.

INTERVENÇÃO POR INTERMÉDIO DAS NOVES SOLUÇÕES, A ACUPUNTURA DA CASA

Considera-se, nessa Escola, que as formas, cores, sombras, reflexos e padrões atuam sobre o lugar, como se fossem pontos de acupuntura dentro do espaço. Partindo-se dessa premissa, procura-se ajustar as áreas problemáticas ou acionar a simbologia do setor através de basicamente nove soluções ou "nove curas" (como são denominadas), que podem ser utilizadas para remediar qualquer das áreas do Diagrama.

Algumas delas foram concebidas pelo próprio professor Lin e outras foram retiradas da tradição chinesa. São elas:

- **objetos produtores ou refratores de luz, como espelhos, cristais, luminárias e lamparinas:**

o efeito de luz na casa deve ser bem trabalhado, pois a luz é considerada um atributo divino, cuja origem é celestial.
Os espelhos (que não são muito utilizados no Feng Shui Clássico), são refletores de luz e, portanto, das forças do céu, da energia. Servem para guiar, direcionar e facilitar o fluxo da luz, permitindo que penetre em espaços fechados, expandindo as áreas básicas da vida. São especialmente utilizados para desviar imagens agressivas (sendo colocados, então, nas paredes externas da casa). Os convexos "afastam", "rebatem". Já os côncavos "atraem" (no caso, as imagens positivas, como as formas naturais de um jardim, um parque ou uma montanha). Os octogonais, com a representação dos Trigramas do I Ching (na Ordem Anterior), são considerados talismãs, com forte capacidade de proteção. Os espelhos são também utilizados pela Escola Americana para "corrigir" as formas irregulares de um ambiente, aproximando-o do "padrão mandala". Por exemplo, uma sala em "L" pode receber um espelho (em um dos seus "braços") para completar virtualmente a forma, aproximando-a do retângulo.
Também as paredes em diagonal podem receber aplicação de espelhos, com o objetivo de "acertar" a forma do lugar, "recriando-se" assim, a área faltante do padrão mandala.

Como objeto de uso diário, o espelho oval é o mais indicado, pois reproduz a forma do campo vital humano. O espelho ideal deve ser grande (no mínimo 50 cm em torno do indivíduo) e nunca possuir trincas ou manchas, pois a imagem que guardamos de nós mesmos é aquela que vemos refletida. Deve, sim, possuir algum tipo de moldura ou acabamento.
A bola de cristal multifacetada atrai e refrata a luz. O seu uso também é uma inovação da Escola Americana. As mais indicadas são as importadas (austríacas) devido ao alto grau de pureza do cristal. São utilizadas em janelas (contrapondo-se a vistas indesejáveis), nos marcos das portas (contra correntes de vento ou entre o sanitário e o quarto) e dentro dos banheiros (compensando uma área de escoamento). Alguns professores aconselham cuidado no uso da bola de cristal, pois acreditam que da mesma forma que fragmenta e espalha luz pelo ambiente (em pequenos arco-íris), fragmenta e espalha também as informações indesejadas que busca rebater. Quanto às luminárias, as preferidas são aquelas que lançam o foco de luz na direção ascendente, muito utilizadas no caso de "pé-direito" ou teto muito baixo.

- **som (sinos, música):**

considera-se que determinados sons e músicas podem transportar algo da Suprema Realidade, lembrar aos mortais o seu verdadeiro lar. O som aproxima o homem da verdade, mais do que qualquer outra forma de expressão artística. Os sinos (ou o som) teriam a função de alertar, despertar e clarear a mente, estimular um ambiente depressivo, dispersar "correntes nocivas" (provenientes de mensagens agressivas do meio externo), moderar a circulação do Chi (em um grande corredor, por exemplo), atrair o bom Chi (se colocados externamente, sendo por isso indicados especialmente para o comércio) e deveriam possuir os pingentes vazados, o que se relaciona com o conceito de fluxo e movimento;

● **força viva ou animais domésticos (em especial, os peixes) e plantas (em especial, o bonsai)**:
representam a presença da vida na casa. As plantas podem servir de corretivos para compensar espaços faltantes (sendo então inseridas externamente) ou paredes inclinadas (sendo colocadas junto aos cantos) Podem ser utilizadas também diante de quinas vivas ou pilares expostos, dentro da casa.

● **objetos pesados**:
estátuas, rochas, mobiliário pesado são utilizados para estabilizar ou "solidificar" simbolicamente certas situações, tais como um novo emprego ou relacionamento. As esculturas, quando selecionadas, podem infundir no ambiente uma mensagem sagrada.

● **cores**:
são aplicadas seguindo a correspondência entre os Cinco Elementos e os trigramas do Sistema dos Oito Diagramas. A cultura chinesa considera a pintura e a caligrafia como a mais elevada forma de expressão artística. Assim, a luz irradiada das cores de uma pintura ou de um quadro especial torna-se sugestiva e simbólica.

● **objetos móveis, tais como catavento, móbiles, fontes**:
considera-se, especialmente, que podem dispersar o Sha Chi proveniente das flechas secretas que apontam diretamente para a casa. Devem ser colocados entre o meio externo e o ambiente interior, em uma varanda ou janela.

● **força hidráulica ou fontes**:
são ativantes do lugar.

● **equipamento elétrico**:
computadores, aparelhagem de som, videocassete e outros conduzem corrente elétrica, criam campo eletromagnético no setor onde foram colocados.

● **flautas chinesas**:
possuem um significado simbólico e religioso associado à proteção e são utilizadas para "elevar" vigas ou teto muito baixos, assentadas inclinadas como se impulsionassem o "sopro" para cima.

CADA UMA DESSAS SOLUÇÕES É COMO UM ADITIVO QUE VISA MELHORAR OU INTENSIFICAR O POTENCIAL DE UM LUGAR. COMO "TUDO RESSOA EM TUDO", BUSCAM UMA CONSEQÜENTE RESPOSTA NA VIDA PSÍQUICA DOS INDIVÍDUOS. PODEM SER UTILIZADAS INDISTINTAMENTE EM QUALQUER ÁREA DO DIAGRAMA. SER INSENSÍVEL AO AMBIENTE QUE NOS CERCA INDICA FALTA DE REFINAMENTO CULTURAL E ESPIRITUAL. O TRABALHO COM O INTERIOR DA CASA NÃO É ALGO SUPERFICIAL OU FÚTIL, E O MOBILIÁRIO, OBJETOS, FORMAS, CORES E TEXTURAS PODEM NOS AUXILIAR A ORGANIZAR O NOSSO UNIVERSO IMAGINÁRIO E NOS APONTAR O CAMINHO DA VERDADE.

O Reforço dos Três Segredos

A Escola do Budismo Tântrico utiliza o termo Feng Shui para caracterizar todo um sistema religioso e utiliza uma abordagem ritualista e intuitiva para lidar com o tempo e o espaço. Por isso, o professor Lin recomenda que as soluções se façam acompanhar do "Reforço dos Três Segredos". Os Três Segredos (gesto, fala e mente) são realizados no momento da implantação das "curas" do lugar. São eles:

Segredo do Corpo: utiliza-se aqui um gesto ritual feito com as mãos, denominado "mudra". Pode-se utilizar o mudra do coração (para acalmar a mente e trazer paz), o mudra da dispersão (para expulsar ou fragmentar influências indesejáveis) ou o mudra da bênção. Aqueles que não estão familiarizados com os mudras budistas podem escolher um gesto espontâneo que possa representar uma das três situações acima citadas;

Segredo da Fala: recitar uma oração nove vezes, que pode ser da própria tradição espiritual;

Segredo da Mente ou "intenção mística": a força da mente é utilizada para visualizar a vida transformada pelas soluções implantadas, o que se reflete na vizinhança e traz benefícios para todo o Cosmo.

Considera-se que as pessoas que não obtêm resultados são aquelas que não trabalharam com uma intenção clara ou que não reforçaram a aplicação das soluções com a técnica dos Três Segredos. *"A vontade e intenção ativam o objeto usado para ajuste de Feng Shui"*, ensina Seann Xenja (XENJA, 1998).

Devemos sempre levar em consideração a prática espiritual do outro (quando existente), adaptando-se a Técnica dos Três Segredos. Caso não haja interesse por esse aspecto religioso, é melhor que ele seja transformado apenas em um "reforço mental". Não faz sentido impor uma conduta religiosa ou mística a ninguém.

É importante também ressaltar que cada pessoa é responsável por implantar as próprias soluções, não o profissional de Feng Shui. Considera-se difícil obter bons resultados com a colaboração apenas do praticante, é necessário o envolvimento e a participação dos moradores da casa, pois é a vida deles que está em questão e cabe a eles o esforço de modificá-la.

As Três Harmonias

A técnica das "Três Harmonias" baseia-se na existência de uma relação de cada um dos setores do Ba Gua com dois outros, o que conforma uma série de triângulos, que ficam sobrepostos ao diagrama (ver ilustração). Constitui um instrumento adicional de trabalho com os setores da casa, a fim de potencializar os objetivos desejados. A proposta é utilizar uma das nove soluções em cada canto do triângulo escolhido.

Considerações ao trabalhar para o outro

O professor Lin Yun faz as seguintes recomendações a seus discípulos (ROSSBACH, 1998):

"QUE TENHAM DESEJO DE AUXILIAR O PRÓXIMO, OU SEJA, UM CORAÇÃO AMOROSO;
QUE TENHAM UMA COMPREENSÃO COMPLETA DOS CONCEITOS BÁSICOS DO MÉTODO
E SEGURANÇA SOBRE A APLICAÇÃO DAS 'CURAS' FÍSICAS E TRANSCENDENTAIS.
QUE ESTEJAM DISPOSTOS A APRENDER E A PESQUISAR SEMPRE.
QUE SAIBAM DISTINGUIR O QUE É CLÁSSICO E MODERNO NO FENG SHUI
E QUE TENHAM RESPEITO PELAS OUTRAS RELIGIÕES E ESCOLAS.
QUE POSSAM CULTIVAR UM CAMINHO DE PRÁTICA ESPIRITUAL."

Além disso, sugere a Escola Americana (XENJA, 1998):

- **respeito à intimidade do outro:**
a casa é entendida como um espelho do universo imaginário de alguém. Recomenda-se o máximo respeito ao lidar com essa intimidade. Por mais problemática que seja, considera-se que foi construída com os melhores recursos de que o indivíduo dispunha no momento.
É importante evitar críticas negativas às soluções existentes e comentar os pontos positivos, ressaltando que as situações problemáticas podem sempre ser aprimoradas. Antes de concluir a avaliação e apresentar soluções, recomenda-se que todos os ambientes sejam percorridos. Caso o tempo de avaliação seja curto, deve-se enfocar apenas o ponto principal.
Se os moradores não tiverem afinidade com soluções de fundo religioso, denominadas "transcendentais", é melhor ater-se às soluções arquitetônicas, tais como pintura de paredes e remanejamento de mobiliário, ou ainda psicológicas, como aplicação de símbolos;

- **uma postura correta do profissional:**
é importante não se colocar na posição de "especialista" ou *expert* pois, por mais estudo que se tenha, existirá muito ainda para se aprender. O professor Lin estuda o Budismo desde os seis anos de idade, e na China, os verdadeiros Mestres possuem no mínimo vinte anos de prática. Devemos, sim, transferir para os moradores a capacidade de perceber o lugar em que vivem, de perceber o quanto o ambiente os afeta;

- **definição de propósito:**
a meta de trabalho deve ser clara, sendo denominada *mission statement* ou "definição do propósito". Sugere-se como objetivo o "auxílio ao outro", pois se assim não for, pode-se perder a capacidade de percepção da necessidade autêntica dos indivíduos. O sucesso profissional é visto como um misto de conhecimento técnico, de comunicação correta e da denominada "percepção consciente" ou intuição, já que por maior que seja o conhecimento adquirido, sempre existirão situações de exceção;

- **ritual de remuneração:**
para os praticantes desta Escola a remuneração deve ser entregue ritualisticamente, dentro de um envelope vermelho (ou num número de envelopes múltiplo de nove). O ritual é uma forma de valorizar as informações recebidas e demonstrar respeito pelas orientações, cujo fundamento é religioso, baseado no Budismo Tântrico. O vermelho é uma cor associada ao sangue e à vida, e as substâncias que possuem essa cor natural reúnem simbolicamente a essência da vida. Funciona também, como imagem do princípio Yang, da força, do sucesso, sendo considerada "a cor de proteção psíquica".

O ritual sugere que o envelope recebido seja colocado junto à cabeceira da cama do praticante por uma noite e aberto na manhã seguinte. Pela técnica do Reforço dos Três Segredos, o profissional pode visualizar as situações problemáticas já resolvidas, os benefícios refletindo-se na vizinhança e espalhando-se por todo o Cosmo.

COMPLEMENTANDO AS INFORMAÇÕES DA ESCOLA AMERICANA

- no caso de um aposento pequeno e fechado (como um depósito ou quarto de vestir), onde o ar fica preso e parado, sugere-se manter a porta sempre fechada ou, ainda, utilizar uma das Nove Soluções, principalmente quando o ambiente fica acoplado a um outro mais nobre;
- pela sua grande força simbólica e significado religioso, a forma octogonal é considerada contra-indicada para residências;
- tanto a solução arquitetônica (a forma e a configuração dos ambientes), quanto a memória da casa e a atuação psicológica dos indivíduos são responsáveis pela caracterização do lugar como favorável ou desfavorável;
- os animais e plantas refletem a situação psíquica de um lugar;
- alinhamento de situações problemáticas (ou seja, banheiros, escadas, depósitos, serviços, dentre outras) dos setores Kên (Conhecimento), K'un (Relacionamentos) e Centro da casa fica potencialmente relacionado ao aparecimento de enfermidades na família;
- a lareira fica melhor posicionada no setor do Trigrama Li (Realização), elemento Fogo;
- piscinas e fontes na área do Fogo (ou Realização) criam relação de antagonismo. A Madeira funciona como conserto e elemento moderador entre Água (piscina) e Fogo. A piscina pode, idealmente, justapor-se aos domínios da Prosperidade e da Missão dentro do terreno;
- sugere-se evitar sobrepor os banheiros ao campo de atuação dos setores Realização, Relacionamentos, Saúde e Prosperidade. A localização ideal para os banheiros é na linha fronteiriça entre os Trigramas;
- deve-se evitar um excesso de portas e aberturas secundárias nos ambientes de uso prolongado, pois considera-se que afetam o potencial da área. Neste caso sugere-se o uso de uma das Nove Soluções no ambiente.

Sobre as aplicações no local de trabalho

- a proposta de intervenção será determinada pela imagem que a empresa deseja transmitir, pelo conceito que sintetiza as intenções da instituição;
- pouco movimento de clientes pode estar vinculado a obstáculos na entrada principal, que pode estar bloqueada ou encoberta, situação denominada "entrada limitada do Chi". Neste caso, pintar a entrada com cores claras ou vibrantes, aumentar a luminosidade artificial, acrescentar elementos que possam chamar a atenção do público são algumas das soluções. Para as lojas em geral recomenda-se uma entrada generosa, com atrativos, facilitando o acesso e funcionando como um convite ao cliente;
- queixas contra serviços do estabelecimento, funcionários ou fornecedores, ausência de clientes e esforço excessivo na realização do trabalho implicam problemas no território dos Benfeitores, tais como localização de banheiro ou depósitos no lugar ou, até mesmo, a ausência do setor no desenho em planta baixa do edifício;
- dificuldades da empresa em acessar informações necessárias ao seu desenvolvimento são associadas a impedimentos na área do Conhecimento;
- relacionamento difícil entre funcionários fica vinculado a obstáculos no campo de domínio da Família ou dos Relacionamentos;
- o setor Relacionamento é especialmente importante para uma sociedade comercial;
- área administrativa fora do corpo principal do estabelecimento dificulta o controle. O escritório deve localizar-se dentro do prédio da empresa e com fácil acesso, visando à unidade da organização. A diretoria implantada fora do Diagrama principal (ou Ba Gua principal), indica "diretoria fora do escritório" ou, possivelmente, muitas viagens;
- o setor Realização pode receber a cor vermelha, a logomarca ou símbolos da empresa;
- obstáculos no centro da edificação ficam associados a dificuldades organizacionais e financeiras, a "falta de centro";
- para estimular o trabalho (e o estado de ânimo) sugere-se evitar acúmulo de papéis e desorganização, liberar mais espaço na mesa e ao redor;
- é interessante, para o comércio, expor os objetos exemplificando o seu uso: em uma loja de louças, por exemplo, uma mesa montada, como se preparada para um jantar, torna-se muito sugestiva;
- no comércio, não se deve destacar a caixa registradora, nem pressionar o possível cliente logo à entrada. As mercadorias devem receber o maior destaque, catalisando a atenção do visitante;
- duas portas de entrada podem representar simbolicamente dois caminhos, divisão entre sócios. Um elemento colocado entre ambas pode integrá-las visualmente;
- um objeto de forte presença, posicionado no centro da loja, faz convergir para ele a atenção do público;
- pode-se aplicar o Diagrama Ba Gua sobre a

mesa de trabalho, considerando a face da mesa voltada para o indivíduo como a "parede da porta de entrada", e posicionar objetos especiais nos diferentes cantos;
• as mesas posicionadas diante de entrada recebem o impacto do fluxo de circulação – os pedidos e solicitações. Pode-se adotar uma das Nove Soluções sobre a mesa, entre a porta e a pessoa;
• os depósitos devem ser mantidos limpos e organizados;
• terreno que se estreita em direção aos fundos representa simbolicamente uma tendência de "estreitamento" do negócio. Mais indicada é a situação contrária: terreno estreito à frente e largo ao fundo, traduzindo "negócio que se amplia a longo prazo";
• no comércio, a parede espelhada é considerada uma boa solução: amplia o espaço, brilha e chama a atenção do público;
• plantas de folhas arredondadas são as preferidas no escritório, pois simbolizam o elemento Metal, a moeda e a prosperidade;
• todas as soluções são temporárias, sendo necessário um contínuo trabalho na casa e em si mesmo. Não se deve interferir nas situações de vida que estiverem em bom funcionamento, mesmo que a avaliação do Diagrama chinês indique uma condição prejudicial. Recomenda-se interferir apenas nos setores problemáticos que forem solicitados.

XAMANISMO CHINÊS

Incensário de chão em Swayambhu Nath, Kathmandu, Nepal. "O fogo foi, sem dúvida, o primeiro objeto de ilusão do homem."

A Escola do professor Lin trabalha tanto no campo dos símbolos quanto no da magia ou das "curas transcendentais" do antigo xamanismo chinês. Encantamentos e curas são produzidos na tentativa de alcançar uma solução perfeita, no mundo muito menos perfeito dos mortais. Não é nosso objetivo nos estendermos nesse campo, o qual exige um treinamento especializado com a assistência direta de um verdadeiro mestre xamã. Caso contrário, corremos o risco de manipular forças que desconhecemos (ou menosprezamos) e as conseqüências podem não ser aquelas desejadas...

A sabedoria popular brasileira também é repleta do conhecimento da "magia" e apresentamos a seguir duas receitas do índio Kaká Werá (JECUPÉ, 1998):
• **problemas com álcool ou drogas em casa**: primeiramente defumar o ambiente com arruda, sálvia, fumo seco e carvão. Depois da limpeza, vitalizar a pessoa através de banho (nas costas, joelhos e ventre) e escalda-pé com chá de alecrim. Colocar no ambiente um arranjo com lírios, para proteção e sustentação da cura;
• **para desintoxicação física e psíquica**: banho de rosas na cabeça ou banho de banheira com fumo seco, arruda e sálvia maceradas, finalizando com chá de alecrim sobre o corpo. Colocar no ambiente um arranjo com flores brancas.

Talismãs e Amuletos

Às vezes sugere-se o uso de talismãs e amuletos chineses nas práticas desta Escola, bem como de algumas outras que dedicam-se ao estudo da bússola Lo Pan, no Feng Shui Clássico. Este assunto merece um esclarecimento. O mestre Ho Chin-Chung, de Taiwan, localiza a origem dos talismãs e amuletos chineses na época do Imperador Amarelo (ou seja, 2600 a.C.). Pela tradição, acredita-se que foram transmitidos ao Imperador pelos "homens-montanha" ou "espíritos das montanhas" e, na sua opinião, não é qualquer pessoa que pode utilizá-los. Para que sejam realmente efetivos, necessitam:

- das palavras corretas (ou encantamento), que são ditas no momento da sua colocação;
- do momento correto de aplicação, determinado por cálculos matemáticos;
- do lugar certo.

Mestre Ho afirma que cientistas norte americanos têm estudado a linguagem dos talismãs chineses, acreditando que podem representar mensagens extraterrestres, o que não foi ainda comprovado (CHIN-CHUNG, 1999).

A diferença entre talismãs e amuletos é que os primeiros são usados pela pessoa junto ao corpo e os segundos são fixados em paredes ou portas.

Conclusão

De acordo com o pensador Rudolf Steiner, *"o importante é o que os olhos vêem, pois isso influencia a alma, em nível inconsciente, com um significado eminentemente prático"* (STEINER, 1999), o que parece reforçar a proposta do professor Lin, de que os símbolos e o poder da mente estruturam a realidade e materializam novos lugares. Símbolos não como alegorias, abstrações ou regras, mas como materialização da "substância viva da alma". Se assim não for, *"permanecemos no nosso ego tensamente voltados para nós mesmos, tentando atrair dons à nossa própria vida, limitada e egoísta"* (Merton, citado por GRUPO DE ESTUDOS). Os símbolos verdadeiros não tentam manipular o Céu por meio de barganhas supersticiosas mas, sim, nos torna capazes de emergir e penetrar na liberdade de Deus.

"Quando a imagem do pensamento é transposta do sujeito para a materialização artística, e quando o lugar materializado, por meio do uso e da participação, é compreendido e caracterizado por outros, atinge-se a realização, numa unidade artística e estética da arquitetura, como arte da realidade" (SVENSSON, 1992).

Para finalizar, reforçamos uma das importantes orientações do professor Lin aos praticantes: *"que saibam distinguir o que é Clássico e Moderno no Feng Shui"* (ROSSBACH, 1998), o que parece indicar que a aplicação de seu sistema pode (e deve) ocorrer paralelamente às referências do Feng Shui Clássico chinês, os Métodos da Forma e da Bússola, e então se complementar.

4. A Escola Chinesa da Bússola, as Tecnologias do Sagrado

"E O QUE É A MÁGICA, SENÃO TECNOLOGIA? (...) AMBAS MANIPULAM OS RECURSOS DE DOIS MUNDOS: O IMANENTE E O TRANSCENDENTE TRAZENDO-OS A UMA PRODUTIVA CONVERGÊNCIA."
LIZ LOCKE[1]

"DESDE OS TEMPOS MAIS REMOTOS A RELAÇÃO COM O CÉU TEM SIDO O PRÓPRIO FUNDAMENTO DA VIDA, FUNDAMENTO QUE EXISTE ENTRE O YIN E O YANG E ENTRE O CÉU E A TERRA E DENTRO DOS SEIS PONTOS. A EXALAÇÃO CELESTIAL PREVALECE NAS NOVE DIREÇÕES, NOS NOVE ORIFÍCIOS, NAS CINCO VÍSCERAS E NAS DOZE ARTICULAÇÕES; TODOS ELES SÃO PERMEADOS PELA EXALAÇÃO DO CÉU."
LIVRO DE OURO DA MEDICINA CHINESA[2]

Introdução

No capítulo anterior, apresentamos os ensinamentos básicos do Método ou Escola da Forma (*Xing Fa*). Iniciamos um caminho de aprendizado de avaliação das influências ambientais e da geografia humana, a relação da Terra com a pessoa que a habita. Porém, o estudo das formas representa apenas metade da abordagem do Feng Shui. A sua contraparte, o Método ou a Escola da Bússola, fala das influências do Céu, do invisível, daquilo que podemos apenas pressentir. Neste contexto, o invisível não é o que permanece oculto, o que se mantém em segredo. O invisível é a mensagem inefável, não-lógica, que não está além do que é visível, é simplesmente aquilo que não conseguimos ver. Por intermédio desta Escola buscamos *"uma espécie de acordo com o mistério que enforma todas as coisas, (...) não apenas para encontrá-lo e sim para encontrá-lo verdadeiramente em nosso ambiente, em nosso mundo – para reconhecê-lo"* (CAMPBELL, 1998). A Escola da Bússola ou *Li Fa*, o Método Matemático, fornece a

---
[1] LOCKE, 1998.
[2] NEI, 1989.

tecnologia para tornar visível o invisível.

É imprescindível, contudo, que se mantenham na íntegra os preceitos da Escola da Forma, pois estes fornecem as referências fundamentais. Entretanto, a mera ordenação do espaço pode deixar insatisfeitas as necessidades mais profundas. "É preciso ir aos fundamentos da vida", afirma a Escola da Bússola.

Neste estudo vamos apresentar algumas técnicas dessa Escola, tais como o Ming Gua (o Trigrama da Vida), o Ba Zhai (o Sistema das Oito Casas), incluindo também os Quatro Pilares do Destino que, apesar de não pertencer ao método do Feng Shui, é um instrumento de apoio muito utilizado. Não trataremos do uso da Bússola Lo Pan propriamente dito, que é bastante complexo e fica reservado para um estágio mais avançado. Entretanto, o conhecimento básico aqui apresentado será fundamental para o estudo futuro do Lo Pan.

O nosso objetivo, então, é colocar a vida em acordo com um plano de ser subjacente ao plano visível, o invisível que de algum modo sustenta esse visível a que temos de nos vincular (CAMPBELL, 1998). O invisível é mensagem evidente e aberta para quem souber penetrá-la ou, melhor ainda, para quem souber deixar-se penetrar por ela.

4.1 O MING GUA, A INFLUÊNCIA DAS OITO DIREÇÕES

O Ming Gua, que significa Trigrama da Vida, também denominado Número do Destino, Número Natal ou Número Anual, identifica as qualidades presentes na "atmosfera" do ano de nascimento, inerentes à constituição de toda pessoa.

O cálculo deste número tem por finalidade a descoberta da direção cardeal favorável para cada indivíduo, com a intenção de colocá-lo em acordo com atributos compatíveis à sua constituição, beneficiando a sua saúde. Quando posicionamos a porta de entrada da casa, a cabeceira da cama ou a mesa de trabalho voltadas para essa direção específica, recebemos o seu estímulo, que penetra o corpo pelo meridiano do vaso constritor.

Cálculo do Ming Gua e das Direções Benéficas

O calendário solar chinês, utilizado para o cálculo do Ming Gua, considera como início de um novo ano o momento em que o sol entra no 15º grau de Aquário. No século XX isso aconteceu por volta dos dias 4 ou 5 de Fevereiro. De 1981 a 2016 cada novo ano solar inicia-se sempre a 4 de Fevereiro. A partir de 2017, o ano novo pode iniciar-se em 3 de Fevereiro. Assim, se o nascimento ocorreu do dia primeiro de Janeiro ao dia 4 de Fevereiro, considere o ano anterior como ano de nascimento. Em caso de dúvidas, ou para aqueles que nasceram exatamente no dia 4 ou 5 de Fevereiro, é indicado consultar um calendário solar. Apresentamos, a seguir, a fórmula de cálculo do Ming Gua, diferenciada para mulheres e homens:

Cálculo do Ming Gua para mulheres:
- somar todos os dígitos do ano de nascimento;
- caso o resultado seja composto de dois dígitos, somá-los novamente até que fique reduzido a apenas um número;
- adicionar **4 (uma constante)** a esse resultado obtido, assim, o número correspondente ao Ming Gua.

Exemplo: Ano de Nascimento = 1955;
1 + 9 + 5 + 5 = 20; | 2 + 4 = 6, o Ming Gua ou
2 + 0 = 2; | Número do Destino.

Cálculo do Ming Gua para homens:
- somar todos os dígitos do ano de nascimento;
- caso o resultado seja composto de dois dígitos, somá-los novamente até que fique reduzido a apenas um número;
- subtrair esse resultado de **11 (uma constante)**, obtendo, assim, o número correspondente ao Ming Gua.

Exemplo: Ano de Nascimento: 1955
1 + 9 + 5 + 5 = 20 | 11 − 2 = 9, o Ming Gua ou
2 + 0 = 2 | Número do Destino.

Caso o Ming Gua seja composto de dois dígitos, deve-se somá-los, reduzindo-o a apenas um algarismo. O Ming Gua corresponde a um número de 1 a 9. Entretanto, temos apenas 8 Trigramas, pois não existe correspondência ao número 5. Assim, caso o resultado encontrado seja 5, deve-se convertê-lo para 8 (mulheres) ou 2 (homens).

A tabela abaixo fornecerá indicações sobre a Direção Favorável ou Auspiciosa, a Polaridade, o Grupo e o Elemento da Natureza relacionados ao Ming Gua.

MING GUA – TABELA DE ATRIBUTOS *H = HOMENS M = MULHERES

MINHG GUA	Trigama Associado	Direção Favorável	Polaridade	Grupo	Elemento
1	K'AN	Norte	YANG	Leste	ÁGUA
2	K'UN	Sudoeste	YIN	Oeste	TERRA
3	CHÊN	Leste	YANG	Leste	MADEIRA
4	SUN	Sudeste	YIN	Leste	MADEIRA
5	KÊN(M)*	Nordeste	YANG	Oeste	TERRA
	K'UN(H)*	Sudoeste	YIN	Oeste	TERRA
6	CH'IEN	Noroeste	YIN	Oeste	METAL
7	TUI	Oeste	YANG	Oeste	METAL
8	KÊN	Nordeste	YIN	Oeste	TERRA
9	LI	Sul	YANG	Leste	FOGO

Os números acima classificam-se em dois grupos diferenciados, Grupo Leste e Grupo Oeste, que correspondem a dois diferentes tipos de temperamento. Apesar de constituir uma generalização, considera-se que o Grupo Leste (Nascente) é Yang, reunindo pessoas de temperamento mais expansivo, e o grupo Oeste (Poente), Yin, relaciona-se aos mais introspectivos. O primeiro Grupo, o Leste, corresponde à parte expansiva do Ba Gua, à Primavera e ao Verão, aos elementos Madeira, Água e Fogo. O segundo grupo, o Oeste, corresponde à parte contrativa do Ba Gua, ao Outono e Inverno, aos elementos Metal e Terra.

Pertencendo a qualquer um dos dois grupos o indivíduo teria, além da sua direção favorável, compatibilidade com as outras direções do mesmo Grupo, que são:

Grupo Leste	Leste	Norte	Sul	Sudeste
Grupo Oeste	Oeste	Nordeste	Noroeste	Sudoeste

Considera-se também que o primeiro Grupo é incompatível com o segundo e vice-versa. Incompatibilidade significa aqui "movimento em direção oposta": nascimento e expansão (do Leste) *versus* recolhimento e declínio (do Oeste). Significa que quando uma pessoa de determinado Grupo se estabelece (com a sua mesa de trabalho, a cabeceira de sua cama, ou a abertura da porta de entrada) voltada para as direções correspondentes ao grupo contrário, experimentará um declínio de saúde e /ou produtividade. O ideal é posicionar-se voltado para uma das direções favoráveis no trabalho, e também durante o sono.

Como já dissemos, o Ming Gua é fator decisivo para que a composição do ambiente seja satisfatória. É importante lembrar que embora exista uma direção especialmente favorável, todas as outras pertencentes ao mesmo Grupo (seja Leste, seja Oeste) são também consideradas benéficas.

No caso de um estudo para a residência de um casal, a entrada da casa pode ser orientada de acordo com a direção benéfica de um dos cônjuges, e a cabeceira da cama com relação ao outro. Ou então, localizar o casal em camas separadas, com orientações diferenciadas. O mesmo vale para amigos e parceiros que dividem o mesmo espaço. Considera-se também, quanto ao casal, que é mais fácil manter uma relação duradoura entre pessoas do mesmo grupo, mas não existe regra absoluta, e muitas vezes a relação com alguém pertencente a um outro grupo torna-se complementar e estimulante.

Casa Leste, Casa Oeste

Na Escola da Bússola, a edificação toma o nome do Trigrama correspondente à orientação da porta de entrada, melhor dizendo, à orientação do setor em que fica localizada (ver desenho ao lado). Assim, a casa cuja porta de entrada localiza-se no quadrante Sul denomina-se uma Casa Li, aquela cuja porta localiza-se no setor Norte denomina-se uma Casa K'an, e assim por diante.

Cada uma das oito direções qualifica um tipo de casa, determinando oito variações, agrupadas em duas categorias: Casa Leste e Casa Oeste, ou Casas do Grupo Leste e Casas do Grupo Oeste.

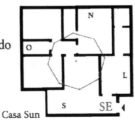

Casa Sun

CASA LESTE		
Setor de localização da Porta	Trigrama	Elemento
Norte	Casa K'an	Água
Sul	Casa Li	Fogo
Leste	Casa Chen	Madeira
Sudeste	Casa Sun	Madeira

CASA OESTE		
Setor de localização da Porta	Trigrama	Elemento
Oeste	Casa Tui	Metal
Noroeste	Casa Ch'ien	Metal
Sudoeste	Casa K'un	Terra
Nordeste	Casa Ken	Terra

A situação ideal é aquela em que as pessoas do Grupo Leste residam em uma Casa Leste, e pessoas do Grupo Oeste, em uma Casa Oeste. Melhor ainda, uma "pessoa K'an", em uma "Casa K'an", e assim por diante.

Se uma pessoa do Grupo Leste reside em uma Casa Oeste, deve procurar localizar as áreas de permanência prolongada, especialmente dormitório e escritório, nos lugares correspondentes às orientações favoráveis ao seu grupo. O mesmo procedimento pode ser adotado para as pessoas do grupo Oeste, que vivam em uma Casa Leste.

Outra solução é incluir um dos elementos pertinentes ao seu grupo junto à porta de entrada. Pessoas do Grupo Leste em uma Casa Oeste poderiam valer-se das referências da Madeira (plantas e flores), Água (fonte ou aquário, objetos de vidro) e Fogo (luz, brilho) junto à entrada. Na situação inversa, pessoas Oeste em uma Casa Leste poderiam dispor junto à porta principal as referências da Terra (cerâmicas), do Metal (objetos de metal, sino de vento).

4.2 BA ZI, OS QUATRO PILARES DO DESTINO
UMA CARACTERIZAÇÃO APROFUNDADA DOS INDIVÍDUOS

"O ESPÍRITO HUMANO É ENCANTADOR EM SUA IMPREVISIBILIDADE. SE NÃO APRENDEMOS ESTA VERDADE, ENTÃO NADA APRENDEMOS NUM SÉCULO DE ESTUDO DA PSICOLOGIA HUMANA. (...) A FALIBILIDADE HUMANA É A VERDADEIRA COR DA VIDA."
LIN YUTANG [3]

O estudo dos Quatro Pilares do Destino relaciona-se à investigação das influências cosmológicas presentes no ano, mês, dia e hora de nascimento de um indivíduo, as quais constituem os Quatro Pilares. O objetivo agora é avaliar o caráter, o potencial, os talentos, a saúde, os relacionamentos e até as características físicas (a sorte do Homem), visando potencializar a expressão sincera da pessoa, o seu Eu. A intenção é compreender a sua verdadeira personalidade, e de posse desses dados, propor uma determinada intervenção na área íntima da casa, o quarto e o escritório pessoal.

O processo de cálculo dos Pilares é bastante simples. A dificuldade maior é exatamente a sua interpretação, capacidade que se desenvolve com a experiência e com o tempo. Vamos iniciar o estudo por meio de um exemplo prático (a nosso ver a forma mais fácil de aprendizado), calculando os Quatro Pilares e efetuando, depois, uma interpretação básica. É interessante ressaltar que, por meio desta técnica, os grandes mestres podem avaliar até mesmo o passado e o futuro de um indivíduo, como foi constatado em viagem de estudos do autor à Hong Kong.

---

[3] YUTANG, 1997.

O Cálculo dos Quatro Pilares do Destino[4]

Os Pilares devem ser dispostos de acordo com o quadro abaixo, contendo os dados relativos ao momento de nascimento do indivíduo. Os Quatro Pilares representam quatro núcleos de consciência da personalidade humana, agrupados em Personalidade Exterior e Personalidade Interior.

As referências ao ano de nascimento representam o primeiro nível da Personalidade Exterior, a Máscara, aquilo que aparentamos para o mundo.

As referências do mês de nascimento indicam um nível mais sincero desta mesma Personalidade Exterior, denominado Ego.

O núcleo de consciência principal é o correspondente ao dia de nascimento, sendo denominado Pessoa, Eu ou *Self*. Todo o mapa deve ser interpretado em função das informações aqui obtidas.

Os dados relativos à hora de nascimento caracterizam um nível ainda mais essencial, às vezes completamente inacessível, denominado Essência ou Espírito.

Quarto Pilar	Terceiro Pilar	Segundo Pilar	Primeiro Pilar
Hora = Essência	Dia = Eu ou *Self*	Mês = Ego	Ano = Máscara

O cálculo é realizado tendo em vista obter para cada Pilar (ano, mês, dia e hora), um código numérico denominado Binômio, um tipo específico de informação. Através de um exemplo, explicaremos passo a passo esse cálculo.

Exemplo: mulher nascida em 25 de julho de 1965, às 19:20 hs.

Cálculo do Primeiro Pilar: o Ano de Nascimento

1. Verificar a relação do ano ocidental de nascimento com o calendário solar chinês. O calendário solar chinês considera como início de um novo ano o momento em que o sol entra no 15º grau de Aquário. No século XX isso aconteceu por volta dos dias 4 ou 5 de Fevereiro. De 1981 a 2.016, cada novo ano solar inicia-se sempre a 4 de Fevereiro. A partir de 2.017, o ano novo pode iniciar-se em 3 de Fevereiro. Assim, se o nascimento ocorreu do dia primeiro de Janeiro ao dia 4 de Fevereiro, considere-se, para efeito de cálculo dos Pilares, o ano anterior como ano de nascimento. Em caso de dúvidas, ou para aqueles que nasceram exatamente no dia 4 ou 5 de Fevereiro, é indicado consultar um calendário solar.

2. Consultando a Tabela I somos

---

[4] Todas as tabelas aqui apresentadas, referentes ao cálculo dos Quatro Pilares, são baseadas em tabelas gentilmente cedidas pelo professor Roger Green.

conduzidos pelo ano de nascimento a um código numérico denominado Binômio e às referências do Ramo do Céu (um dos Cinco Elementos) e das Doze Subdivisões do Mundo (os doze animais simbólicos do zodíaco chinês).

TABELA I – BINÔMIOS

Ano de Nascimento	Binômio	Ramo do Céu	Doze Palácios ou Doze Subdivisões do Mundo	Ano de Nascimento	Binômio	Ramo do Céu	Doze Palácios ou Doze Subdivisões do Mundo
1924, 1984	1	1 Madeira +	I RATO	1954, 2014	31	1 Madeira +	VII CAVALO
1925, 1985	2	2 Madeira -	II BOI	1955, 2015	32	2 Madeira -	VIII CARNEIRO
1926, 1986	3	3 Fogo +	III TIGRE	1956, 2016	33	3 Fogo +	IX MACACO
1927, 1987	4	4 Fogo -	IV COELHO	1957, 2017	34	4 Fogo -	X GALO
1928, 1988	5	5 Terra +	V DRAGÃO	1958, 2018	35	5 Terra +	XI CÃO
1929, 1989	6	6 Terra -	VI SERPENTE	1959, 2019	36	6 Terra -	XII PORCO
1930, 1990	7	7 Metal +	VII CAVALO	1960, 2020	37	7 Metal +	I RATO
1931, 1991	8	8 Metal -	VIII CARNEIRO	1961, 2021	38	8 Metal -	II BOI
1932, 1992	9	9 Água +	IX MACACO	1962, 2022	39	9 Água +	III TIGRE
1933, 1993	10	10 Água -	X GALO	1963, 2023	40	10 Água -	IV COELHO
1934, 1994	11	1 Madeira +	XI CÃO	1964, 2024	41	1 Madeira +	V DRAGÃO
1935, 1995	12	2 Madeira -	XII PORCO	1965, 2025	42	2 Madeira -	VI SERPENTE
1936, 1996	13	3 Fogo +	I RATO	1966, 2026	43	3 Fogo +	VII CAVALO
1937, 1997	14	4 Fogo -	II BOI	1967, 2027	44	4 Fogo -	VIII CARNEIRO
1938, 1998	15	5 Terra +	III TIGRE	1968, 2028	45	5 Terra +	IX MACACO
1939, 1999	16	6 Terra -	IV COELHO	1969, 2029	46	6 Terra -	X GALO
1940, 2000	17	7 Metal +	V DRAGÃO	1970, 2030	47	7 Metal +	XI CÃO
1941, 2001	18	8 Metal -	VI SERPENTE	1971, 2031	48	8 Metal -	XII PORCO
1942, 2002	19	9 Água +	VII CAVALO	1972, 2032	49	9 Água +	I RATO
1943, 2003	20	10 Água -	VIII CARNEIRO	1973, 2033	50	10 Água -	II BOI
1944, 2004	21	1 Madeira +	IX MACACO	1974, 2034	51	1 Madeira +	III TIGRE
1945, 2005	22	2 Madeira -	X GALO	1975, 2035	52	2 Madeira -	IV COELHO
1946, 2006	23	3 Fogo +	XI CÃO	1976, 2036	53	3 Fogo +	V DRAGÃO
1947, 2007	24	4 Fogo -	XII PORCO	1977, 2037	54	4 Fogo -	VI SERPENTE
1948, 2008	25	5 Terra +	I RATO	1978, 2038	55	5 Terra +	VII CAVALO
1949, 2009	26	6 Terra -	II BOI	1979, 2039	56	6 Terra -	VIII CARNEIRO
1950, 2010	27	7 Metal +	III TIGRE	1980, 2040	57	7 Metal +	IX MACACO
1951, 2011	28	8 Metal -	IV COELHO	1981, 2041	58	8 Metal -	X GALO
1952, 2012	29	9 Água +	V DRAGÃO	1982, 2042	59	9 Água +	XI CÃO
1953, 2013	30	10 Água -	VI SERPENTE	1983, 2043	60	10 Água -	XII PORCO

O Ramo do Céu (ou a Influência do Céu), representado por um algarismo arábico, expressa a manifestação dos Cinco Elementos em suas polaridades Yin (-) e Yang (+).

As Doze Subdivisões do Mundo, ou Doze Palácios, representadas por caracteres em algarismo romano, associam-se a outro ramo de influências, aos doze animais do zodíaco chinês e seu sistema de correspondências. O zodíaco chinês caracteriza as tendências e valores dos indivíduos em sua existência terrena.

A astrologia chinesa era, originalmente, inseparável da astronomia e os astrólogos/astrônomos faziam parte da corte dos Imperadores. Tradicionalmente, a astrologia era utilizada para se avaliar o destino da nação. Após o início da era cristã começou a ser aplicada ao estudo do destino pessoal. Durante a dinastia Tang (618 - 906 d.C.) foi escrita a primeira grande enciclopédia sobre as técnicas de leitura do destino pessoal.

A origem dos signos animais é ainda obscura. Alguns a atribuem ao Imperador Amarelo, figura mítica que teria vivido por volta do século XXVI a.C. Outros a atribuem ao próprio Buda histórico (563 - 483 a.C) que, segundo a lenda, teria convidado todos os animais para visitá-lo. Como apenas doze compareceram, Ele sugeriu que a cada um deles fosse dedicado um ano, sucessivamente, ao longo do tempo.

Apresentamos a seguir, resumidamente, uma tabela referente às Doze Subdivisões do Mundo, em que constam os atributos dos doze animais do zodíaco chinês, como instrumento de apoio à leitura dos Quatro Pilares do Destino.

AS DOZE SUBDIVISÕES DO MUNDO OU O SISTEMA DE CORRESPONDÊNCIAS DO ZODÍACO CHINÊS

I RATO	SHU	Iniciador: "Eu faço"	**Positivos**: trabalhador, inteligente, imaginativo, elegante, afetivo, franco, honesto, atento, prático, controlado, brilhante, feliz e sociável. Nos tempos antigos, o Rato foi símbolo de proteção e prosperidade. **Negativos**: calculista, materialista, crítico, obsessivo, ambicioso, irascível, mesquinho, dissimulado, rabugento, apegado, sentimental, passional.	ÁGUA YANG	Dezembro	23:00 à 1:00 h
II BOI	NIÚ	Forte: "Eu quero"	**Positivos**: paciente, persistente, trabalhador, consciencioso, confiável, gentil, forte, determinado, capaz, prático. **Negativos**: vagaroso, intolerante, dogmático, conservador, materialista, complacente, conformista, melancólico, preconceituoso, inflexível, teimoso.	TERRA YIN	Janeiro	1:00 às 3:00 hs

AS DOZE SUBDIVISÕES DO MUNDO ou O SISTEMA DE CORRESPONDÊNCIAS DO ZODÍACO CHINÊS

Animal	Nome Chinês	Atributo Básico	Outros Atributos	Elemento Fixo	Mês de Influência	Horário de Influência
III TIGRE	HÚ	Idealista: "Eu sinto"	**Positivos**: corajoso, realizador, carismático, determinado, sensível, benevolente, leal, sábio, honrado, protetor, generoso. **Negativos**: impetuoso, desobediente, rebelde, arrogante, impaciente, crítico, imprudente, agressivo, egoísta, carente, falador compulsivo, tolo.	MADEIRA YANG	Fevereiro	3:00 às 5:00 hs
IV COELHO	TÚ	Conformista: "Eu conformo"	**Positivos**: diplomata, pacífico, sensível, intuitivo, discreto, moderado, reflexivo, organizado, refinado, hospitaleiro, inteligente, expressivo, honrado. O Coelho é associado à longevidade e à lua. **Negativos**: indeciso, imprevisível, hesitante, conservador, sentimental, conformista, egoísta, superficial, cruel, falador, maledicente, pedante.	MADEIRA YIN	Março	5:00 às 7:00 hs
V DRAGÃO	LUNG	Visionário: "Eu vejo"	**Positivos**: potente, carismático, valente, heróico, dinâmico, idealista, perfeccionista, escrupuloso, entusiasta, bem sucedido, saudável, irresistível, inteligente. O Dragão é associado à força, saúde, harmonia e boa sorte, ao centro de toda energia. **Negativos**: exigente, impaciente, volúvel, intolerante, insatisfeito, irritável, excêntrico, orgulhoso, dominador, ingênuo.	TERRA YANG	Abril	7:00 às 9:00 hs
VI SERPENTE	SHE	Estrategista: "Eu planejo"	**Positivos**: sábio, profundo, perceptivo, lúcido, gregário, sensual, curioso, reflexivo, organizado, hábil, distinto, elegante. **Negativos**: obstinado, calculista, extravagante, mesquinho, cruel, possessivo, ansioso, ciumento, desonesto, desconfiado, inseguro, vingativo, velhaco.	FOGO YIN	Maio	9:00 às 11:00 hs
VII CAVALO	MA	Aventureiro: "Eu atuo"	**Positivos**: apurado senso de liberdade, empreendedor, leal, nobre, alegre, entusiasta, flexível, sincero, franco, versátil, gregário, generoso, altruísta, realista. **Negativos**: inconstante, impetuoso, obstinado, temperamental, impaciente, inseguro, irritável, irresponsável, superficial, ambicioso, tolo, vulnerável, ansioso, medroso.	FOGO YANG	Junho	11:00 às 13:00 hs

AS DOZE SUBDIVISÕES DO MUNDO OU O SISTEMA DE CORRESPONDÊNCIAS DO ZODÍACO CHINÊS

Animal	Nome Chinês	Atributo Básico	Outros Atributos	Elemento Fixo	Mês de Influência	Horário de Influência
VIII CARNEIRO	YANG	Pacifista: "Eu amo"	**Positivos:** confiante, sensível, criativo, imaginativo, engenhoso, honesto, caprichoso, sincero, adaptável, independente, ardente, elegante, gentil. Na China, é o símbolo da paz, harmonia e prazer. **Negativos:** excêntrico, vulnerável, irresponsável, irracional, insatisfeito, desorganizado, impulsivo, preguiçoso, indulgente, ansioso, pouco prático.	TERRA YIN	Julho	13:00 às 15:00 hs
IX MACACO	HOU	Inovador: "Eu penso"	**Positivos:** inventivo, audacioso, independente, astuto, sociável, vivaz, tolerante, sensível, generoso, otimista, gregário, versátil. **Negativos:** oportunista, manipulador, imprevisível, tolo, desonesto, egoísta, mentiroso, intrigante, ardiloso, malicioso, volúvel, teimoso, obstinado.	METAL YANG	Agosto	15:00 às 17:00 hs
X GALO	JI	Administrador: "Eu calculo"	**Positivos:** organizado, dedicado, honesto, perspicaz, metódico, decidido, honrado, entusiasmado, flexível, corajoso, relaxado, leal, sincero, capaz, generoso, extravagante e divertido. **Negativos:** tolo, arrogante, áspero, vulnerável, crítico, pretensioso, orgulhoso, disperso, egoísta, imprudente.	METAL YIN	Setembro	17:00 às 19:00 hs
XI CÃO	GOU	Guardião: "Eu observo"	**Positivos:** justo, valente, compassivo, honrado, honesto, inteligente, leal, tolerante, idealista, compreensivo, responsável, confiante, desapegado, nobre, imaginativo, corajoso, sensível. **Negativos:** cínico, ansioso, pessimista, desconfiado, tímido, inseguro, fatalista, obstinado, acomodado.	TERRA YANG	Outubro	19:00 às 21:00 hs
XII PORCO	ZHU	Unificador: "Eu reúno"	**Positivos:** grande pureza de espírito e força moral, honesto, simples, galante, resoluto, corajoso, sensual, cortês, tolerante, determinado, generoso, pacífico, diligente, alegre. **Negativos:** indulgente, impaciente, medroso, hesitante, materialista. Seu maior defeito é não saber estabelecer limites.	ÁGUA YIN	Novembro	21:00 às 23:00 hs

É importante observar que cada animal deste zodíaco é caracterizado por um dos Cinco Elementos. As doze subdivisões do mundo, os doze signos do zodíaco chinês e seu sistema de correspondências determinam, além de uma caracterização pessoal, o mês e o horário de influência adequados para o desenvolvimento de atividades que exijam maiores esforços, tais como uma cirurgia, uma viagem, uma reunião especial.

Continuando com nosso exemplo, o quadro receberá as informações do primeiro Pilar, na sua última coluna:
- anotamos, nas duas primeiras linhas as informações da Tabela I, de Binômios. Ao ano de nascimento de 1965 corresponde o Binômio 42 cujos Ramo do Céu = 2, Madeira e Subdivisão do Mundo = VI, Serpente;
- a linha inferior recebe o elemento fixo do signo animal (no caso do exemplo, o Fogo, elemento fixo da Serpente), verificado no sistema de correspondências do zodíaco chinês.

Quarto Pilar	Terceiro Pilar	Segundo Pilar	Primeiro Pilar
Hora = Essência	Dia = Eu ou *Self*	Mês = Ego	Ano = Máscara
			Madeira Yin
			Serpente
			Fogo

CÁLCULO DO SEGUNDO PILAR, O MÊS DE NASCIMENTO

1. Considerando o último algarismo do ano de nascimento (conforme o calendário solar chinês), identificar na Tabela II o Binômio correspondente.

2. Acrescentar, ou subtrair, ao Binômio encontrado uma constante, de acordo com a Tabela III:

TABELA II

Algarismo final do Ano de Nascimento	Binômio
4 ou 9	3
5 ou 0	15
6 ou 1	27
7 ou 2	39
8 ou 3	51

TABELA III

Nascido a partir de:	Acrescentar
4 Fevereiro	+ 0
5 Março	+ 1
5 Abril	+ 2
5 Maio	+ 3
6 Junho	+ 4
7 Julho	+ 5
7 Agosto	+ 6
8 Setembro	+ 7
8 Outubro	+ 8
7 Novembro	+ 9
7 Dezembro	+10
Nascido a partir de:	Subtrair
6 Janeiro	− 1

Caso o nascimento tenha ocorrido exatamente nos dias indicados acima, deve-se consultar um calendário solar chinês. Este calendário, utilizado no sistema de astrologia dos Quatro Pilares, fornecerá indicações, para efeito de cálculo, se devemos considerar o próprio mês de nascimento ou o anterior.

Prosseguindo com nosso exemplo: Ano de nascimento 1965 = Final 5. Pela Tabela II, Final 5 = Binômio 15. Pela Tabela III, acrescenta-se +5 (nascimento em 25 de Julho) = resultado 20.

Consultando a Tabela I, localizamos o Binômio 20, que corresponde ao Ramo do Céu = 10, Água e à Subdivisão do Mundo = VIII, Carneiro. Agora, mais dois elementos compõem a Personalidade Exterior: a Água e a Terra (elemento fixo do Carneiro, indicado na Tabela do Zodíaco Chinês).

Quarto Pilar	Terceiro Pilar	Segundo Pilar	Primeiro Pilar
Hora = Essência	Dia = Eu ou *Self*	Mês = Ego	Ano = Máscara
		Água Yin Carneiro Terra	Madeira Yin Serpente Fogo

Cálculo do Terceiro Pilar, o Dia do Nascimento

1. Encontrar, na Tabela IV, o Binômio correspondente à quinzena de nascimento:

Mês	Janeiro		Fevereiro		Março		Abril		Maio		Junho		Julho		Agosto		Setembro		Outubro		Novembro		Dezembro	
Quinzena	1ª	2ª	1ª	2ª	1ª	2ª	1ª	2ª	1ª	2ª	1ª	2ª	1ª	2ª	1ª	2ª	1ª	2ª	1ª	2ª	1ª	2ª	1ª	2ª
Binômio	1	15	32	46	60	14	31	45	1	15	32	46	2	16	33	47	4	18	34	48	5	19	35	49

2. Depois de encontrado o Binômio correspondente, acrescentar o número de dias relativos à diferença para o primeiro dia da quinzena (1º ou 15º).
No nosso exemplo:
Dia 25 de Julho, 2ª quinzena = Binômio 16.
Diferença em dias para o dia 15 : 25 – 15 = 10.
Acrescentar o resultado (10) ao Binômio encontrado: 16 + 10 = 26.
Entretanto, o cálculo ainda não está concluído.

3. A questão do Ano Ocidental e do Ano Bissexto:
Verificar, na Tabela V, o Binômio relativo ao ano *ocidental* de nascimento, adicionando-o ao resultado obtido anteriormente, no item de número 2.
Quando o nascimento ocorre em Ano Bissexto (identificado na Tabela V por um ponto), adicionar +1 ao cálculo final.

TABELA V
ANO OCIDENTAL DE NASCIMENTO - BINÔMIO CORRESPONDENTE

Ano	Bin.	Ano	Bin.	Ano	Bin.	Ano	Bin.	Ano	Bin.	Ano	Bin.
•1900	9	1920	54	•1940	39	1960	24	•1980	9	2000	54
1901	15	1921	60	1941	45	1961	30	1981	15	2001	60
1902	20	1922	5	1942	50	1962	35	1982	20	2002	5
1903	25	1923	10	1943	55	1963	40	1983	25	2003	10
•1904	30	1924	15	•1944	60	1964	45	•1984	30	2004	15
1905	36	1925	21	1945	6	1965	51	1985	36	2005	21
1906	41	1926	26	1946	11	1966	56	1986	41	2006	26
1907	46	1927	31	1947	16	1967	1	1987	46	2007	31
•1908	51	1928	36	•1948	21	1968	6	•1988	51	2008	36
1909	57	1929	42	1949	27	1969	12	1989	57	2009	42
1910	2	1930	47	1950	32	1970	17	1990	2	2010	47
1911	7	1931	52	1951	37	1971	22	1991	7	2011	52
•1912	12	1932	57	•1952	42	1972	27	•1992	12	2012	57
1913	18	1933	3	1953	48	1973	33	1993	18	2013	3
1914	23	1934	8	1954	53	1974	38	1994	23	2014	8
1915	28	1935	13	1955	58	1975	43	1995	28	2015	13
•1916	33	1936	18	•1956	3	1976	48	•1996	33	2016	18
1917	39	1937	24	1957	9	1977	54	1997	39	2017	24
1918	44	1938	29	1958	14	1978	59	1998	44	2018	29
1919	49	1939	34	1959	19	1979	4	1999	49	2019	34

Voltando ao exemplo: resultado anterior (encontrado no item 2) = 26. Ano ocidental de nascimento (não Bissexto), corresponde ao Binômio 51. Resultado final: 26 + 51 = 77. Importante: sempre que o resultado do cálculo exceder o número 60, devemos subtraí-lo de 60. Portanto, o resultado final é 77 – 60 = 17. De volta à Tabela I, encontramos: Binômio 17, cujo Ramo do Céu = 7, Metal e Subdivisão do Mundo = V, Dragão. O elemento fixo do Dragão é a Terra (ver a Tabela do Zodíaco Chinês). Assim, temos Metal e Terra complementando a caracterização pessoal.

    Concluindo, no exemplo apresentado, as referências do Ramo do Céu (Metal) caracterizam o Eu ou *Self*, indicam o elemento que o constitui, e todo o trabalho com a pessoa e a parte íntima da casa deve basear-se principalmente nessa informação.

Quarto Pilar	Terceiro Pilar	Segundo Pilar	Primeiro Pilar
Hora = Essência	Dia = Eu ou *Self*	Mês = Ego	Ano = Máscara
	Metal Yang Dragão Terra	Água Yin Carneiro Terra	Madeira Yin Serpente Fogo

Cálculo do Quarto Pilar, a Hora do Nascimento

1. Consultar a Tabela VI, abaixo, localizando a hora de nascimento:

TABELA VI

Hora de Nascimento	Ramo do Céu do Dia de Nascimento					
	1 ou 6	2 ou 7	3 ou 8	4 ou 9	5 ou 10
23–1 Rato I	Madeira Rato 1 I	Fogo Rato 3 I	Terra Rato 5 I	Metal Rato 7 I	Água Rato 9 I
1–3 Boi II	Madeira Boi 2 II	Fogo Boi 4 II	Terra Boi 6 II	Metal Boi 8 II	Água Boi 10 II
3–5 Tigre III	Fogo Tigre 3 III	Terra Tigre 5 III	Metal Tigre 7 III	Água Tigre 9 III	Madeira Tigre 1 III
5–7 Coelho IV	Fogo Coelho 4 IV	Terra Coelho 6 IV	Metal Coelho 8 IV	Água Coelho 10 IV	Madeira Coelho 2 IV
7–9 Dragão V	Terra Dragão 5 V	Metal Dragão 7 V	Água Dragão 9 V	Madeira Dragão 1 V	Fogo Dragão 3 V
9–11 Serpente VI	Terra Serpente 6 VI	Metal Serpente 8 VI	Água Serpente 10 VI	Madeira Serpente 2 VI	Fogo Serpente 4 VI
11–13 Cavalo VII	Metal Cavalo 7 VII	Água Cavalo 9 VII	Madeira Cavalo 1 VII	Fogo Cavalo 3 VII	Terra Cavalo 5 VII
13–15 Carneiro VIII	Metal Carneiro 8 VIII	Água Carneiro 10 VIII	Madeira Carneiro 2 VIII	Fogo Carneiro 4 VIII	Terra Carneiro 6 VIII
15–17 Macaco IX	Água Macaco 9 IX	Madeira Macaco 1 IX	Fogo Macaco 3 IX	Terra Macaco 5 IX	Metal Macaco 7 IX
17–19 Galo X	Água Galo 10 X	Madeira Galo 2 X	Fogo Galo 4 X	Terra Galo 6 X	Metal Galo 8 X
19–21 Cão XI	Madeira Cão 1 XI	Fogo Cão 3 XI	Terra Cão 5 XI	Metal Cão 7 XI	Água Cão 9 XI
21–23 Porco XII	Madeira Porco 2 XII	Fogo Porco 4 XII	Terra Porco 6 XII	Metal Porco 8 XII	Água Porco 10 XII

No exemplo: Hora de Nascimento = 19:20 = X, Galo.

2. Retornar ao Binômio correspondente ao Terceiro Pilar e verificar o número arábico contíguo (o Ramo do Céu). No exemplo, o número é 7. Retornamos à Tabela VI e cruzando o número 7 (Ramo do Céu do Terceiro Pilar) com a hora de nascimento, encontramos 3, Fogo e XI, Cão.

3. Verificar o elemento fixo do Signo (o Cão) na Tabela do Zodíaco Chinês, que deve ser colocado na última linha do quadro. Mais dois elementos participam da composição do mapa, o Fogo e a Terra. O Fogo, correspondente ao Ramo do Céu, traduz a Essência Espiritual e o Cão torna-se, então, o seu símbolo.

Concluímos, assim, a construção do mapa dos Quatro Pilares do Destino para uma mulher nascida em 25 de Julho de 1965, às 19:20 hs.

Quarto Pilar	Terceiro Pilar	Segundo Pilar	Primeiro Pilar
Hora = Essência	Dia = Eu ou *Self*	Mês = Ego	Ano = Máscara
Fogo Yang	Metal Yang	Água Yin	Madeira Yin
Cão	Dragão	Carneiro	Serpente
Terra	Terra	Terra	Fogo

Roteiro Interpretativo

Depois de construído o Mapa dos Quatro Pilares do Destino, procede-se à sua interpretação. Apresentamos, a seguir, um roteiro básico, com referência ainda no nosso exemplo (mulher nascida a 25 de Julho de 1965, às 19:20 hs) que poderá, com a experiência, ser muito mais detalhado:

1. **Identificar o elemento do Eu:**
O primeiro passo é verificar qual é o elemento característico do Eu (o Ramo do Céu, apresentado na linha superior do mapa, na coluna relativa ao Dia de Nascimento), pois todo o estudo é realizado em função destas informações. No nosso exemplo é o Metal.

2. **Verificar se o Eu está em situação de força ou fraqueza:**
No mapa caracterizado como fraco o elemento do Eu não é reforçado pelo gerador (a mãe do Ciclo Criativo) e nem pela própria repetição. Além disso, tem o elemento do mês como antagonista, ou nasce em estação onde sua força enfraquece ou morre. Por exemplo, uma pessoa cujo Eu é representado pelo Metal torna-se uma personalidade fraca se nascida na Primavera (quando o Metal morre) ou Inverno (quando o Metal enfraquece). Neste caso, caracteriza-se a pessoa como possuindo vontade e saúde fracas. Veja a Tabela a seguir, composta pelo prof. Raymond Lo (LO, 1994):

	Metal	Madeira	Água	Fogo
Primavera	morre	prospera	enfraquece	nasce
Verão	nasce	enfraquece	morre	prospera
Outono	prospera	morre	nasce	enfraquece
Inverno	enfraquece	nasce	prospera	morre

Em um mapa forte a situação é contrária, o elemento do Eu é reforçado pela presença do gerador, pela repetição e pela relação de nascimento ou prosperidade com a estação do ano. Por exemplo, uma pessoa cujo Eu é Metal torna-se forte se nascida no Verão (quando o Metal nasce) ou Outono (quando prospera). Neste caso, caracteriza-se o indivíduo como possuindo vontade forte e boa saúde. Pode ser um líder, pois suporta muita pressão. Entretanto, considera-se que pode apresentar dificuldades de relacionamento com pessoas próximas.

Um mapa excessivamente forte é entendido como desequilibrado, tanto quanto o fraco. No primeiro caso, o elemento considerado favorável, a ser incluído na residência, é aquele que vai promover o equilíbrio por meio do desgaste ou controle. No segundo, o favorável é o gerador ou mesmo o próprio elemento.

No exemplo, nota-se a presença repetida da Terra (gerador do Metal, elemento do Eu), o que pode ser traduzido por uma personalidade confiante e segura de si, pois recebe um apoio significativo. O elemento da estação (que também representa o mundo) é a Água (gerado pelo Metal, o Eu), o que pode indicar uma pessoa preocupada com questões humanitárias, alguém que se doa para o mundo ou para a própria família. Deve-se, neste caso, apesar de toda autoconfiança, ter especial atenção às próprias necessidades, à auto-estima.

O nascimento no Inverno (Julho), momento em que o Metal enfraquece, abranda esta forte personalidade.

3. Caracterizar o animal simbólico do Eu e suas relações com os outros animais do mapa:

O signo chinês corresponde às qualidades daquele animal *"que se esconde no seu coração"* (LAU, 1999). O que sugere esta caracterização? Qual a relação deste animal com os outros representantes da Personalidade Exterior? Até que ponto os desejos e necessidades do Eu conseguem afinar-se ou expressar-se por intermédio da Personalidade Externa? Para auxílio nesta interpretação, ver Tabela do Zodíaco Chinês, anteriormente apresentada. Considere também o quadro de afinidades e incompatibilidades entre os animais, que se apresenta da seguinte forma:

• Signos compatíveis são aqueles que distam 120° entre si na roda do zodíaco. São eles: Rato, Macaco e Dragão; Porco, Carneiro e Coelho; Cão, Cavalo e Tigre; Galo, Serpente e Boi;

• Signos incompatíveis são aqueles que localizam-se em pontos opostos na roda do zodíaco, ou seja, que possuem horários de influência totalmente opostos como Rato e Cavalo, dentre outros.

No exemplo, o animal que traduz as qualidades do Eu é o Dragão, o signo da transformação. Indica um indivíduo empenhado no aperfeiçoamento pessoal e na compreensão das mudanças proporcionadas pelo processo da vida. Pode ser um estudioso da psicologia ou filosofia, uma pessoa cheia de força e entusiasmo, excêntrica, exigente e sempre em atividade. Os animais que caracterizam a Personalidade Externa não definem nenhum tipo de relação de compatibilidade ou incompatibilidade, com o Dragão. Qualidades como percepção e lucidez (Serpente), criatividade e sensibilidade (Carneiro) podem estar em acordo com os propósitos do Dragão. Além disso, analisando-se as relações entre os Ramos do Céu correspondentes aos vários animais, verificamos que o elemento do Eu (Metal) domina a Madeira (Serpente), é a mãe do elemento Água (Carneiro), o que indica controle sobre a Personalidade Exterior.

4. **Entender o valor simbólico dos Cinco Elementos:**

No estudo dos Quatro Pilares, cada um dos Cinco Elementos assume uma conotação especial, traduz um aspecto da vida do indivíduo. A partir do conceito, pertinente ao imaginário chinês, de que o princípio masculino (ativo, homem) domina o feminino (receptivo, mulher), é que se estabelecem as relações simbólicas entre os Cinco Elementos e os aspectos da vida. Conhecimento, prosperidade, poder de realização, inteligência ou expressão, relacionamentos familiares, casamento e filhos podem ser identificados neste mapa, a saber:

- o elemento do Eu representa os valores e anseios da pessoa, bem como seus relacionamentos;
- o elemento gerado, o "filho", representa inteligência e expressão, tudo o que é fruto da ação e da mente. Pode também ser associado aos filhos ou crianças;
- o elemento dominado são as conquistas e a riqueza. Simboliza o Pai e para o homem representa também a esposa;
- o elemento antagonista, que exerce controle sobre o Eu representa carreira, pressão, *status*, poder. Para o homem, pode associar-se também aos filhos. Para a mulher, representa também o marido;
- o elemento gerador traduz conhecimento e recursos. Observa-se aqui o desenvolvimento do indivíduo, bem como a presença da figura materna ou agentes substitutos denominados benfeitores.

Tomemos o nosso exemplo. Neste estudo de caso revela-se a seguinte configuração baseada no número de vezes em que é constatada a presença de cada um dos Cinco Elementos na personalidade estudada:

	METAL	MADEIRA	ÁGUA	FOGO	TERRA
Quantidade no Mapa	1	1	1	2	3

Baseando-se nos conceitos apresentados acima, procede-se à interpretação:

- Metal (o próprio elemento) = Como já

mencionado, a repetição do elemento Terra confere ao Eu (Metal) grande suporte, autoconfiança e firmeza. O Eu (Metal) exerce controle sobre a Máscara (Metal domina a Madeira), sendo o gerador do elemento do Ego (Metal gera Água), o que sugere uma pessoa com um bom nível de expressão no mundo, avesso aos disfarces sociais;

- Água (o elemento gerado) = a quantidade deste elemento no mapa indica uma pessoa com interesses intelectuais e necessidade de expressão no mundo. Indica também a presença ou desejo de filhos (pois Água é filho de Metal);
- Madeira (o elemento controlado) = sua quantidade indica dinheiro pouco abundante, mas presente; simboliza também o Pai (pois como a Mãe do Metal ou do Eu é representada pela Terra, por definição o Pai é o elemento que a controla e, portanto, a Madeira);
- Fogo (o elemento antagonista) = indica casamento. Fogo domina o Metal, representando, portanto, o marido;
- Terra: (o elemento gerador) = a pessoa, no caso, dispõe de recursos, considera importante a busca do conhecimento. O excesso de Terra sugere facilidade de realização, pois os recursos estão disponíveis, as portas abertas. Esse é o aspecto mais significativo do mapa.

Essas condições podem estar manifestas em sua vida atual. Caso contrário, em prol da sua saúde, deve buscar implementá-las. É bom ressaltar que o destino pode sempre ser alterado, embora isso exija um grande esforço consciente.

5. Observar o equilíbrio das Polaridades Yin-Yang:

No nosso estudo de caso, a linha relativa aos Ramos do Céu no quadro dos Quatro Pilares apresenta a seguinte configuração: Madeira Yin (Ano de nascimento), Água Yin (Mês), Metal Yang (Dia), Fogo Yang (Hora) indicando um total equilíbrio das polaridades Yin-Yang. Em caso contrário, a polaridade ausente poderia ser compensada através do ambiente íntimo da casa, de acordo com as indicações já apresentadas no estudo da Casa e a Teoria das Polaridades, Método da Forma.

6. Compreender as relações familiares, que podem ser representadas da seguinte forma, tomando-se sempre como referência o nosso exemplo:

Hora	Dia	Mês	Ano
Filho – Fogo	Eu – Metal	Pai – Água	Avô ou Ancestrais – Madeira
Filha – Terra	Cônjuge – Terra	Mãe – Terra	Avó – Fogo

Verificamos qual a relação (se favorável ou desfavorável) existente entre o elemento de cada casa com o elemento do Eu, de acordo com os Ciclos de Criação e Dominação. Neste exemplo, os cônjuges correspondem a elementos compatíveis, indicando favorabilidade para casamento, apoio constante e incondicional. A relação com o filho (Fogo) sugere conflito e agressividade, mas com a filha (Terra), apoio e confiança. A relação com a Mãe (Terra gera

Metal) indica bom nível de afinidade, e para com o Pai (Metal gera Água), indica cuidado e estima, bem como dedicação e desgaste. A afinidade com os Ancestrais e os pais pode falar do nascimento em uma boa família, do bom suporte psicológico recebido na primeira infância. A presença do mesmo elemento em qualquer das relações familiares pode às vezes indicar conflito, pois, dessa forma, um indivíduo torna-se o espelho do outro e vê ali, refletidas, as próprias questões mal resolvidas. A melhor situação de relacionamento é aquela em que o familiar estabelece com o Eu a relação de geração, ou seja, o seu elemento gera o elemento do Eu.

7. Estudar as relações entre as fases da vida:

Hora / Velhice	Dia / Maturidade	Mês / Adolescência	Ano / Infância
Fogo	Eu – Metal	Água	Madeira
Terra	Terra	Terra	Fogo

Parece-nos que a expressão do Eu, difícil na infância (indicada pela presença do inimigo Madeira e do antagonista Fogo), melhora na adolescência e acontecerá plenamente na Maturidade, onde Terra favorece o Metal (o Eu). Na Velhice (Fogo ataca o Metal) essa expressão parece novamente encontrar obstáculos.

8. Avaliar as condições físicas da pessoa:
Quando o elemento do Eu é fraco ou forte demais, os órgãos associados serão afetados, bem como toda a rede de correspondências do Ciclo de Criação:
• Metal: órgãos respiratórios e pulmões, pele e intestinos;
• Madeira: membros (superiores e inferiores), pescoço, coluna vertebral, fígado e cabeça;
• Água: rins, ossos, órgãos sexuais;
• Fogo: coração, sangue, cérebro, sistema nervoso central;
• Terra: estômago e órgãos do sistema digestivo, musculatura.

O mapa do nosso exemplo apresenta excesso de Terra, e possibilidades de problemas no sistema digestivo.

9. Considerar a possibilidade de diálogo com a Essência Espiritual:
As referências da hora de nascimento correspondem a informações acerca da vontade mais essencial, e devem ser trabalhadas apenas nos casos de personalidades avançadas, já bastante integradas com o próprio Eu, que expressa-se claramente na vida diária, por intermédio do Ego ou Personalidade Exterior. O caso aqui estudado parece indicar que a Personalidade Exterior sujeita-se à sua vontade sincera e essencial, pois a Madeira (Máscara) é o combustível do Fogo (Essência). Provavelmente as qualidades relativas ao signo da Serpente, como sabedoria, perspicácia e intuição, são naturais e espontâneas para o indivíduo. Entretanto, entre os aparentemente antagônicos Eu (Metal) e Essência (Fogo), necessita-se de um elemento moderador, a Terra, bastante presente no mapa, indicativo de um

intercâmbio satisfatório entre ambos.
    Finalmente, a parte íntima da casa é construída de acordo com este mapa pessoal buscando-se, por intermédio da Teoria dos Cinco Elementos:
- reforçar a expressão do Eu, caso esteja em posição de fraqueza, por meio do próprio elemento ou do gerador;
- ou equilibrá-la, quando excessiva, promovendo um desgaste por intermédio do seu "filho" no Ciclo de Criação;

    Uma outra forma de trabalho, mais simples, é apenas incluir na casa o elemento ausente ou aquele que aparece em menor escala no mapa.

    O caso aqui estudado, da Mulher nascida em 25 de Julho de 1965, parece indicar um equilíbrio entre suporte (a presença repetida do elemento Terra) e desgaste (exercido pelos elementos Madeira, Fogo e Água). A sugestão seria reforçar potencialmente os valores do Eu deste indivíduo, incluindo no seu quarto e escritório as referências do próprio elemento Metal.

    O estudo dos Quatro Pilares pode ser ainda muito aprofundado com a construção dos Pilares da Sorte e dos Elementos Ocultos, avaliando-se com mais detalhes o destino do indivíduo ao longo de sua vida, o que fica reservado para uma etapa futura. Os Quatro Pilares descortinam um reino de potenciais e possibilidades, de livre arbítrio e escolha. A sorte do homem depende das suas ações e da habilidade de entender e trabalhar com as mensagens da Terra e do Céu.

4.3 BA ZHAI, O SISTEMA DAS OITO RESIDÊNCIAS

O CÉU E AS NOVE ESTRELAS, A AURA MAGNÉTICA DA CASA

    O Método Ba Zhai é atualmente a técnica de Feng Shui mais popular na Ásia, devido à simplicidade da sua aplicação e à qualidade de suas informações. Baseia-se no Sistema das Nove Estrelas, as quais conformam oito áreas de influência dentro da casa, as Oito Residências. As Estrelas em questão são as Nove Estrelas da Ursa Maior que figuram, cada uma, como símbolo de um "Chi específico", cuja atuação principal sobre o homem é a nível psíquico. O seu assentamento no interior da casa é sempre variável em função da entrada, o órgão receptor das suas qualidades. Estuda-se, então, as características dos ambientes a fim de verificar se estimulam ou enfraquecem o indivíduo, devido ao assentamento das Estrelas. As Estrelas associam-se a diferentes qualidades psíquicas e a um dos Cinco Movimentos ou Elementos, e são agrupadas em duas categorias: Estrelas Favoráveis e Estrelas Desfavoráveis.

Estrelas Favoráveis

A seguir, apresentamos as características próprias de cada um de seus tipos:

• **SHENG CHI ou Sopro da Criação**: Corresponde ao elemento Madeira e define, na casa, a área considerada mais plena e vibrante. É indicada para locais onde se realizam atividades físicas e/ou criativas, tais como salas de ginástica, escritórios ou estúdios. Quando essa Estrela fica sobreposta ao dormitório, considera-se que estimula a vitalidade e o desejo sexual e, dependendo do indivíduo, pode chegar a provocar excitação e insônia. Para os casais que querem gerar um filho, ou para aqueles que desejam ativar este setor, o recurso é fazê-lo por meio de referências ao elemento Água, principalmente, ou Madeira. Associada à Prosperidade, a presença dessa Estrela na casa é muito necessária, no sentido de fundamentar uma atitude positiva com relação à vida, uma maior capacidade de trabalho e o estabelecimento de relacionamentos duradouros. No caso de comércio, a caixa registradora pode ser colocada nessa área. A porta de entrada pode ficar voltada para essa direção.
Classificação: muito favorável;

• **TIEN I, Medicina Celestial ou Mônada Celestial**: Representa a saúde, o pensamento claro e, consequentemente, a boa sorte, sendo indicada para regeneração após doença prolongada. A regeneração pode ser entendida tanto como física e material (incluindo questões financeiras) quanto psíquica e espiritual. Corresponde ao elemento Terra e pode ser ativada por meio de referências ao elemento Fogo, ou, ainda, ter suas qualidades sustentadas pela própria Terra. É indicada também para localização de área social, altar, escritório e biblioteca e, especialmente, da reserva financeira. O fogão pode ficar voltado para essa direção. Banheiros nesse setor ficam associados às doenças crônicas. No caso de doença grave em casa recomenda-se ocupar a área correspondente à Estrela Medicina Celestial com o dormitório do enfermo (a cabeceira da cama deve ser voltada para essa direção). Sugere-se, ainda, atenção especial para com as flechas secretas provenientes de estruturas do meio externo (com relação à porta de entrada da casa) e do ambiente interno (com relação à cama do doente). Avalie-se também a existência de vigas expostas sobre a cama. Igualmente importante, nesses casos, é proceder a uma "limpeza psíquica" dos objetos ou móveis antigos da casa, pois acredita-se que guardam a sorte das pessoas que os possuíram anteriormente, podendo até, em situações extremas, contribuir para o agravamento da doença; armas antigas são consideradas especialmente nocivas.
Classificação: favorável;

• **YIEN NIEN ou Longevidade ou Anos Prolongados**: representa a harmonia entre pessoas. É considerada ideal para dormitório, altar ou local de trabalho. É recomendada para pessoas envolvidas em situações de desavença e também para casos de infertilidade. Estimula a boa saúde e a longevidade, boa comunicação, centralização e união por longo prazo, bom relacionamento conjugal (essa Estrela é também denominada Flor do Romance). Indicada para localização da diretoria de uma empresa e para dormitório ou ambiente de trabalho de funcionários. Vale lembrar aqui que nem todas as situações e relações merecem ser prolongadas. Banheiro e cozinha não devem estar localizados nesta área, o que afeta diretamente o bem estar físico-psíquico, o relacionamento conjugal e o desempenho profissional. Associa-se ao elemento Metal, podendo ser ativada por meio de referências ao elemento Terra (principalmente), ou Metal. Classificação: muito favorável;

- FU WEI, **Felicidade, Harmonia ou a Direção da Entrada**: duas Estrelas "gêmeas" (Pu e Bi) ficam reunidas neste setor, denominado "Direção da Entrada". Sempre sobrepostas à porta de entrada da casa, associam-se ao pensar claro e ao sono fácil e profundo, à segurança e proteção, proporcionam clareza mental e saúde, favorecem o estudo e a meditação, estimulam o bom relacionamento social e a integração familiar. Correspondem ao elemento Madeira e podem ser ativadas por meio de referências ao elemento Água (principalmente), ou mesmo Madeira. Banheiros e cozinha não devem localizar-se nesta área, o que pode implicar problemas de saúde. Bom setor para sala de refeições. Classificação: favorável.

ESTRELAS DESFAVORÁVEIS

A seguir, apresentamos as características próprias de cada um de seus tipos:

- CHÜEH MING, **Fim da Vida ou Destino Severo**: sugere rupturas, separações, perdas, cortes e ferimentos, problemas graves na área da saúde, carreira e finanças, morte, acumulação do caos e da confusão interior, fracasso. Conforma a área menos favorável da casa, acredita-se que aí os animais adoecem e morrem e a mulher não consegue engravidar. Deve ser evitada especialmente para localização do dormitório principal ou para a direção da porta de entrada (independentemente do setor em que estiver). Adequada para banheiros, admissível para quarto de hóspede (onde a permanência não é prolongada) e cozinha (neste caso, o fogão deveria voltar-se para uma Estrela favorável). Associada ao elemento Metal. Esta é uma área na casa que necessita, invariavelmente, de cuidados especiais por "não possuir vida". O desgaste de seu poder maléfico pode ser feito especialmente com o uso do elemento Água (também Madeira ou Fogo) ou, ainda, de um talismã. Classificação: muito desfavorável;

- WU KUEI, **Cinco Fantasmas ou Cinco Diabos**: corresponde, na edificação, ao lugar mais favorável a manifestações sobrenaturais (geralmente de ordem nociva), às perdas e roubos, aos desastres, ao sentimento de revolta contra tudo e todos que exercem alguma forma de poder sobre o indivíduo (estimulando tensão e conflito nos relacionamentos, irritação e discussão).

Associa-se ao elemento Fogo, sendo portanto desaconselhável a sua localização em área de cozinha, devido ao estímulo representado pelo fogão. O desgaste de seu poder nocivo pode ser feito por meio dos elementos Terra (principalmente), Metal ou Água. Área indicada para depósitos, banheiro e quarto de hóspede. Após uma limpeza psíquica o ambiente em questão pode facilitar contatos com as realidades espirituais, tornar-se uma fonte de prosperidade para a casa, podendo localizar-se aqui o Altar ou a Capela. Classificação: desfavorável;

• L I U   S H A, **Seis Maldições, Seis Destruições**: relaciona-se aos acontecimentos dolorosos, às oportunidades perdidas, ao conflito com tudo e todos que estão em posição hierarquicamente inferior (filhos, funcionários, alunos) e à falta de capacidade de defesa, sugerindo uma abertura psíquica aos acidentes, vícios, problemas legais, de saúde e, especialmente, escândalos ligados a sexo e romance. Admissível para localização de cozinha, refeições ou depósitos; ruim para sala de reuniões ou banheiros (pois corresponde ao elemento Água). O desgaste de seu poder nocivo pode ser realizado por meio dos elementos Madeira (principalmente), Fogo ou Terra. Classificação: desfavorável;

• H U O   H A I, **Desastres e Danos ou Acidentes e Contratempos**: favorece a "má sorte": o cansaço, as queixas, a preguiça, a inércia, a oposição ou resistência, a frustração, o derrotismo, as disputas e brigas, a insegurança e as dificuldades legais e financeiras, contratempos que desgastam o cotidiano. Os lugares correspondentes podem ser utilizados para localização de depósitos, sendo contra-indicados para cozinhas, banheiros e quartos de crianças. Esta Estrela associa-se ao elemento Terra e pode ser desgastada por meio do Metal (principalmente), Água ou Madeira. Classificação: muito desfavorável.

AS NOVE ESTRELAS E A CASA

A porta de entrada determina o assentamento das Nove Estrelas no interior da casa, de acordo com os diagramas apresentados no processo descrito abaixo. Aqui, considera-se sempre a porta principal, mesmo que outras sejam mais utilizadas.

As Estrelas ditas favoráveis são indicadas para ambientes destinados a permanência prolongada, tais como dormitórios (especialmente o lugar da cama), salas (inclusive de refeições) e escritórios (especialmente a mesa de trabalho), pois são também potencializadas pelo uso do lugar. As Estrelas Desfavoráveis são destinadas ao assentamento das chamadas "áreas de escoamento", como banheiros e lavanderias, e "áreas mortas" como depósitos, móveis pesados e reservatórios de água. Algumas vezes, a cozinha pode também estar localizada nas áreas determinadas por essas Estrelas (com exceção de Wu Kuei ou Cinco Fantasmas, e Huo Hai ou Desastres e Danos). Considera-se que quando uma das Estrelas, pela forma da casa, fica sobreposta a um espaço vazio, aberto ou descoberto, seu efeito torna-se nulo. O ambiente físico deve possuir seis faces fechadas por alvenaria ou vidro (piso, teto e quatro paredes) para que possa conter a força de uma Estrela. Sobrepondo os diagramas abaixo à planta da casa, verificamos quais os ambientes benéficos e os nocivos. O que determina a escolha do diagrama a ser utilizado é a direção da entrada, ou melhor, do setor onde localiza-se a porta de entrada.

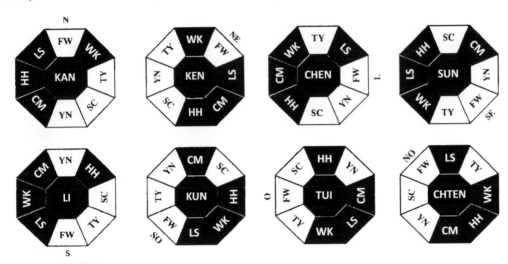

Diagramas Ba Zhai

CÁLCULO DA DIREÇÃO DA ENTRADA

O processo é o seguinte:
• como primeiro passo, transformar o desenho da casa em uma forma geométrica pura, preferencialmente o retângulo, seguindo o mesmo procedimento adotado na Escola Americana: excluir as projeções menores do que 50% do tamanho lateral e incluir as projeções correspondentes ou maiores do que 50%;
• definir o centro da casa, pelo cruzamento das diagonais do retângulo;
• a direção Norte, indicada pela bússola, é marcada no centro da casa. Para cada lado dessa linha Norte medimos, com um transferidor, 22,5°. Encontramos, portanto, o primeiro quadrante de 45° associado ao Norte. A partir desse quadrante ou setor, marcamos todos os outros, com 45° cada, totalizando os 360° da circunferência. Assim, dividimos a casa/retângulo em oito setores, a partir do centro, associando-as às oito direções (Norte, Sul, Leste, Oeste, Sudeste, Nordeste, Sudoeste, Noroeste);
• verificar em qual setor localiza-se a entrada e identificar o diagrama correspondente. Se, por exemplo, a porta

A ESCOLA AMERICANA E O MÉTODO DA BÚSSOLA

está posicionada no setor Sudeste, sobrepomos à planta da casa o diagrama cuja Direção da Entrada (Fu Wei ou FW) também está a Sudeste, alinhando-os. As demais Estrelas distribuem-se, conseqüentemente, pelos demais quadrantes e procede-se à interpretação.

O objetivo do método é potencializar as Estrelas favoráveis e desgastar as desfavoráveis, por meio da aplicação dos Ciclos de Criação e Dominação, da Teoria dos Cinco Elementos, conforme ilustração abaixo.

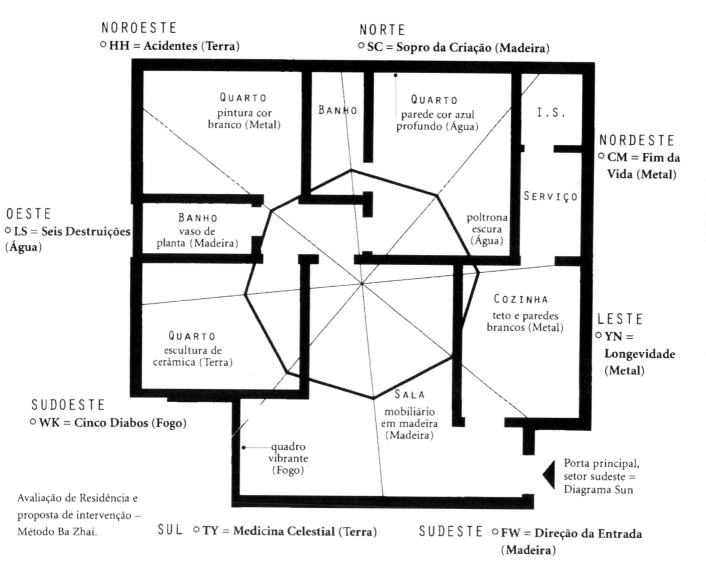

Avaliação de Residência e proposta de intervenção – Método Ba Zhai.

A Linha do Diabo

A linha divisória dos setores Leste e Nordeste é denominada a Linha do Diabo, e o Taoísmo considera que favorece o trânsito das forças inferiores do mundo invisível. Acredita-se que quando alinhado com portas, janelas ou clarabóias, pode provocar fenômenos paranormais dentro da casa, bem como pesadelos, histeria e surtos de doenças psíquicas.

A solução sugerida é "lacrar o fluxo", mantendo determinadas portas ou janelas fechadas ou, ainda, utilizar símbolos sagrados (Oito Trigramas do I Ching dispostos em forma octogonal, o selo de um Arcanjo ou uma letra sagrada hebraica), sempre exteriormente, acima da porta ou da janela, na entrada do fluxo magnético para a casa.

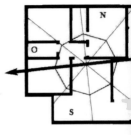

Linha do Diabo

Observações

• no processo de avaliação do Método Ba Zhai devem-se prevalecer as referências da Escola da Forma;
• em casas de dois ou mais pavimentos, repete-se o mesmo diagrama das Nove Estrelas nos vários pavimentos, caso a sua dimensão seja igual ou inferior à do primeiro. Caso a área dos demais pavimentos seja maior, aplica-se um novo diagrama, tendo como referência a direção do setor da nova entrada, o acesso ao pavimento;
• uma forma de oposição aos efeitos das Estrelas nocivas é a adoção de uma conduta altruísta e compassiva, que cria uma espécie de "escudo protetor" contra os efeitos do magnetismo nocivo. O rancor, o ódio, o preconceito e o egoísmo abrem espaço para as Estrelas desfavoráveis e maximizam o seu efeito;
• a porta principal deve abrir-se, sempre que possível, para uma Estrela benéfica;
• quando não for possível melhorar as más condições de um lugar, deve-se então procurar criar um "campo artificial" por meio de símbolos, como é sugerido pela Escola Americana, de forma a contrapor-se ao "campo" nocivo natural;
• a perfeição absoluta não existe e nem é desejável. A casa ideal é aquela que possui mais qualidades do que defeitos. A casa ideal tem de ter um "ladrão de energia", devemos aceitar a sua incompletude, pois, como afirma o I Ching, tudo o que alcança a perfeição tende a decair;
• no caso da entrada sobrepor-se à linha divisória de setores, recomenda-se alterar a sua posição ou proceder a uma intervenção no centro do lugar (Terra).

O aprofundamento desse estudo deve se relacionar à investigação da influência da passagem do tempo, por intermédio do Sistema das Estrelas Voadoras ou Yuen Kung, que é o início do estudo de um Feng Shui avançado e fica reservado para uma próxima etapa.

4.4 A ESCOLA DO FENG SHUI PARA O HEMISFÉRIO SUL

Uma das grandes polêmicas no estudo contemporâneo do Feng Shui é a questão da adaptação, para o Hemisfério Sul, de todo o referencial precedente (o Ba Gua, o Ming Gua, o Ba Zhai, os Quatro Pilares), bem como de outras tecnologias que não foram aqui apresentadas. Essa adaptação, originalmente proposta pela australiana Lindy Baxter, foi adotada e amplamente divulgada pelo professor neozelandês Roger Green, titular dos grandes centros de estudo de Feng Shui da atualidade.

De acordo com a proposta desta nova Escola, os argumentos principais a favor das adaptações para o Hemisfério Sul são:
- o Ba Gua e seus elementos refletem padrões do Ciclo do Sol (ou das estações), que no Hemisfério Sul são invertidos em relação ao Hemisfério Norte;
- o denominado Efeito Coriolis, ocasionado pela rotação da Terra, provoca uma inversão do sentido do movimento das correntes marítimas e de vento de um hemisfério para outro.

Entretanto, existem argumentos contrários. O professor e escritor inglês Derek Walters, citado por YU (1999a) afirma:

- os princípios que fundamentam o Feng Shui são universais: as constelações da Ursa Maior e Cruzeiro do Sul, que localizam-se invariavelmente sobre o pólos Norte e Sul, respectivamente;
- a agulha da bússola aponta sempre para a mesma direção em qualquer parte do mundo, ela não se altera ao cruzar o Equador;

Walters afirma, ainda, que uma pesquisa com mais de 1000 casos registrados já foi efetivada em aproximadamente doze países do mundo, indicando uma grande coerência na aplicação dos preceitos originais.

O professor Joseph Yu complementa afirmando que a energia Chi, pesquisada pelas fórmulas da Escola da Bússola, origina-se do universo como um todo (Céu, Homem e Terra) e não apenas de influências terrestres. *"É um erro de interpretação afirmar que o Ba Gua é apenas um mapa da energia local, associado a padrões climáticos"* (YU, 1999a).

Os interessados podem pesquisar e acompanhar, pela Internet, os debates em torno dessa questão.

Pesquisa com o leitor: Sugere-se que o leitor experimente, na própria casa, a abordagem tradicional chinesa apresentada neste livro, relacionando-a à própria situação de vida. Solicita-se, também, a gentileza de comunicar ao autor as conclusões (e-mail: kanyu2000@hotmail.com). Essa pesquisa poderá ser incluída em uma próxima edição, contribuindo, talvez, para um melhor entendimento dessa polêmica questão.

Hong Kong, China - Uma das cidades mais prósperas do mundo, localiza-se no ponto de convergência de três grandes dragões, no encontro da montanha e da água, do oriente e do ocidente, do passado e do futuro.

IV

O Trabalho

1 Introdução

"QUE UM PAÍS SEJA PEQUENO
E DE ESCASSA POPULAÇÃO –
QUE IMPORTA!
E SE SUAS FORÇAS ARMADAS
FOSSEM APENAS DE 10 OU 100 HOMENS,
QUE NEM USASSEM SUAS ARMAS –
DEIXEMOS SEUS HABITANTES VIVER EM PAZ,
E CULTIVAR SEU TORRÃO DE TERRA!"
LAO TSÉ[1]

A palavra trabalhar origina-se do latim *tripaliare*, cujo significado é martirizar com o *tripaliu* – um instrumento de tortura – torturar (FERREIRA, s.d.). Diferentes termos são normalmente utilizados, na vida cotidiana, para referir-se ao trabalho, revelando ou reforçando este significado original: luta, batalha, labuta, lida, dever, obrigação, sacrifício.

A abordagem taoísta apresenta-nos, contudo, uma outra maneira de ver a questão, apoiada no conceito do Wu-wei, ou não-ação.

De acordo com um texto de Rubem

---

[1] TSÉ, 1997.

Acima, à esquerda: o Dragão também representa inspiração e força criativa.

Alves, não-ação significa *"fazer as pazes com a vida e não se esquecer dos próprios desejos"* (ALVES, 1994). Visto por esse ângulo, o trabalho adquire novo sentido, tornando-se a expressão sincera de uma "espontaneidade original". Caso contrário, transforma-se em dever: *"aquela voz que grita mais alto que as minhas flores não nascidas – os meus desejos – e me obriga a fazer o que não quero. (...) No meu livro de capa verde estão escritos os desejos dos outros. Ele se chama agenda. Os meus desejos, não é preciso que ninguém me lembre deles. Não precisam ser escritos. Sei-os de cor. De cor quer dizer no coração. (...)*
Ah! Muitas pessoas não têm uma alma. O que elas têm, no seu lugar, é uma agenda. Por isto serão incapazes de entender o que estou dizendo: em suas almas–agendas não há lugar para o desejo" (ALVES, 1994).

Para o escritor chinês Lin Yutang, *"o mais surpreendente que há no homem é o seu ideal de trabalho, e a quantidade de trabalho que se impõe a si mesmo, ou que lhe impõe a civilização"* (YUTANG, 1997). O modelo norte-americano de sucesso, é conhecido pela busca de dinheiro e poder a todo custo. Assemelha-se, muitas vezes, às condições de uma selva bruta, envolvendo sobrecarga de atividades, além dos limites suportáveis, na competição e luta pela sobrevivência.

Os taoístas, entretanto, nos ensinam que o lado subjetivo das coisas é tão importante quanto o objetivo, que a vida tem uma duração limitada e que vale pelos bons momentos de descanso e de trabalho que aqui desfrutamos, o Paraíso. Talvez seja essa uma das "lições" do Paraíso: saber *"gozar a felicidade, dar-se o direito de viver com prazer, fazer com que nossas ações sejam um puro transbordar de vitalidade, uma pura explosão de uma beleza que cresceu por dentro e não pode mais ser guardada"* (ALVES, 1994).

Assim, o "trabalho/sacrifício" transforma-se em "sacro ofício", *"uma oferta solene à Divindade"* e a labuta recobra o entusiasmo, que originando-se do grego *enthousiasmós*, traduz a *"exaltação ou arrebatamento extraordinário daquele que estava sob inspiração divina"* (FERREIRA, s.d.).

O LUGAR IDEAL DE TRABALHO

O professor norte americano William Spear considera que o estudo do Feng Shui aplicado ao escritório inicia-se em casa, ou seja, primeiro trabalha-se a casa, que é a base da vida do indivíduo, e somente depois o escritório (SPEAR, 1997).

O Mestre Ho Chin-Chung, de Taiwan, afirma que o local de trabalho possui a mesma importância da casa para a vida do homem. E, em ambos os casos, o meio externo é sempre o responsável por 70% das influências e o interno por apenas 30% (CHIN-CHUNG, 1999). No interior do escritório o equilíbrio entre espaço fechado, protegido, e espaço aberto, vulnerável, é o que se considera determinante do conforto. Parece ser prejudicado o rendimento do trabalho, quer em áreas muito fechadas, onde as pessoas sentem-se isoladas e oprimidas, quer em áreas muito abertas, onde se sentem expostas.

Os escritórios totalmente envidraçados necessitam, para o seu conforto, das qualidades da Montanha, que podem defendê-los da exposição e facilitar a concentração: plantas, esculturas, divisórias, mobiliário, cortinas ou persianas. Já um ambiente excessivamente fechado requer o contraponto, o conceito do Rio ou do Vale: claridade, ventilação e espaço vazio.

Apresentamos a seguir, conforme Cristopher Alexander, algumas das variáveis que podem influir na qualidade do lugar do trabalho e no seu bom rendimento (ALEXANDER, 1980):

- uma parede imediatamente por detrás, ou ao lado, da mesa de trabalho: a sua ausência relaciona-se à sensação de vulnerabilidade;
- espaço livre à frente da mesa: nenhuma parede cega (sem aberturas), ou mobiliário de grande porte, a menos de 2,50 m à frente;
- área mínima para o espaço de trabalho: 6 m². Se menor, pode tornar-se claustrofóbica;
- percentual de fechamento do lugar: todo ambiente de trabalho deve possuir um fechamento médio de 50% a 75% o que, respectivamente, corresponde ao fechamento total por uma divisória a meia altura (50%) ou igual proporção de paredes e janelas (75%);
- vista do meio externo: descansa a mente e, quando inexistente, provoca sensação de sufocamento e opressão;
- número de pessoas visíveis *no* ambiente de trabalho: o ideal de conforto é um grupo pequeno, de duas a quatro pessoas, cada qual com o seu espaço definido. Ressaltamos que a distância mínima entre elas deve ser em torno de 2,50 m (visando a uma maior privacidade), e a distância máxima, aquela na qual se possa falar sem a necessidade de elevar a voz;
- presença de uma pessoa imediatamente à frente pode provocar uma situação de confronto e constrangimento;
- número de pessoas que são vistas *do* ambiente de trabalho: não perceber a presença do outro pode ter um efeito deprimente, mas considera-se que a proximidade de um fluxo muito grande produz um efeito dispersivo. A melhor condição é o equilíbrio entre essas duas situações;
- ruído: o ideal é que os sons percebidos sejam apenas aqueles produzidos pelo próprio ambiente.

LUZ E SOM

A luz natural é considerada a ideal: pesquisas apresentas por William Spear demonstram que o trabalho desenvolve-se melhor quando o ambiente recebe boa iluminação natural (SPEAR, 1997). Áreas escuras exigem o dobro do esforço de atenção e, além disso, a mudança da intensidade da luz durante o dia é fundamental para que o corpo mantenha sua relação com o entorno. *"Torna-se cada vez maior o número de provas indicadoras de que o homem realmente necessita da luz do dia, pois o ciclo dessa luz desempenha um papel vital na manutenção dos ritmos diários do corpo"* (ALEXANDER, 1980).

A luz deve entrar pela lateral da mesa, preferivelmente pela esquerda, uma vez que pela frente produz ofuscamento e brilho excessivo, por trás e pela direita produz sombra.

No caso de iluminação artificial, a regulável é a mais recomendada, devendo focalizar a mesa, não a pessoa, pois a iluminação direta sobre a cabeça pode tornar-se um incômodo. Acredita-se que a iluminação uniforme, utilizada nas grandes empresas, destrói a natureza social do espaço e desorienta as pessoas. O ideal é conformar, com a luz, pequenos ambientes que podem assim, ter o seu caráter social reforçado.

A educadora Lubienska de Lenval recomenda também cuidado com a iluminação excessiva: *"As vibrações luminosas representam para os olhos o mesmo que as vibrações sonoras para os ouvidos – benefício quando suaves, violência quando intensas. As sensações que estas duas espécies de estímulos provocam estão, aliás, intimamente relacionadas; à luz crua correspondem os sons estridentes, do mesmo modo que a voz em surdina corresponde à luz velada. (...) Nas grandes lojas, nas feiras e em outros lugares ditos 'de prazer' há grande profusão de luzes; deste modo, tomado de vertigem, com os nervos excitados, o cérebro enfraquecido e impedido de refletir, o cliente deixa-se facilmente explorar"* (LENVAL, 1961).

A luz representa o elemento Fogo, a polaridade Yang, sendo importante principalmente à entrada.

Quanto ao som, sugere-se especial atenção para com a música ambiente, a qual, muitas vezes, transforma-se em ruído de fundo, desgastando a mente e dificultando a concentração. Muitas pessoas afirmam não mais poderem trabalhar sem o acompanhamento do rádio. Na realidade, o que acontece é que a sua atenção, habituada a dissociar-se, não consegue mais fixar-se inteiramente num único objeto.

Para Lubienska de Lenval é evidente que a aceitação e até mesmo a conivência com o ruído do meio ambiente é apenas um sintoma de agitação mental e emocional.

"O silêncio acalma, repousa, cura e consola. Repara as forças, protege a vida e favorece o pensamento. O silêncio torna-nos melhores. Só ele consegue estabelecer a harmonia entre espírito e matéria. (...) O mundo quer o ruído e a dissipação, receia o silêncio, confunde este com o vazio, ignorando que ele é, na realidade, plenitude" (LENVAL, 1961).

Acima, à esquerda: Pagode – Taipei, Taiwan. O Pagode pode ser visto como uma versão estilizada da montanha, representando o caminho ascendente e espiralado em direção ao topo, à Divindade.

Para se desintoxicar do barulho e aprender a apreciar os valores do silêncio, é necessária uma reeducação completa dos sentidos, na qual pode ser necessário incluir, até mesmo, atividades corporais.

Elementos absorventes de som – almofadas, tapetes, cortinas, placas de cortiça e plantas – são recursos simples que podem auxiliar em qualquer ambiente com problemas acústicos.

Mobiliário

Como já sabemos, a forma traduz imagens que limitam e organizam o mundo psíquico humano.

Considera-se que as formas retangulares e as linhas retas falam de materialidade, estrutura, pensar lógico, disciplina, ordem, ação e dinamismo. São as mais indicadas para os lugares em que se lida com assuntos práticos e racionais. Levada a extremos, essa ambiência pode tornar-se rígida e estressante. Considera-se que as formas orgânicas e as linhas sinuosas e curvas sugerem flexibilidade e criatividade, propiciando ambientes ideais para a expressão de sentimentos e idéias.

Um diálogo entre linhas retas e curvas, metal e madeira, claro e escuro, moderno e antigo, geralmente produz os resultados mais interessantes na composição de um ambiente.

A mesa de trabalho, referências técnicas

Acredita-se que a mesa de trabalho é uma estrutura que define o mundo profissional, pela sua forma e posicionamento.

A sua localização ideal, dentro da sala, é aquela denominada "de controle": diagonalmente oposta à porta principal. A sensação de poder, conforto e segurança advém dessa posição, de onde se usufrui – com as costas protegidas – da vista ampla do ambiente e da entrada. Quando a mesa é situada diante da porta, de janela, de quinas vivas ou na corrente de vento, encontra-se em "posição de vulnerabilidade". Para resguardá-la utiliza-se mobiliário ou vegetação, que não devem, entretanto, confiná-la.

A mesa nunca deve ocupar o centro do ambiente que, vazio, conforma o Ming Tang: o centro da sala de trabalho, desimpedido, torna-se o lugar onde o olhar e a mente podem repousar e descansar, torna-se o espaço aberto que admite o visitante.

Quanto à forma, a retangular, mais rígida, liga-se às atividades práticas e burocráticas, como já exposto, e a redonda, ou oval, às criativas e imaginativas. Pode-se ainda, dependendo do uso a que se destina, criar uma mesa-síntese que atenda aos dois aspectos. As mesas em forma de feijão lembram uma antiga representação do Tao e por isso são aprovadas pelo método.

Tratando-se de mesa para reuniões, a retangular sugere relações de hierarquia e confronto, e as circulares ou ovaladas, relações de igualdade. Um dado interessante sobre reuniões é que quanto maior o número de pessoas presentes, menor é a participação individual. De acordo com pesquisas de Bernard Bass em *Organizational Psychology*, *"em um grupo de doze pessoas existe pelo menos uma que nunca fala. Em um grupo de vinte e quatro, existem seis"* (ALEXANDER, 1980). Sugere-se, pois, criar salas de reuniões para no máximo doze pessoas, dispostas em círculo, em mesa redonda ou ovalada, de diâmetro máximo de 2,40 m. Na sala de reuniões, a cadeira principal, do coordenador geral, deve ter as costas protegidas, o controle da entrada e ser voltada para a sua direção favorável (conforme o estudo do Ming Gua), desde que este coordenador seja o seu ocupante regular.

Empilhamento de papéis e objetos em desordem sobre a mesa são vistos como empecilho à concentração e, portanto, ao bom desempenho. Sugere-se criar apoios laterais ou de fundo, distribuindo-se, assim, o volume de trabalho. O ambiente deve refletir a atividade profissional e a forma pessoal de exercê-la, podendo até prescindir da própria mesa.

Os materiais não refletores de luz são os mais indicados para o tampo da mesa, por considerar-se que cansam menos o olhar e a mente, sendo indicada, para esse fim, a madeira clara. As superfícies refletoras, como os tampos de cor branca, de vidro ou aço escovado, bem como os escuros (que fornecem alto contraste com o papel) não são recomendados.

Em uma aplicação mais detalhada do Método Feng Shui, as dimensões da mesa de trabalho são cuidadosamente verificadas, devido à relação existente entre números e símbolos. Dimensões consideradas favoráveis para uma mesa maior são 83,82 x 152,4 x 86,36 cm (largura x comprimento x altura). Para uma menor, 83,82 x 121,92 x 81,28 cm. Para a mesa pequena da secretária, 83,82 x 172,72 x 66,04. Essas medidas são baseadas na numerologia chinesa e são códigos que representam a perfeição.

A mesa de trabalho e as Oito Direções

A posição ideal da mesa de trabalho, do ponto de vista da Escola da Forma, deve ajustar-se ao estudo da direção favorável, proposto pela Escola da Bússola, o cálculo do Ming Gua. A porta de entrada do escritório também deve abrir-se para uma das quatro orientações benéficas, denominada Direção do Pensamento Claro. A título de complementação, apresentamos algumas indicações específicas sobre as Oito Direções e o ambiente de trabalho, sugeridas pelo escritor Simon Brown (BROWN, 1998):

● Leste (Madeira): a energia nova da manhã funciona com um estímulo à renovação, confiança e entusiasmo. Desvantagens: pode incentivar a pressa, o erro, a falta de cuidado;

● Sudeste (Madeira): energia ativa, expansiva, mais madura e equilibrada do que a do Leste. Estimula a comunicação de idéias e o trabalho criativo, a imaginação. Desvantagens: pode incitar ao devaneio e dificultar a conexão com a realidade;

● Sul (Fogo): ativa a mente, a auto-expressão, a autoconfiança e, consequentemente,

propiciam maior afirmação social.
Desvantagens: pode reforçar o *stress*, estimular a discussão e a tensão emocional;
• Sudoeste (Terra): energia estável, lenta, boa para consolidar relações do grupo de trabalho ou refinar projetos.
Desvantagens: todo este processo pode acontecer de forma muito lenta;
• Oeste (Metal): traz a força de síntese e auxilia a finalização dos projetos. Relaciona-se com o Metal ou a habilidade financeira. Desvantagens: pode associar-se a uma menor motivação para o trabalho;
• Noroeste (Metal): relaciona-se com o fim do dia e todas as suas experiências, vivências e aprendizado, com um "senso de sabedoria", auxiliar do planejamento e organização de novos projetos.
Desvantagens: pode provocar um fechamento excessivo, principalmente com relação ao outro;
• Norte (Água): essa influência pode ser traduzida em suavidade, calma, introspecção, criatividade e flexibilidade.
Desvantagens: pode dificultar a expressão pessoal, devido ao excesso de estímulos introspectivos, gerando preocupação e, as vezes, insegurança;
• Nordeste (Terra): essa "energia rápida e penetrante" estimula a motivação e o surgimento de novas idéias.
Desvantagens: em excesso, traduz irritabilidade e competitividade.

Quando projetamos um espaço de trabalho consideramos a direção ideal para a aberturas das janelas, tendo em vista as qualidades condizentes com o tipo de atividade desenvolvida no local. Assim, se queremos criar um ateliê, onde se prioriza a criatividade, podemos direcionar as aberturas para as orientações Leste ou Sudeste, representativas da Madeira. Objetivando um equilíbrio entre as vantagens e desvantagens desta solução, podemos trabalhar o ambiente interno considerando os ciclos da Teoria dos Cinco Elementos onde, para reforçar, adotamos o Ciclo Criativo e, para sedar, o Ciclo de Dominação, como apresentado no Capítulo sobre o Método da Forma.

A cadeira de trabalho, referências técnicas

A cadeira é o móvel mais importante do escritório. É onde se permanece muitas horas, e além da questão do conforto, considera-se que a posição do corpo e o alinhamento da coluna vertebral condicionam diferentes estados de ânimo. O encosto fechado é o mais indicado, pois proporciona apoio à coluna e aos rins, principalmente no caso de situar-se de costas para uma janela. As cadeiras com encosto vazado não são recomendadas para uso prolongado.

A postura correta atua positivamente sobre o estado de ânimo. Ao nos recostarmos desalinhamos o corpo, principalmente o centro do peito (região do sentir), daquilo que fazemos, ou seja, fazemos e falamos sem sentir, "sem sentido". O corpo muito reclinado para a frente relaciona-se à vida presa no passado.

A cadeira giratória, com o eixo vertical flexível e ajustável, possibilita a experimentação de várias posições, sem que se perca o alinhamento com o eixo corporal.

As características principais da cadeira ideal são:
- encosto fechado: sinônimo de segurança. De acordo com a medicina chinesa, os rins impulsionam a vida, guardam a "força de reserva" e, por isso, necessitam de suporte.
- base estável (novamente o conceito de segurança): a base adequada é a que possui cinco eixos com rodízios, o que além de proporcionar um apoio firme, possibilita o movimento;
- altura adequada: considera-se importante que os pés toquem o chão pois, deixar os pés livres é como viver no ar, no futuro, naquilo que ainda não existe;
- assento móvel: para o conforto, o ideal é o assento que retorna ao eixo central, com altura regulável;
- braço regulável, com ajuste de altura e ângulo.

Estantes e armários

Prateleiras e estantes podem funcionar como elemento de isolamento acústico, às vezes necessário.
O ideal é que sejam fechadas. Quando abarrotadas e em desordem, sugerem um ambiente confuso e desorganizado. Estantes divisórias soltas no ambiente, próximas à mesa, devem ficar à altura dos ombros da pessoa sentada ou, no máximo, na metade da distância entre piso e teto. Estantes maiores devem apoiar-se contra a parede.

Um ambiente de trabalho totalmente ocupado por estantes e armários é considerado por demais Yin, pesado e introspectivo, incompatível com as necessidades de uma atividade profissional mais dinâmica.

A recepção

A primeira impressão de um lugar é decisiva para o visitante. No ambiente de trabalho isso é fundamental. É importante evitar a atmosfera institucional, fria e impessoal, contrária à sensação de acolhimento. Uma recepção confinada, com iluminação e ventilação deficientes, com revistas velhas e rasgadas é um cartão de visitas indesejável, embora tão comum.

Uma boa sugestão é dispor, diante da entrada, um objeto especial, condizente com as atividades da empresa.

A mesa da recepcionista, bem como os sofás da sala de espera, não devem localizar-se exatamente diante da entrada, posição considerada desconfortável, vulnerável.

Pode-se dispor na recepção de algo para beber e, quando possível, separar o local de espera da área dos contatos, pagamentos e telefonemas.

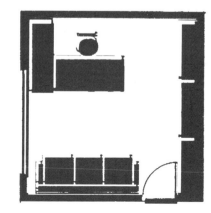

Referências gerais

● **Lojas**

"*A contemplação da ação é o melhor incentivo para a ação*" (ALEXANDER, 1980).
A possibilidade de que o público veja o interior de uma loja ou de um espaço comercial, a partir da rua, reforça o interesse, a curiosidade, e facilita a comunicação. O comércio deve, antes de tudo, mostrar-se e, de maneira geral, pede uma apresentação vibrante. O melhor ponto para o comércio é a esquina, confluência de caminhos e tensões. Localização em rua sem saída é considerada desfavorável pela falta de movimento e de público.

A caixa registradora deve ser localizada junto à saída da loja, e a mercadoria exposta desde a entrada. De modo geral, a organização do espaço comercial pode ser a seguinte:
● entrada: capta, convida o cliente;
● exibição da mercadoria: seduz o cliente;
● caixa registradora: efetiva a compra.

A porta de entrada, abrindo-se para o interior do estabelecimento, deve ser ampla para incentivar o acesso. Um elemento que contribui para isso é a existência de um espaço de transição, ou convite, entre a rua e a loja, representado por vegetação, escultura, ou, ainda, um trabalho no piso do passeio de pedestres, conduzindo-os à entrada.

Jardins exuberantes atraem o cliente e, em locais de muito ruído, podem funcionar como uma barreira para o som. Situados aos fundos da edificação, distantes da rua, constituem um lugar de quietude e descanso para os funcionários.

● **Escritórios**

A circulação de acesso às salas comerciais deve estar desobstruída e bem iluminada. Caso contrário, deprecia o lugar e enfraquece a fluência dos negócios da empresa.

Cofres podem ser localizados na mesma posição indicada para a mesa do diretor – diametralmente opostos à entrada, no canto da sala. Ou ainda, nas direções favoráveis já citadas no estudo da Escola da Bússola.

Sala em forma de "L" pode ser subdividida em dois setores, com diferentes funções.

Ventilação inadequada, materiais de revestimento sintéticos e excesso de equipamentos elétricos e eletrônicos no ambiente podem gerar a Síndrome do Edifício Enfermo. "*O conceito de 'Síndrome do Edifício Enfermo' foi criado pela Organização Mundial de Saúde (OMS) para designar os problemas provocados pela contaminação ambiental das grandes instalações de trabalho: enxaquecas, alergias e irritação das vias respiratórias*" (LAVILLA, 1991).

De acordo com a empresa *Healthy Building International*, especializada em erradicar a Síndrome, dos 500 grandes imóveis por ela saneados em diferentes países (300 milhões de metros quadrados), apenas 25% eram equipados com uma rede adequada de ar condicionado, capaz de garantir o abastecimento do ar limpo e puro. Nos 75% restantes, as instalações de ventilação apresentavam-se sujas, contaminadas, tornando-se viveiro para microorganismos

Avaliação de um ponto comercial

Na avaliação de um espaço comercial é importante investigar não apenas as condições do edifício ou da sala, mas de todo o seu entorno. As indicações contidas no Capítulo II, A Escola da Forma, sobre a escolha de um bom local para se viver, são válidas também para estabelecimentos comerciais.

Agenda, ritmo de trabalho e I Ching

> "TODOS VÓS PARA QUEM O TRABALHO FURIOSO É COISA QUERIDA – E TAMBÉM TUDO O QUE SEJA RÁPIDO, NOVO E DIFERENTE – ACHAIS POR DEMAIS PESADO SUPORTAR A VÓS MESMOS; VOSSA ATIVIDADE É UMA FUGA, UM DESEJO DE VOS ESQUECERDES DE VÓS MESMOS. NÃO TENDES CONTEÚDO PARA ESPERAR – E NEM MESMO PARA O ÓCIO."
> NIETZSCHE[2]

Como organizar a agenda de trabalho nesses tempos de inúmeras solicitações?

Uma opção interessante é apresentada pelo Hexagrama 11 do I Ching, denominado T'ai ou Paz (WILHELM, 1995):

"*O governante dos homens deve regular a corrente de energia. Isso se faz através da divisão. Assim, os homens dividem o fluxo uniforme do tempo em estações, de acordo com a sequência dos fenômenos naturais. (...) Por outro lado, é necessário estimular a natureza em sua produtividade. Isso se consegue ajustando os produtos ao momento e lugar adequados, o que aumenta o rendimento natural. Assim, a natureza recompensa o homem que controlou e estimulou.*"

A atuação humana pode ser diferenciada em estações ou etapas, estabelecendo uma correspondência simbólica com o ciclo sazonal. A agenda, diária, semanal, mensal ou anual bem poderia ser organizada de acordo com esse ritmo, que sugere um tempo para cada coisa:

- Primavera: época da criação, da semeadura, do início de novos projetos;
- Verão: período de atividade máxima, em que a vida alcança sua plenitude, momento de atuar no mundo;
- Outono: fase de elaboração e estudo, momento de recolher os frutos da experiência;
- Inverno: período de descanso e retiro, toda a natureza adormece e se recolhe.

É interessante verificar que cada uma das quatro estações ocupa o mesmo espaço de tempo ao longo do ano, todas têm a mesma importância no ciclo anual. Se vivemos um eterno Verão, a força natural se exaure rapidamente.

---

[2] Nietzsche in YUTANG, 1997.

Vista aérea do Tibete.

V

POSFÁCIO

POSFÁCIO

"Do exame de tantas obras e autores (...) observamos que a Arquitetura está profundamente relacionada com a existência espiritual do homem, desde seus primórdios, onde a função de proteção não se desvinculava da idéia da fundação de um mundo pleno de significado."
ARQUITETO FLÁVIO CARSALADE[1]

[1] Carsalade in CONGRESSO HOLÍSTICO INTERNACIONAL, 1991.

Acima, à esquerda: Gyantsé – Tibete.

POSFÁCIO

Quando embarquei nessa aventura chamada Feng Shui – desde que me vi tocado pela abordagem da arquiteta chinesa Ping Xu em 1991 –, jamais imaginei aonde ela me levaria. Desde o contato com Mestres do Oriente e do Ocidente e a (re)descoberta de antigas (ou modernas?) tecnologias, até viagens com destinos, para mim, quase inimagináveis. Atualmente, à elaboração deste livro.

Estas anotações ofereceram uma breve coletânea do conhecimento de vários homens sábios, cuja brilhante vestimenta mental tem iluminado o caminho de muitos ao longo dos tempos. Na devida proporção, contribuí também com minhas próprias experiências, percepções e conclusões.

A adaptação do milenar Feng Shui à sociedade ocidental contemporânea é um grande desafio, pois o homem atual não se caracteriza mais pela pureza e plenitude que fundamentavam o período mitológico da existência humana, período em que as pessoas conviviam, de uma forma direta, com as imagens da realidade espiritual. A Idade Média se encarregou de substituir a inspiração (ou a imagem mítica) pelo dogma e, gradativamente, a ciência, analítica e operacionalista, ocupou o lugar da religião.

Com o esvaziamento dos conteúdos espirituais do mundo, que foi aos poucos reduzido a um mero mecanismo, o homem moderno perde também a sua identidade, e convive com um desgaste cultural amplo e generalizado. Essa é uma outra razão pela qual torna-se um grande desafio adaptar o Feng Shui ao grande público ocidental, que tende a submeter a essa mesma condição de desgaste as informações provenientes de outras culturas e outros tempos. Promessas de mágicas e milagres e um verdadeiro mercado de bugigangas, promovido por "especialistas" na técnica chinesa, acabam por impor soluções estereotipadas e ameaçam gerar um comodismo espiritual, desestimulando a busca de um aperfeiçoamento pessoal autêntico.

O homem moderno, paradoxalmente, cresceu em autoconsciência. Desenvolveu, como nunca, a sua individualidade, a autonomia e experimenta, pela primeira vez na história, uma sensação de distinção ou separação da natureza e de qualquer sistema religioso, experimenta a liberdade. Conseqüentemente, com relação à adaptação do Feng Shui à sociedade ocidental, acreditamos que não deve implicar, obrigatoriamente, na adoção do misticismo, xamanismo e outras práticas orientais que possam ser associadas ao método, pois assim veríamos reduzida a possibilidade de sua aceitação, bem como de uma investigação e aplicação seguras. Somente as referências coerentes, que possam assegurar as possibilidades de sobrevivência, melhorar o conforto e o bem-estar, promovendo ainda uma base sólida para o desenvolvimento da vida, serão úteis e permanentes. Todos os seres humanos, não importa a sua origem, raça, credo ou sexo, precisam sobreviver, alimentam o desejo de satisfação das suas necessidades psicológicas e espirituais, de existir com dignidade e de realização. Isto é comum a todos os indivíduos e culturas, e se expressa na sua forma de ver o mundo e também de conceber a arquitetura. A partir destes pontos comuns pode-se efetuar um paralelo entre Oriente e Ocidente, verificar onde se tocam, fazendo as adaptações culturais necessárias, evitando-se, por exemplo, o ridículo dos "chinesismos" que, na maioria das vezes, nada significam para nós. Devemos tornar as referências orientais legíveis e legítimas para o ocidental.

Isso não exclui, obviamente, o sentimento de veneração ao meio ambiente, de respeito à vida, a intenção de religar (*religare* = religião) o homem à Terra, implícito no autêntico Feng Shui. De acordo com Sua Santidade, o Dalai Lama, líder espiritual do Tibete e um dos grandes filósofos do século XX, *"a salvação da humanidade reside no instinto religioso latente em todos os homens, seja qual for o seu credo. É a repressão forçada desse instinto que é o inimigo da paz"* (GYATSO, 1999).

A almejada realização pessoal humana não é possível se desvinculada dessa postura, que é também determinante do bem-estar social e ambiental, planetário.

Na concepção do homem moderno, a natureza selvagem foi considerada primitiva, bruta e desprezível, imagem de um mundo imperfeito, ficando reduzida a um mero cenário para as brincadeiras denominadas progresso e lucro, responsáveis pela descaracterização do nosso patrimônio ambiental, bem como do cultural e urbano. Na visão taoísta, implícita nos estudos do Feng Shui, o Paraíso perdido ou imperfeito não existe. Considera-se esta idéia *"como mais um curioso produto da civilização ocidental e de certas religiões em particular. É de espantar que ninguém ponha em dúvida jamais a verdade da história de um Paraíso perdido. Afinal era tão lindo o Jardim do Éden e é tão feio o atual universo físico? Cessaram de florescer as plantas desde que pecaram Adão e Eva? Cessaram de cantar os pássaros? Não há neve no cimo das montanhas, nem reflexos nos lagos? Já não há pôr-de-sóis, nem arco-íris, nem madrugadas sobre as aldeias, não há cataratas e arroios cantantes, não há árvores umbrosas? Quem foi que inventou, pois, o mito de que o Paraíso estava perdido e de que hoje vivemos em um feio universo?"*

(YUTANG, 1997). Na visão taoísta o Paraíso existe, mas Sua Santidade, o Dalai Lama, alerta sobre a responsabilidade do homem: *"A paz e a vida na Terra estão ameaçadas por atividades humanas não compromissadas com valores humanitários. A destruição da natureza e seus recursos é resultado da ignorância, da cobiça e da falta de respeito pelos seres vivos, incluindo nossos próprios descendentes. As gerações futuras herdarão um planeta extremamente degradado, caso a paz mundial não se efetive e a destruição da natureza continue nesse ritmo.*

Nossos ancestrais viam a Terra como rica e generosa, o que ela realmente é. Muita gente no passado também via a natureza como inexaurivelmente sustentável. Está comprovado que caso cuidemos bem da Terra, ela pode ser efetivamente uma fonte inesgotável de recursos. (...)

Quando o meio ambiente se altera, as condições climáticas também se alteram e, por conseguinte, nossa saúde está sendo muito afetada. (...) A conservação não é meramente uma questão moral, mas sim da nossa própria sobrevivência. (...)

Clamemos a todos para que desenvolvam um senso de responsabilidade universal fundamentado no amor, na compaixão e na clareza de consciência." [2]

Acreditamos que o sentido real de se adaptar o Feng Shui ou melhor, Kan Yu, Arquitetura Ambiental Chinesa, à sociedade contemporânea ocidental é o de servir à melhoria da qualidade da vida humana, à luz de instigantes conhecimentos sobre o homem e o mundo que o cerca. O sucesso da aventura humana baseia-se na melhoria imediata da sua qualidade de vida. Isso não acontecerá por decreto, mas depende fundamentalmente da iniciativa de cada um. Uma pequena causa pode levar a grandes efeitos, de acordo com a moderna Teoria do Caos (D'ASSUMPÇÃO, 1998). *"Tudo ressoa em tudo"*, afirmam os nativos brasileiros (JECUPÉ, 1998). Algo aparentemente muito simples – como a organização da própria vida em torno de um propósito significativo, uma atenção cuidadosa para com as necessidades, limites e valores humanos e ambientais autênticos –, uma atitude assumida não só em favor de si mesmo, mas do outro, dos próprios filhos, da casa em que moramos, a Terra-mãe, transformar-se-á, de fato, no que os budistas denominam de um Grande Benefício.

"A solução do problema da vida encontra-se na própria vida. A vida não está circunscrita por raciocínios e análises, mas principalmente pelo ato de viver. Porque, enquanto não tivermos começado a viver, a nossa prudência não tem material sobre o qual trabalhar. E, enquanto não tivermos começado a cair, não nos será dada a oportunidade de trabalharmos para o nosso sucesso" (Merton in GRUPO DE ESTUDOS, s.d.).

Felicidades a todos.

---

[2] Apostila *Visita de Sua Santidade O Dalai Lama ao Brasil*. São Paulo: Comitê Brasileiro de apoio ao Tibete, 1999, s.n.t.

Referências Bibliográficas

ABOUT the dragon. Beijing: China Reconstructs Press, 1998.

AGNIDEVA, V. *Feng Shui, harmonizando-se com o seu ambiente.*[s.n.t.]. 1996. 47 p. (Apostila.)

ALEXANDER, C. *A pattern language/un lenguaje de patrones:* ciudades. edificios. construciones. Barcelona: Gustavo Gilli, 1980. 1017 p.

ALMEIDA, C. F. *Energia e poder curativo dos cristais e pedras preciosas.*[s.n.t.], [s.d.]. 9 p.

ALTENBACH, G. *Hábitat e saúde:* viver mais e melhor. São Paulo: Letras e Letras, 1995. 264 p.

ALVES, R. *O retorno eterno.* São Paulo: Papirus, 1994. p. 73.

AMAZONAS, M.F.G.S. *Plano de um negócio:* projeto de tese para obtenção de grau de mestre. Madrid: Universidade Autônoma, 1998. p. 16.

AUTEROCHE, B., NAVAILH, P. *O diagnóstico na medicina chinesa.* São Paulo: Andrei, 1986. 420 p.

BACHELARD, G. *A água e os sonhos:* ensaio sobre a imaginação da matéria. São Paulo: Martins Fontes, 1989. 201 p.

BACHELARD, G. *A psicanálise do fogo.* São Paulo: Martins Fontes, 1994. 164 p.

BACHELARD, G. *A terra e os devaneios do repouso:* ensaio sobre as imagens da intimidade. São Paulo: Martins Fontes, 1989. 256 p.

BACHELARD, G. *O ar e os sonhos:* ensaio sobre a imaginação do movimento. São Paulo: Martins Fontes, 1990. 275 p.

BEDIN, F. *Como reconhecer a arte chinesa.* São Paulo: Martins Fontes, 1986. 63 p.

BLOFELD, J. *Taoísmo, a busca da imortalidade.* São Paulo: Círculo do Livro, 1986. 212 p.

BLUNDEN, C., ELVIN, M. *China, gigante milenário.* Madrid: Ediciones del Prado, 1997. 119 p.

BROWN, S. *Feng Shui for business.* London: Ward Lock, 1998. 128 p.

BUENO, M. *O grande livro da casa saudável.* São Paulo: Roca, 1995. 279 p.

BURKE, P. Inevitáveis empréstimos culturais. *Folha de São Paulo,* São Paulo, p. 3. 27 jul. 1997.

BURKHARD, G.K. *Novos caminhos da alimentação.* São Paulo: CLR Balieiro, v.3, 1984. 159 p.

BUSSAGLI, M. *Arquitectura oriental.* Madrid: Aguilar, 1974.

BOLETIM de sinais. Carmo da Cachoeira, n.2. p. 5-6. abr. a jun 1999.

CAMPBELL, J. *O poder do mito.* São Paulo: Palas Athena, 1998. 242 p.

CAPRA, F. *O Tao da física:* um paralelo entre a física moderna e o misticismo oriental. São Paulo: Cultrix, 1995. 260 p.

CARSALADE, F. Arquitetura, uma direção e três caminhos, *Estado de Minas,* Belo Horizonte, 2ª seção, p. 1, 06 jan. 1991.

CESARINE, C. *A introdução da radiestesia na metodologia de projeto:* trabalho de graduação interdisciplinar. Santos: FAU, 1995. 49 p.

CHERNG, W. *Curso de Feng Shui:* método da escola Ba Zhai. Rio de Janeiro: [s.n.], 1998. (Notas de aula e apostila.)

CHERNG, W.J.I *Ching, a alquimia dos números.* Rio de Janeiro: Objetiva, 1993.163 p.

CHIANG, M. *Curso de Feng Shui e Astrologia Tzu Wei,* Hong Kong: [s.n.], 1999. (Notas de aula.)

CHIN-CHUNG, H. *Curso de Feng Shui.* Taipei: [s.n.], 1999. (Notas de aula.)

CHUEN, M.L.K. *Feng Shui handbook:* how to create a healthier living and working environment. New York: HenryHolt, 1996. 159 p.

CLAIRE, M. *Guia prático do zodíaco chinês.* São Paulo: Pensamento, 1993. 191 p.

COELHO NETTO, J.T. *A construção do sentido na arquitetura.* São Paulo: Perspectiva, 1993. 178 p.

COLLINS, T.K. *The western guide to Feng Shui:* creating balance, harmony and prosperity in your enviroment. Carlsbad: Hay House, 1996. 200 p.

CONGRESSO HOLÍSTICO INTERNACIONAL, 2, 1991, Belo Horizonte. *Alma da Pedra:* anotações sobre assentamentos humanos para o III milênio. Belo Horizonte: Oficina Mineira de Edições. 1991. p. 21-27.

COOPER, J.C. *Yin y Yang, la armonia taoista de los opuestos.* Madrid: EDAF, 1985. 141 p.

CRAIGHTMORE, R. *Curso Feng Shui and geopathic stress.* Londres: [s.n.], 1997. (Notas de aula e apostila.)

D'ASSUMPÇÃO, G. *Disparando códigos de consciência.* [s.n.t.] 100 p. (Apostila.)

DAGNINO, T. Buscando el alma del lugar. *Clarín arquitectura:* ingenieria, planeamiento y diseño. Buenos Aires, p. 2, 22 set. 1989.

DOCZI, G. *O poder dos limites.* São Paulo: Mercuryo, 1990. 149 p.

EITEL, E.J. *Feng Shui: a ciência do paisagismo sagrado na China antiga.* São Paulo: Ground, 1985. 89 p.

EICHENBERG, F. A poesia de um mutante. *Bravo!,* n. 28, p. 34 a 41, jan 2000.

ESCOBAR, P. 21, *O século da Ásia.* São Paulo: Iluminuras, 1997. 383 p.

FRANÇA, R. Cardápio da Vida. *Veja.* n. 35, p. 108 a 114, set. 1998.

FERREIRA, A.B.H. *Novo Dicionário Aurélio,* Rio de Janeiro: Nova

Fronteira, [s.d.] 1517 p.

FIORAVANTE, C. Frank O. Gehry une arquitetura e arte em Bilbao. *Folha de São Paulo*. Ilustrada, São Paulo, 17 out. 1997.

FREDERICK, F. *Curso de percepção da paisagem*. Belo Horizonte: [s.n.], 1998. (Notas de aula.)

GAZZANIGA, L. *Dômus*, n. 745, fev. 1993.

GLÓRIA, G. *Hidro-íon, vitamina de ar para sua saúde*.[s.n.t.], [s.n.]. 2 p.

GRANET, M. *A civilização chinesa*. Rio de Janeiro: Ferni/Otto Pierre, [s.d.] 700 p.

GRANET, M. *El pensamiento chino*. México: UTEHA, 1959. 429 p.

GREEN, R. Apostila *The way of food energetics, chineses herbs and natural healing*. São Paulo: [s.n.], [s.d.]. 210 p.

GREEN, R. *Curso Feng Shui para o Hemisfério Sul*. São Paulo, 1998. (Notas de aula e apostila.)

GOIN'south, part 3. Disponível site: Feng Shui ultimate resource (s.d.) URL: Consultado em 15 dez. 1999.

GRUPO DE ESTUDOS. *Vamos Bhikshy, esvazia esta barca. Vazia ela navegará ligeiramente*. [s.n.]. [s.l.]. [s.d.].

GUEDES, M. *Ervas medicinais*.[s.n.t.], s.d. 31 p. (Apostila.)

GYATSO, T. *Minha terra e meu povo*. São Paulo: Palas Athena, 1999. 232 p.

HAHN, T.N. *Vivendo Buda, vivendo Cristo*. Rio de Janeiro: Rocco, 1997. 199 p.

HAMMITZSCH, H. *O Zen na arte da cerimônia do chá*. São Paulo: Pensamento, 1993. 143 p.

HIROSHI, T. *Cura-te a ti mesmo: terapia real*. São Paulo: Madras, 1999. 81 p.

HIRSCH, S. *O manual do herói:* a filosofia chinesa na cozinha. Rio de Janeiro: CorreCotia, [s.d.]. 166 p.

HOWELL, A. *O simbolismo junguiano na astrologia*. São Paulo: Pensamento, 1987. 218 p.

INN, H. *Chinese houses and gardens*. New York: Hastings Houses, 1950. 140 p.

JAY, R. *Feng Shui in your garden*.London: HarperCollins, 1998. 108 p.

JECUPÉ, K.W. *Ore awe roiru'a ma: todas as vezes que dissemos adeus*. [s.l.] Fundação Phytoervas de proteção ao índio brasileiro, [s.d.]. 97 p.

JECUPÉ, K.W. *Curso ervas medicinais*. Mateus Leme: [s.n.], 1998. (Notas de aula.)

JUN, C.J. *Curso de Feng Shui, introdução a Bússola Lo Pan*, Guilin: [s.n.] 1999. (Notas de aula.)

JUNG, C.G. *O segredo da flor de ouro*. Petrópolis: Vozes, 1984. 142 p.

KALTENMARK, M. *A filosofia chinesa*. São Paulo: Edições 70, [s.d.].

KWOK, M. *The Feng Shui kit:* the chinese way to health, wealth and happiness, at home and at work. London: Judy Piatkus, 1995. 112 p

LAU, T. *Manual do horóscopo chinês*. São Paulo: Pensamento, 1999. 304 p.

LAVILLA, R. A síndrome do edifício enfermo. *Ano zero*, Rio de Janeiro, n.6, p. 68, out. 1991.

LEE, W. *Acupuntura médica*. São Paulo: Esperança, [s.d.].

LENVAL, H.L. *Silêncio, gesto e palavra*. Lisboa: Aster, 1961. 168 p.

LI PAK, T., YEAP, H. *Feng Shui:* secrets that change your life. York Beach: Samuel Weiser, 1997. 170 p.

LI, Po, TU, Fu. *Poemas chineses*. Trad. Cecília Meireles. Rio de Janeiro: Nova Fronteira, 1996. 114 p.

LIP, E. *Feng Shui for business*. Torrance: Heian International, 1996. 106 p.

LIP, E. *Feng Shui for the home*. Torrance: Heian International, 1996. 83 p.

LIP, E. *Feng Shui:* a layman's guide to chinese geomancy. Union City: Heian International, 1989. 123 p.

LO, R. *Curso Quatro Pilares do Destino*. Hong Kong: [s.n.], 1999. (Notas de aula.)

LO, R. *Feng Shui, the four pillars of destiny:* understanding your fate and fortune. Singapore: Times Books International, 1994. 204 p.

LOCKE, L. *Something rich and strange:* technologies of the sacred in Glassie and Greenaway. (jan. 1998). Consultado em 10 jun. 1999.

LUNDQUIST, J.M. *The temple:* meeting place of heaven and earth. London: Thames and Hudson, 1993. 96 p.

MACHARGH, I. *Design with nature*. New York: Natural History /Doubleday, [s.d.]. 198 p.

MANN, F. *Acupuntura, a antiga arte chinesa de curar*. São Paulo: Hemus, 1982. 208 p.

MARCINIAK,B. *Mensageiros do amanhecer*. São Paulo: Ground, 1996. 292 p.

MELLO, T. *Vento geral*. Rio de Janeiro: Civilização Brasileira, 1984. 469 p.

MERCATELLI, R. Pratos Quentes. *Saúde!*, n.179, p. 50 a 58, ago 1998.

MONTENEGRO, T. Coquetel Molotov. *Saúde!*, n. 180, p. 61 a 64, set. 1998.

MERTON, T. *A via de Chuang Tzu*. Petrópolis: Vozes, 1977. 203 p.

MONTES, M.L. *Arte e religiosidade no Brasil, heranças africanas:* cosmologias e altares. São Paulo: Burti, 1997. 10 p.

NEI Ching: o livro de ouro da medicina chinesa. Rio de Janeiro: Domínio Público, 1989. 165 p.

NORBERG-SCHULZ, C. *Arquitectura occidental*. Barcelona: Gustavo Gilli, 1983. 240 p.

OWEN, B. *Roger conseguiu curar-se da aids:* sua luta e sua vitória. São Paulo: Paulus, 1990. 169 p.

PAIVA, D. *A ameaça dos alimentos transgênicos*. Estado de Minas. Opinião, Belo Horizonte, 18 jul. 1999.

PASSANESI, M.E. *Jornal de Feng Shui*. Rio de Janeiro, v. 1, n. 0, p. 2. 1998.

PEIXOTO, N.B. *Paisagens urbanas*. São Paulo: SENAC/Marca D'água, 1996. 347 p.

POGACNICK, M. *Curar a terra*. São Paulo: TRIOM, 1997. 206 p.

RABELO, L. *Curso sobre tradições espirituais*. Belo Horizonte: [s.n.]. 1997. (Notas de aula.)

RICHTER, H. (Org.) *Um assassinato perfeitamente legal*: nossa alimentação. São Paulo: Paulus, 1997a. 96 p.

RICHTER, H. (Org). *Aprendendo a respeitar a vida*. São Paulo: Paulus, 1997. 76 p.

ROSSBACH, S. *Interior design with Feng Shui*. New York: Penguin Books, 1987. 177 p.

ROSSBACH, S., YUN L. *Feng Shui design*: from history and landscape to modern gardens and interiors. London: Sidgwick et Jackson, 1998. 192 p.

ROSSBACH, S., YUN, L. *Living color*. Master Lin Yun's guide to feng shui and the art of color. New York: Kodansha America, 1994. 173 p.

SALÓ, J., BARBUY, S. *Terra, água, ar e fogo*: para uma oficina escola inicial. São Paulo: ECE, [s.d.]. 61 p.

SETZER, W. *Desmitificando a T.V.* [s.n.t.]. 1985. 10 p. (Apostila.)

SHELDRAKE, R. *O renascimento da natureza*: o reflorescimento da ciência e de Deus São Paulo: Cultrix, 1991. 236 p.

SIMMEL, G. *O fenômeno urbano*. Rio de Janeiro: Zahar, 1967.

SIMONS, T. R. *Feng Shui, step by step*: arranging your home for health and happiness æ with personalized astrological charts. London: Butler & Tanner, 1996. 243 p.

SOLEIL, (DR.). *Você sabe se alimentar?* São Paulo: Paulus, 1992. 165 p.

SPEAR, W. *Curso Feng Shui for business*. Londres: [s.n.], 1997. (Notas de aula.)

SUZUKI, D.T. *Zen budismo e psicanálise*. São Paulo: Cultrix. 1987. 195 p.

SVENSSON, F. *Arquitetura, criação e necessidade*. Brasília: Editora Universidade de Brasília, 1991. 263 p.

SWAN, J. *Sacred places*: how the living earth seeks our friendship. Santa Fe: Bear, 1990. 237 p.

TARADE, G. *As veias do dragão*: a magia da terra. São Paulo: Siciliano, 1990. 203 p.

TOO, L. *The complete illustraded guide to Feng Shui*: how to aply the secrets of chinese wisdom, for health, wealth and happiness. Shaftesbury: Elements Books, 1996. 224 p.

TOLENTINO, B. Epifanias de um coração disparado. *Bravo!*, n. 19, p. 56 a 63, abr 1999.

TSÉ, L. *Tao te ching*. Trad. Huberto Rohden. São Paulo: Martin Claret, 1997. 222 p.

TUAN, Y. *Topofilia*: um estudo da percepção, atitudes e valores do meio ambiente. São Paulo: Difel/ Difusão Editorial, 1980. 94 p.

TZU, L. *Tao te ching, o livro do sentido e da vida*. São Paulo: Pensamento, 1995. 206 p.

TULKU, C. *The gates to Buddhist practise*. Junction City: Padma, 1993. 225 p.

VELLOSO, M.J. *Curso de Do-in*: auto massagem chinesa. Mateus Leme [s.n.], 1996. (Notas de aula.)

WALTERS, D. *The Feng Shui handbook*. London: Thorsons, 1995. 216 p.

WATTS, A. *Tao, o curso do rio*: o significado e a sabedoria do Taoísmo de acordo com os ensinamentos de Lao-Tzu, de Chuang-Tzu e de Kuan-Tzu. São Paulo: Pensamento, 1995. 174 p.

WEIL, P. *A mística do sexo*. Belo Horizonte: Itatiaia, 1976. 224 p.

WILHELM, R. *I Ching, o livro das mutações*. São Paulo: Pensamento, 1995. 527 p.

WILLIAMS, T. *A medicina chinesa*. Lisboa: Estampa, 1996. 188 p.

WONG, E. *Feng Shui, the ancient wisdom of harmonious living for modern times*. Boston: Shambhala, 1996. 276 p.

WYDRA, N. *Feng shui in the garden*: simple solutions to create conforting, life-affirming gardens of the soul. Chicago: Contemporary Books, 1997. 175 p.

XENJA, S. *Feng Shui, treinamento profissionalizante*. São Paulo: [s.n.], 1998. (Notas de aula.)

XU, P. *Curso Feng Shui e avaliação de paisagem*. Belo Horizonte: [s.n.], 1991. (Notas de aula.)

YU, J. *Feng Shui for southern hemisphere*. Disponível site Worldoffengshui (1999). Consultado em 15 dez. 1999a.

YU, W. *Curso landscape Feng Shui*, Tibete: [s.n.], 1999. (Notas de aula.)

YUTANG, L. *A importância de viver*. Trad. Mário Quintana. São Paulo: Globo, 1997. 360 p.

Nota Importante

Atualizando o Ba Zhai

No Feng Shui, são muitas as escolas e tradições, com resultados bem diferenciados. Quanto ao Ba Zhai, não aplico mais o método descrito na pág. 262, no qual a Estrela FW é sobreposta à porta de entrada. Quero apresentar uma nova forma, que considera a orientação magnética.

1. Identificar Rio e Montanha

Lembre-se que, em geral, toda casa tem quatro lados ou fachadas.

Rio é a fachada mais aberta e movimentada, por onde entra a maior quantidade de Chi. Talvez por se voltar para uma rua, ou acolher a sala de estar, ou ter muitas aberturas que deixam passar o sol, as pessoas e o som.

Montanha é a fachada oposta ao Rio. Usualmente é a mais quieta e protegida, mas nem sempre. Em termos ideais, tem menos aberturas ou se volta para um muro. Seria o lugar de repouso do Chi.

2. Posicionar Fu Wei na Montanha

Pois bem, a chave desta escola Ba Zhai é posicionar a Estrela Fu Wei, que também significa "posição íngreme", na direção da Montanha. É ali que o Chi que entra pelo Rio se concentra em forma de "montanha".

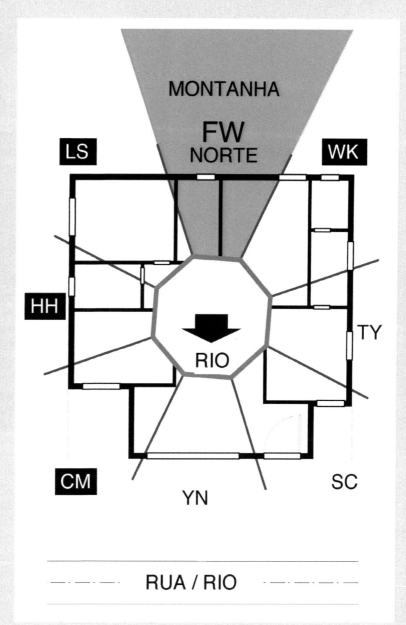

Nota Importante

Para isso, identifique *primeiro* a fachada mais aberta e movimentada (Rio). No centro da casa, fique de frente para ela e use a bússola para verificar a sua direção. Vamos supor que a direção encontrada seja Sul. Por conseqüência, a Montanha ficará do lado oposto, Norte.

Depois, volte à página 262 e procure o diagrama no qual a Estrela Fu Wei (FW) encontra-se a Norte. Siga o procedimento de aplicação descrito na mesma página, definindo o centro da casa, traçando os oito setores, mas aplicando FW, agora, na direção da Montanha.

Lembramos que cada Estrela relaciona-se a um dos Cinco Elementos. Para aumentar a potência das Estrelas favoráveis, use o elemento mãe; para desgastar uma Estrela desfavorável, use o elemento filho.

Estrelas Favoráveis	Elementos	Cura: Elemento mãe
Sopro da criação	Madeira	Água
Medicina Celestial	Terra	Fogo
Longevidade	Metal	Terra
Fu Wei	Madeira	Água

Estrelas Desavoráveis	Elementos	Cura: Elemento filho
Fim da Vida	Metal	Água
Cinco Fantasmas	Fogo	Terra
Seis Maldições	Água	Madeira
Desastres e Danos	Terra	Metal

Carlos Solano, 2009.

www.ummilhaodearvores.org.br
www.carlosolano.com.br